丛书主编　曾天山　陈才明

G20 国家教育研究丛书

日本基础教育

田　辉　著

图书在版编目(CIP)数据

日本基础教育/田辉著. --上海:同济大学出版社,2015.9

(G20国家教育研究丛书/曾天山,陈才明主编.第1卷,基础教育卷)

ISBN 978-7-5608-5929-3

Ⅰ.①日… Ⅱ.①田… Ⅲ.①基础教育—研究—日本 Ⅳ.①G639.313

中国版本图书馆CIP数据核字(2015)第182261号

G20国家教育研究丛书

日本基础教育

田 辉 著

责任编辑 陈佳蔚 **责任校对** 徐春莲 **封面设计** 王国樑 **项目策划** 曹 建

出版发行 同济大学出版社 www.tongjipress.com.cn

(上海市四平路1239号 邮编200092 电话021-65985622)

经　　销 全国各地新华书店

印　　刷 大厂回族自治县祁各庄乡冯兰庄兴源印刷厂

开　　本 710 mm×1000 mm 1/16

印　　张 18.25

字　　数 365 000

印　　数 5 001—8 000

版　　次 2015年8月第1版 2019年3月第2次印刷

书　　号 ISBN 978-7-5608-5929-3

定　　价 80.00元

G20 国家教育研究丛书
基础教育编委会

丛书主编

曾天山　　陈才明

执行主编

王　素　　朱维炳

分册主编

（按姓氏笔画为序）

冯俊华　　刘定鸣　　朱俊红　　肖　京
杨　明　　郑武天　　郭晋保　　徐钦福
徐晓蓉　　曹　岩　　喻　进

特约编辑

（按姓氏笔画为序）

计　琳　　宋旭辉　　沈勉荣　　张国强
陆志丰　　顾晓寒

视觉设计

王国樑

统　筹

陈征峰　　顾根荣　　谢　震　　郑　伟

资　助

上海文帆教育科技发展有限公司

序

“G20国家教育研究”丛书已经部分出版了,这套丛书由基础教育、大学教育、职业教育及幼儿教育四卷组成,已经出版的是“基础教育卷”部分,是一套分量不轻的丛书。

这套丛书首先引起我关注的是研究对象。从国内外来看,把G20国家的教育作为研究课题,将世界教育的发展情况进行系统的、全面的、集中的比较研究的丛书,目前尚未发现。G20,即20国集团,由美、俄、英、法、德、日本、意大利、加拿大8个发达国家,加上中国、阿根廷、澳大利亚、巴西、印度、印度尼西亚、墨西哥、沙特阿拉伯、南非、韩国、土耳其11个新兴工业国家以及欧盟组成。G20总人口约40亿,GDP占全球经济的90%,贸易额占全球的80%。G20教育发展的情况,一定程度上代表了世界教育的发展趋势和方向。其发展过程中的得与失,可为中国的教育改革向纵深发展提供可资借鉴的经验。由此可以说,出版发行这样一套书很有必要,也应该关注。

这套丛书的构思,不拘泥于国别的研究,它把国别教育的变革与发展放在全球化、信息化的大背景下展开,并与国际教育潮流有机地结合起来,使本丛书具有21世纪的时代特征。

从国别教育(基础教育部分)所写的内容来看,是比较丰富多彩的。它既有史诗般的展开,又有现实改革中的各种举措;既有各国改革的共同关注方面,又有各国在改革中的重点、特点和亮点。编写的内容比较全面、系统,涵盖了招生考试制度的改革、学校管理、教师队伍的建设、课程设置和教育装备等诸多方面。

其次,编写基础教育部分的作者是中国教育科学研究院和部分高等院校的中青年理论研究者,他们都在所著书的国家生活、学习、工作过,了解、熟悉编写所在国的基础教育的状况及发展趋势。这是一件可喜的事情，我国教育理论队伍亟须不断壮大并注入新鲜血液，需要大量的新生力量参与，才会显得更有朝气、更有活力。我衷心希望这支队伍能真正成为有战斗力的教育理论队伍中的生力军。

第三，引起我关注的是此丛书可资借鉴的积极意义。当前，教育资源在全球进行配置，教育要素在全球加速流动，世界各国教育相互影响、相互依存的程度不断提高，各国教育相互交流、相互竞争、相互包容、相互激荡，共同促进世界的繁荣和发展。各国在人才培训目标的确定、教育内容的选择以及教育手段和方法的采用等方面，不仅要满足来自本国、本土化的要求，而且还要适应国际间产业分工、贸易互补等经济、文化交流与合作的新形势。各国都想充分利用国内和国际两个教育市场，优化配置本国的教育资源和要素，抢占世界教育的制高点，培养出在国际上有竞争力的高素质人才，为本国的最高利益服务。

党的“十八大”以来，习近平总书记对教育工作作出了一系列重要论述，深刻阐明了新时期我国教育改革发展的重大理论和实践问题，丰富发展了中国特色社会主义教育理论，这是推进教育事业改革发展的强大思想武器。这些重要论述揭示了教育的本质属性，阐明了教育在实现中国梦伟大征程中的重要作用和战略地位。

中国自古以来就是一个教育大国，先人为我们留下了极其丰富的办学、治学遗产，我们一定要把扎根于祖国大地的这份遗产中最精华部分传承、发扬、光大。只有坚持从历史走向未来，从延续民族文化血脉中开拓前进，才能做好今天的事业。

然而，要坚守传承民族教育文化精华，还必须要有国际视野。所以，我们必须坚持改革开放。深化教育改革要有全球的视野，海纳百川，兼收并蓄，吸收国际先进经验，为我所用，推动我国教育事业健康发展。当今世界各国无不把教育改革与创新作为应对时代挑战和提高竞争力的重要举措，“提高质量，促进公平，推动发展”已成为许多国家教育改革的共同主题。在各国教育发展过程中，没有哪国的教育发展不需要参考和借鉴其他国家的经验。为此，我们希望有一套丛书来全景式地展示世界各国教育的现状、改革举措和教育成果，为我们揭示世界教育的共同点，比较不同点，寻找各国教育改革得失的原因，提出可资借鉴的可行性建议，为我国教育工作者提供一套不出国门就能知晓全球教育的权威资料性丛书。我希望这套丛书能起到这个作用。

第四，此套丛书也是教师素养培训的好教材。如果说科教兴国是国家的基本国策，那么，教师就是教育事业之本。强国必强教，强教必强师，教育质量本质上是师资质量。一个庞大的教育体系，必须要有一支庞大且道德高尚、业务精良的教师队伍。因此，要加强教师的继续教育。在这里，我特别强调一点，要大力提倡教师多看书，多读书，阅读是教师职业的本能。有了教师大量的阅读，才能对学生进行"传道、授业、解惑"。尤其在今天这个知识不断更新的时代，更要不断吸收新营养，来充实自己。此套丛书可以拓展教师的眼界，为其教育、教学和科研工作提供可资借鉴的经验，吸收营养，加强理论修养，提高业务水平。中国知识分子历来有手不释卷的习惯，而现在很多年轻人却手不释"机"。我希望我们的教师能成为社会阅读的榜样，至少在学校里为学生做一个努力阅读的楷模。当然，我们所有的教育工作者都应该如此。

最后，我要感谢"G20国家教育研究"丛书的策划者、组织者、编写者以及出版者，感谢他们经过数年潜心研究，为我国基础教育推进国际化进程，融入全球化，加强国际教育文化交流，奉献了这样一套有时代意义的丛书。

郝　平

（作者为教育部副部长）

Brief Summary of 'Basic Education in Japan'

Japanese basic education arouses worldwide attention because of fairness and quality. In particular, after World War II, the country realized economic recovery and rapid growth by virtue of high-quality universal education, which was highly appreciated by UNESCO.

Reviewing the development course of Japanese basic education, we can conclude that since theMeiji Restoration, Japan has been taking "developing the country by education" as a basic State policy and working hard to facilitate the rapid development of society and economy in modern times by promoting fair and high-quality basic education among all citizens. After the war, thanks to quality universal education, a strong cadre of qualified laborers became available for the revitalization of industrial economy, which laid a solid foundation for the country's recovery and rapid growth.

This book relates the current situation of Japanese basic education by introducing its development course, scale and investment in Chapter I. Chapter II turns to the educational laws and regulations, modern school system and educational administration system. Chapter III makes an analysis of the dynamic adaptation of Japanese educational policy to postwar economic development while studying the positive influences of basic education reform in the 21st century on social transformation and the lessons thus gained. Centering on the revisions of the *Outline of Learning Instruction*-Japanese educational curriculum standards, Chapters IV and V deal with the basic targets of basic education reform in curriculum and the establishment of "actual learning ability perspective". Chapter VI pays more attention to the adoption and evaluation mechanism of teacher qualification and training. Chapters VII and VIII lay emphasis on the assessment method, mechanism, contents and indicators of educational activities, which can help readers have a better understanding of the basic organization and management mode of school activities. Chapter IX chooses classroom teaching cases of social science, citizen curriculum, and education for international understanding in elementary school recommended by the teachers' guidance materials from the MEXT, for reference. Chapter X relates some successful experience of Japan in facilitating rational allocation of education resources through adopting combined instruction and small schools, implementing food education by establishing the school catering system, and improving students' crisis management ability by regularly providing education on fire prevention.

目录

引言

日本的基础教育以其公平与质量而广受世界关注。尤其是第二次世界大战后，日本依靠高质量的全民教育实现经济的复苏和高速增长，受到联合国教科文组织的充分肯定。教育以完善受教育者人格为宗旨，是每个受教育者获取终身幸福生活不可缺少的重要保障，教育承载着培养未来社会建设者的重要使命，是拉动社会经济增长的内在驱动力。随着全球化和知识经济为主导的信息化时代的到来，教育越来越凸显出对人和社会发展的巨大影响力和促进作用。

第二次世界大战后，日本经济历经战后复苏、高速增长、稳定增长和知识经济与全球化等不同发展阶段，高质量基础教育的迅速普及和均衡发展，为战后日本经济高速发展培养了大量高素质人才，成为拉动经济发展的核心动力。

战败初期，日本国内的物质和经济条件损失了四分之一，这一时期日本全力投入战后经济恢复和重建工作，经济增长率从－10%提高到7%，经济开始逐渐复苏，并呈现出迅速崛起的态势。在联合国的监督下，日本建立了现代教育制度。于1947年制定了《宪法》《教育基本法》和《学校教育法》，使日本民众平等接受教育的权利得到法律的充分保障。同时建立起"六三三四"(小学6年、初中3年、高中3年、大学4年)学制，延长义务教育至9年(初中毕业)，实施义务教育免费制度，这些举措为日本经济复苏和振兴奠定了坚实的基础。1955年，日本中等教育后期(高中)升学率已达到52%，高等教育(大学、大专等)升学率达到10%。现代教育制度的建立、高质量的全民基础教育和后期中等教育(高中阶段)的迅速普及，有力地保障了国民素质的普遍提高，为战后重建和产业经济的发展培养了大量的合格人才，储备了人力资源。以教育为先导，将教育作为经济发展的先决条件是战后日本经济迅速崛起并长期持续发展的主要原因。

20世纪60年代,日本步入经济高速增长期。以"厚、重、长、大"型产业为支柱的产业经济呈现出大型化、系列化、集约化发展模式,多样化技术人才需求和由经济高速增长带来的"国民收入倍增计划",激发了日本普通民众的教育热情和教育需求。为应对人力资源总体水平供不应求的局面,日本改革学校教育体制,以"短平快"(如缩短学制等)的形式培养现代化工业急需的产业技术人才。在基础教育阶段,由日本中央教育审议会提出了改进学校教育,提高教育质量,促进经济稳步增长的教育改革方针。推进学前两年教育,设立六年制中等教育学校,改革教育课程,改善教学方法,提高公共教育质量,促进教育机会均等。同时加强教师教育,提高教师地位,实施教师资格许可证制度,保证教师质量。实行国立大学全国统一招生考试。

20世纪70年代以后,日本进入经济稳定增长阶段。这一时期,日本经济增长基本稳定在7%~10%之间,在提高产品质量和服务质量的同时,对人才质量提出了新的更高的要求。产业经济迅速发展的知识灌输型教育,带来的弊端日益显露,很难适应现代化经济发展。日本文部省提出,学校教育要重点应对伴随教育规模扩大而带来的教育质量提高问题,要通过构建家庭、学校、社会三位一体的教育机制,着力培养承担未来建设重任的青少年一代。其具体改革方案包括引起强烈反响的"宽松教育",即课程标准的修订。小学精选基本和标准的教育内容,中学以奠定基础和常识性知识为主,高中开设多样化、可选择课程内容,尊重个性,保证个人学习机会,按照不同熟练程度和理解能力分班,压缩内容,削减课时。

20世纪80年代后期,日本迎来了产业经济发展的尾声。从1986年开始逐渐进入由产业经济向知识经济的转型,并于21世纪初期全面进入以知识密集型、全球化、信息化为主要特征的知识经济发展阶段。新兴经济体国家的崛起引发了激烈的国际竞争,2008年的金融危机打破了世界经济格局。2010年日本GDP占世界GDP总量的8.7%,比1995年的17.7%下降了将近一半;日元对主要货币汇率的长期持续走高,逼迫日本制造业向海外转移,造成产业空洞化;国内经济规模缩小,就业机会减少,随着人口老龄化加剧及社会保障费用增加等一系列问题,日本经济陷入低谷。同时,日本学校教育也因面临校园暴力等青少年问题频发危机，亟须改革教育体制。

纵观日本基础教育发展历程，自明治维新以来一贯秉承教育立国的基本国策，以公平、优质、惠及全体国民的基础教育推动日本近、现代社会经济的快速发展。尤其是第二次世界大战之后，日本凭借高质量的全民教育培养出高素质的人力资源，为产业经济的振兴输送了大批合格的劳动者，为实现日本战后经济复苏和快速增长奠定了基础。

本书第一章从日本基础教育的发展历程、发展规模和教育经费投入等方面，总体介绍了日本基础教育的发展现状，追溯日本近代学校教育制度的创立，研究第二次世界大战后日本现代学校教育制度建立之后的基础教育发展现状，分析研究了日本基础教育的发展水平。而战后日本基础教育发展的突出特点，是以完善的法律法规和健全的制度体系保障教育机会均等，促进教育均衡发展。

建立健全完整的法律保障体系，依法施教是当代日本基础教育发展的突出特点。本书第二章重点介绍了日本的教育法律法规体系，现代学校教育制度和教育行政管理体系，将日本学校教育的管理体制全面客观地呈现给读者。日本的《学校教育法》不仅规定了法律赋予各方的权利、义务与责任，包括所有儿童的受教育权，监护人、政府和学校应承担的责任；同时明确规定了各级各类教育宗旨和学校教育的基本目标，包括德智体美劳各方面，以及相伴的各学习领域的目标，以法律的形式具体、全面地规定了学校教育的目标和教育标准，从学校设置标准、经费保障标准、教师配备标准、学校评价标准等全方位提出了日本基础教育质量保障的法律，这些法规和制度在日本战后，有效地保证了义务教育的实施和均衡发展。

本书第三章重点分析和解读了日本战后教育攻策对经济发展的动态适应，研究分析21世纪日本基础教育体制改革对全球化、信息化背景下社会转型的促进作用和经验教训。进入21世纪以来，日本出台了一系列基础教育改革与发展的重要举措。1998年为迎接世纪的到来制定了“21世纪教育新生计划”，为深化义务教育体制改革，制定了保障和提高义务教育质量的国家战略——“创造新时代的义务教育”。2008年基于修改后的《教育基本法》制定了教育改革和中长期发展规划——“教育振兴基本计划”，其宗旨是通过推进教育领域综合改革，培养“兼备基础知识和专业技能，视野广阔的骨干建设人才”，全面提高基础教育质量，构建新时代终身学习体系，来应对全球激烈的国际竞争，实现“教育立国”发展目标。

课程、教材与教师是实施基础教育的三大要素。基础教育改革的核心内容是教育课程改革，最终目的是提高学生“学力”。本书第四章、第五章主要围绕日本教育课程国家标准——《学习指导要领》的历次修订，重点分析了日本教育课程改革的基本目标和“扎实学力观”的确立，通过教科书编撰审定制度的改革，分析研究日本教育课程内容与学校教育目标的同步变迁。同时，基础教育的资质水平与人才培养和教育质量提高关系重大。本书在第六章特别关注和分析了日本教师制度、教师资格以及教师培训等教师培养选用和考核机制，为培养和造就一大批热爱教育事业，具有作为教育专家的指导能力和崇高人格力量的优秀教师队伍提供可借鉴经验。

学校评价和学业成就评价是引领基础教育改革，促进教育质量提高的重要途径。克服应试教育弊端，培养扎实学力的关键在于如何评价学校的教育活动和学生的学业成就，本书第七章、第八章重点介绍了日本对于学校教育活动的评价方法和评价机制、评价内容和评价指标，有助于了解日本学校教育活动的组织与管理的基本模式。在此基础上，研究分析了日本全国学力调查(TIMSS)、国际学业成就评价(PISA)对日本基础教育改革的影响，以及与此相呼应的政策走向。社会科、公民教育、国际理解教育是日本基础教育课程体系当中比较有特色的学科。在课程目标和课程实施过程中如何贯彻教学目标，如何组织课堂教学，是广大教师比较关心的内容。为此，本书第九章选用了文部科学省教师指导资料中推荐的小学社会科、中学公民科、小学国际理解教育的课堂教学案例，以供参考和借鉴。

关注弱势群体和振兴偏僻地区基础教育，是日本保障教育质量促进高位均衡的重点措施；以学校配餐开展“食育”，以防灾教育应对危机是日本中小学教育的突出亮点。为此，本书第十章重点介绍了日本以复式教学和小规模学校促进教育资源合理配置、以学校配餐制实施“食育”、以常规化的防灾教育提高学生危机管理能力等一些成功经验。

战后日本基础教育的发展历程突出体现了以改革促发展的基本特征。在经济增长方式转型的各个关键节点,要以教育改革增进产业转型的内在活力,促进经济的可持续发展。而基础教育领域的综合改革一直是日本战后教育改革的主旋律,从基础教育阶段着手培养高素质、大规模的人才队伍,对于提高日本今后在国际社会中的地位和社会发展具有重要意义,也是日本教育改革对世界教育改革与发展的重要贡献。

第一章

日本基础教育发展概况

日本的学校教育制度始建于近代的明治时期。百余年来,日本国民的教育热情和教育者的不懈努力,促进了日本教育发展,使其成为推动日本社会进步和经济发展的核心动力。二战后的日本,依靠高质量的基础教育培养了大量高素质的产业工人,促进了产业经济的迅速发展,创造了战后经济的高速增长的神话。20 世纪 80 年代末期,随着经济全球化程度提高,经济发展形式逐渐转变,加快了国际竞争。同时,日本面临人口结构少子高龄化、经济发展缺乏活力等一系列严重社会问题,基础教育改革成为破解教育发展乃至社会发展难题的主要抓手。面对全球化、信息化和国际竞争,日本基础教育该如何发展,日本中央教育审议会做出了明确的答复:这是一个变革的时代,一个混沌的时代,一个国际竞争的时代;正因为我们身处这样一个时代,义务教育担负着每一个国民人格养成与培养国家和社会建设者的重要职责[1],基础教育的根本目标,任何时代都不会改变。

第一节 日本基础教育发展历程

日本近代的明治维新对教育发展起到了巨大的推进作用。明治政府于 1872 年颁布的《学制》,成为日本最早的教育法令,带有强制性地要求家长送子女接受四年小学义务教育。1900 年,明治政府修订了《小学校令》,统一小学六年的学制,确立小学义务教育免费制度。第二次世界大战之后,日本建立起战后和平发展的现代学校教育制度,全面实行九年制义务教育,包括小学六年和初中三年,建立并逐渐完善了战后日本现代学校教育体制。日本的基础教育在促进

〔1〕 中央教育審議会(答申).「新しい時代の義務教育を創造する」[R].[2005-10-26].http://www.mext.go.jp/b_menu/shingi/chukyo/chukyo0/toushin/05102601.htm.2013-11-25.

经济发展过程中发挥巨大作用,高素质的全民教育成为拉动日本战后经济复苏的核心动力。

进入21世纪以来,日本基础教育改革不断深化,在九年制义务教育的基础上,实行学前三年入园补助以及高中阶段(3年)公立学校免费就学和私立学校就学奖励金制度,基本实现了15年免费教育,为各国的教育改革与发展提供了可借鉴的成功经验。

一、近代学校教育制度的创立

日本的近代学校教育制度的建立,是明治维新"文明开化"的重要组成部分。1872年(明治5年)日本政府制定了实施学校教育的第一项法案——《学制》,规定学校教育由四年下等小学和四年上等小学构成,学龄儿童须接受小学教育,一般居民如果其子女年满6岁不能上学,必须向学区官员说明理由。这种带有强制性的"学制"令,相当于日本近代的教育基本法,确立了学校教育制度的基本框架和强制性义务教育的基本属性。

1886年(明治19年)颁布的《小学校令》[1]是奠定日本近代学校教育制度的纲领性文件,对促进学校教育、普及小学教谕、保障义务发展起到了决定性作用。1885年(明治18年),日本实行立宪制,组建内阁政府(伊藤博文内阁),设立文部省并任命一年前刚刚从欧洲游学回国的森有礼作为首任文部大臣。时年38岁的森有礼是主张改革的少壮派代表人物,上任伊始便全力推进以西方学校教育体制为原型的学校制度改革,在明治维新以来的政治体制改革接近尾声之时,森有礼倡导的教育改革为明治维新加上了一股新的助推力。

1886年,日本文部省[2]修订了《小学校令》,严格规定父母负有送学龄子女就学的义务,义务教育年限为初等小学四年。1895年,日本的学龄儿童小学入学率达到了61%,这一带有强制性的规定奠定了日本近代义务教育制度的基础。《小学校令》同时规定,公立小学的教育经费的筹措途径是学费、赞助费以及

---

〔1〕《小学校令》,明治十九年四月十日勅令第十四号。
〔2〕2001年原文部省改为"文部科学省"。

市町村各级的财政投入。由于义务教育起步阶段政府财政紧张，未能兑现承担教育经费的承诺，遂提倡受益者负担原则，要求国民负担义务教育阶段的费用[1]。这一政策给农村贫困农民增加了生活负担，曾经引起农民不满，由此引发砸毁学校的暴力事件，导致日本一度放缓义务教育普及。由于收缴学费成为阻碍义务教育发展的主要原因，免除学费或者减少学费负担，就成为日本当时普及义务教育的当务之急。而当时的日本地方财政捉襟见肘，无法承担教育经费支出，教育者和学校一致要求尽快实行义务教育经费国库补助制度。

课程体系的建设是学校教育制度的核心和灵魂。日本在《小学校令》颁布之前，已经完成了以小学为对象的"小学校教则"的制定和实验测试工作。1881年，日本文部省以东京师范学校（现筑波大学前身）编制的"教则"为参考文本，颁布了《小学校教则纲领》，用可以操作的形式，确定了近代学校教育的教学科目，第一次公开学科课程的基本内容，明确小学授课科目、授课时数、教科书、指导要点，以此作为小学教育内容与教学方法改革的基本方针。

《小学教则》是日本近代第一部小学学习指导要领，创建了日本近代学校教育的国家教育课程标准体系。小学教育内容要遵循文部省统一指令，小学的授课科目编入学制条文。由此可见，《小学教则》是日本近代第一部学校教育内容和教育课程编制基准，创建日本近代学校教育的国家教育课程标准体系[2]。

1890年以后，日本文部省进一步强化以振兴实业教育、女子教育为重点的学校教育改革。1896年日本国会通过《市町村立小学年功俸禄国库补助法》，1899年制定《小学教育费国库补助法》，中央财政按照学龄儿童入学数，国库补助金同比例转移支付给市町村级地方财政。同时，还制定《教育基金特别会计法》等相关法案，明确义务教育的经费保障体系，确立了日本近代学校教育制度[3]。

1900年，日本修改了《小学校令》，将小学普通课程（寻常小学）的修业年限

---

〔1〕 学制百年[EB/OL]. http://www.mext.go.jp/b_menu/hakusho/html/others/detail/1317613.htm.

〔2〕 日本文部科学省.「学制百年史、二　近代教育制度の創始」[EB/OL]. http://www.mext.go.jp/b_menu/hakusho/html/others/detail/1317567.htm.

〔3〕 文部科学省.「学制百年史、三近代教育制度の確立と整備」[EB/OL]. http://www.mext.go.jp/b_menu/hakusho/html/others/detail/1317568.htm.

定为4年，将小学高等课程(高等小学)的修业年限确定为2～4年，废除普通小学3年的旧学制，全国统一实施四年制普通小学教育课程，并建立了日本全国普通小学基础课程体系。1905年，日本小学入学率已达到大约96%，全面普及了四年制小学义务教育。《小学校令》修订的重要另一项重要内容是鼓励和促进二年制高等小学课程并入普通小学，形成“4+2”的小学教育体制，为全面实施小学六年制义务教育扫清学制不统一的障碍。《小学校令》的修订，也推动了以教育财政为重点的学校教育制度改革。《小学校令》明确规定义务教育阶段的公立小学原则上不收取学费，实行免费的义务教育。凡雇佣学龄儿童者，不得因雇佣劳动而影响学龄儿童就学，首次明确义务教育免费性质以及义务教育和儿童劳动之间的关系。日本开始实施六年制免费全民义务教育，国家承担保障义务教育学校运营经费的职责，明确规定义务教育学费国库补助制度。1907年，日本将两年高等小学纳入初等小学校制度，将义务教育由四年制延长为六年制，至此，真正意义的日本学校义务教育体制基本建成。截至1909年，日本男女儿童的义务教育就学率已超过98%，实现了六年制义务教育的全面普及。

日本从1872年实施强制性义务教育到1909年普及六年制义务教育，大约用了30年的时间，在此期间，日本建立起最早由中央政府承担教育经费、全部免除学费的学校义务教育体系。免除学费成为推进日本义务教育发展的直接动力，政府出资是近代日本学校教育体系建立初期保证教育机会公平的有效措施[1]。

二、战后学校教育体制的重建

随着第二次世界大战的结束，作为战败国的日本进入国家体制重建和经济复苏历史转折点。按照1946年日本的《宪法》和1947年《教育基本法》确定的基本教育理念，开始实行民主教育的改革，与此同时，实行包括小学6年和初中3年的九年制义务教育。

---

〔1〕 日本文部科学省.「学制百年史、二近代教育制度の創始」[WB/OL]. http://www.mext.go.jp/b_menu/hakusho/html/others/detail/1317567.htm.

战后教育改革最引人瞩目的就是实行小学6年、初中3年、高中3年、大学4年的“六三三四”学制改革。战后初期，“我们要全面推进六三学制！”一度成为到处可见的日本基础教育改革的标志性宣传口号。战后的日本学制改革方案是在联合国最高军事司令部的监督下，以美国的学校教育管理体制和学制体系为参照制定的。将1872年以来一直延续的初等教育(小学阶段)八年制改为六年制，将小学后两年的国民学校高等科(国高)与小学教育剥离，编入中等教育学校——中学。由于原本就是小学六年毕业之后才能升入“国高”，所以此次学制改革并没有给日本的初等教育学制带来任何混乱。与此相比，新学制实行中学三年制，实现了跨越性改革。

长期以来，在学制上一直将“国民学校高等科”作为初等教育的一部分，而新学制将“国高”和定时制的青年学校合并在一起，创立三年制的中学，是战后学制改革的最大难点。为此，曾有人主张中学改革要花上几年时间慢慢推进。然而，负责战后监管的联合国军事管制委员会总司令部坚决要求1947年全面实施小学六年、中学三年的学制改革[1]。虽然在推行“六三学制”改革过程中遇到很多体制上、财政上的困难和问题，但由于政府强力贯彻“六三学制”，终于在数年后使各种问题得以解决，“六三学制”才基本固定下来，日本终于实现了所有小学毕业生均可免费升入中学学习的九年制义务教育目标。

20世纪50年代初期，日本开始战后政治、经济、社会各领域的全面改革和重建，其突出特点是教育改革不仅规模大，而且速度快。首先，在民主化理念下，制定《日本国宪法》《教育基本法》(1947)，在机会均等理念下建立“六三三四”学制，制定《学校教育法》(1947)，延长义务教育年限，实施义务教育无偿制度。同时，统一高中学制，高中阶段教育由原来的五年制中等教育学校、女子高等学校、实业高等学校高中全部统一为三年制高中。这项举措明确高中阶段作为后期中等教育独立建制，确立高中教育在整个日本学校教育体系中的地位，成为战后最大规模的高中教育改革。战后日本基础教育在校生人数变化见图1-1。

---

〔1〕 学制9年，日本文部科学省。

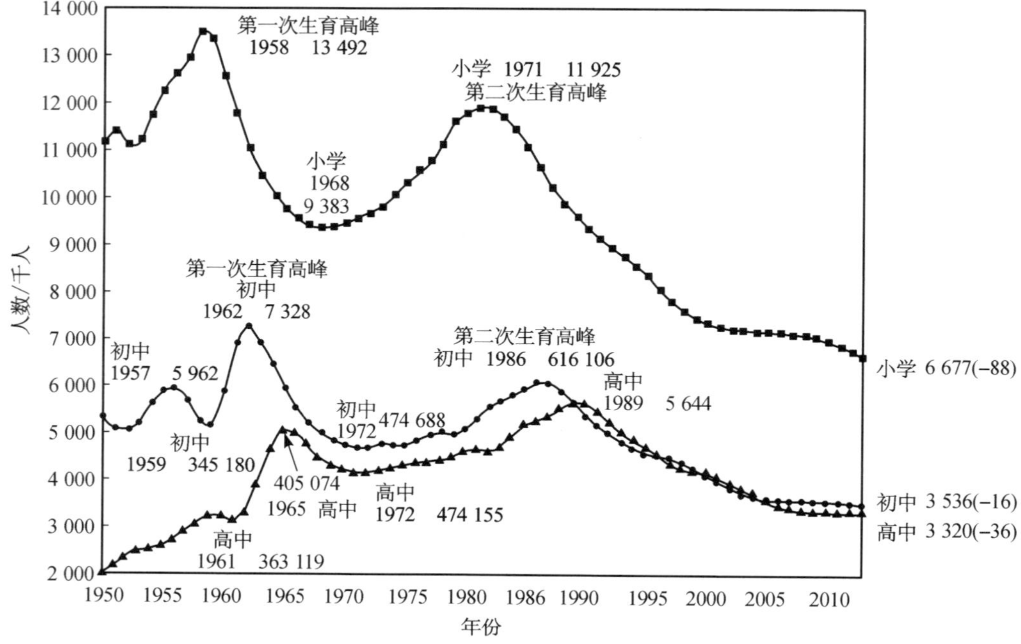

图 1-1 战后日本基础教育在校生人数变化〔1〕

为了满足中学毕业生以不同目的升入高中学习的需求,文部省将划分学区设立公立高中,以及分设普通课程和职业课程制度化,同时鼓励高中开设综合课程(既有普通课程,也有职业课程)。与此同时,开设定时制、通信制高中,向无法进入全日制高中学习的学生提供多种途径的高中教育机会。这样一来,高中办学数量和高中在校生人数逐年增加,截至 1952 年底,日本全国共有高中 4 506 所,在校高中生人数 234 万人,高中教育的迅速发展,完善了战后日本基础教育体系,为促进教育机会均等的全民教育发展目标发挥了重要作用〔2〕。

三、应对经济发展的改革历程

日本经济从第二次世界大战后的废墟上迅速崛起,以年均 10%左右的速度

〔1〕 根据文部科学省 2013 年学校统计. http://www.mext.go.jp/component/b_menu/other/__icsFiles/afieldfile/2012/12/21/1329238_1_1.pdf.

〔2〕 平成 20 年度文部科学统计要览[WB/OL]. 学校教育总括. [2014-01-26]. http://www.mext.go.jp/b_menu/toukei/002/002b/mokuji20.htm

持续20年经济高速增长，一跃成为当时仅次于美国的世界第二大经济强国。究其主要原因，就是将教育作为经济发展的先决条件，日本战后高质量的全民基础教育和后期中等教育(高中阶段)的迅速普及，为大规模的工业化生产培养了合格人才，推动了产业经济的飞速发展。厚、重、长、大型产业经济的大型化、集约化发展带来大量的人才需求，而经济的增长使得国民收入水平大幅度提高，激发国民对教育的热情与需求。在此期间，日本的基础教育实现规模与质量的同步发展。1953年，日本九年制义务教育入学率达到99.6%以上[1]。

从1955年开始，日本经济由战后复兴期进入高速成长期。日本在20世纪50年代至60年代末约20年的高速成长期中，保持年均10%以上的经济发展速度。而此时的教育现代化的主要指标，是国家的教育投入和现代学校教育制度的建立，以及各教育阶段学业年限。日本1960年的教育总投入为7.1兆日元，就业人口人均教育经费16.1万日元，九年制义务教育年限在先进国家中也是较长的，建立了可与先进国家相媲美的现代教育制度。义务教育阶段已基本实现教育现代化，在落后国家尚未全面普及初等教育阶段时，日本已加大中等教育发展力度，使国民受教育程度达到当时世界较高水平。1959年日本高中入学率达到55%，1970年高中入学率超过82%以上。公平、高质量的全民教育，为“厚、重、长、大”型产业经济的集约化发展，提供了大量高素质的制造业人才[2]。

日本文部省在1962年发表题为《日本的增长与教育》的文部白皮书，总结日本教育改革对社会经济发展的三大促进作用：第一，教育现代化带来了战后的经济复苏和随之而来的经济增长。日本能够从战后物质资源消耗掉四分之一的废墟中崛起，完全依赖于十几年来(从战前开始)的知识、技能的储备等人的因素。第二，日本继加拿大、西德、以色列、苏联、美国之后跨入了20世纪经济迅速增长国家行列，这些国家的经济发展的一个共同因素就是教育制度所发挥的巨大作用，而且，教育内容贴近技术改革和经济发展，体现出强烈的现代教育意识。第

〔1〕 内阁府統計情報・調査結果[EB/OL].[2014-01-26]. http://www.e-stat.go.jp/SG1/estat/GL08020103.do?_toGL08020103_&tclassID=000001015843&cycleCode=0&requestSender=dsearch.

〔2〕 文部科学省昭和34年度文部白书.「わが国の教育水準」第一章，教育の普及度[WB/OL].[2014-01-26]. http://www.mext.go.jp/b_menu/hakusho/html/hpad198801/hpad198801_2_014.html.

三，日本基础教育对经济发展的重要促进作用主要表现在经济起飞阶段，高质量的教育普及程度使日本克服许多不利条件，特别是对于占就业人口绝大多数的农民基础教育普及，对提高日本人力资源质量发挥了巨大作用。

20 世纪 70 年代，日本经济进入稳步增长期。在此期间，日本经济审议会在咨询报告中第一次提到了人才培养对促进经济增长的重要意义，强调以开发人的能力为主，促进高中教育多样化发展。而科技革新和经济的高速增长，对多样化人力开发提出了新需求，带动国民教育热情日益高涨。1974 年，日本的高中入学率已经达到了 90%以上，为高等教育的迅速发展奠定基础。20 世纪 70 年代末期，以科学技术现代化和工业现代化成为 20 世纪现代化产业社会的主要标志。而作为先行发展的教育现代化，早在转型期到来之前已基本完成。1950 年，仅受过小学、中学教育的人口比例为高达 80%，而 1979 年仅完成义务教育的人口比例减少到不足 50%。另一方面，大学、短大等高等教育毕业生数所占比例由 1950 年不满 3%，到 1979 年超过了 13%。与世界其他发达国家相比，1978 年西德 15—64 岁人口中，高中毕业生占 19%，高等教育毕业生占 5%，合计 24%；与此相比，日本的国民学历水平远远高于主要国家的平均水平。从美国 25 岁以上人口的学历结构来看，高中毕业生占 51%，高等教育毕业生占 30%，合起来超过了 80%。如果按年龄分析日本国民的学历构成，20—24 岁的年轻人口中，高中毕业生 1978 年占 85%，基本处于世界最高水平国家行列[1]。

20 世纪 80 年代后期，随着日本加工制造业的海外迁移，经济发展形式发生了改变，直接冲击了日本国内就业市场。日本高中毕业生就业难，已成为不可逆转的社会现象，基础教育阶段的应试竞争则愈演愈烈，使基础教育的育人功能异化为选拔工具，厌学、教学秩序崩溃、校园暴力等学校教育问题逐渐深层曝露，日本基础教育改革进入深水区。

为迎接 21 世纪的到来，日本出台了一系列基础教育改革与发展的重要举措。1998 年制定《21 世纪教育新生计划》，为深化义务教育体制改革，还制定了

---

〔1〕 昭和 55 年度文部白书. わが国の教育水準、第 1 章戦後 30 年の教育の推移[2014-01-26]. http://www.mext.go.jp/b_menu/hakusho/html/hpad198001/index.html.

保障和提高义务教育质量的国家战略——“创造新时代的义务教育”。修改了《教育基本法》《学校教育法》《地方教育行政组织管理法》《教育职员许可法》以及《教育公务员特例法》。并且在修改后的《教育基本法》框架下,于2008年制定了教育改革和中长期发展规划——《教育振兴基本计划》,其宗旨是通过推进教育领域综合改革,培养“兼备基础知识和专业技能,视野广阔的骨干建设人才”,全面提高基础教育质量,构建新时代终身学习体系,来应对全球激烈的国际竞争,实现“教育立国”发展目标。

第二节 日本基础教育规模现状

日本基础教育凭借其公共服务和公共事业的特质,在政府主导下取得了迅速、均衡的发展。由于日本宪法中明确规定全体国民享有依法接受教育的权利、全体国民依法拥有使其监护的子女接受教育的义务、义务教育无偿提供的明确条款,使所有相关法律都贯彻和保障了义务教育无偿、免费、义务的基本性质。教育的首要目的是人的发展,是每个人终身幸福的基础,同时教育承担者要为社会和国家培养建设者的重要使命,这两者之间的根本利益是一致的。

日本《教育基本法》规定了教育的根本目的:培养完善的人格,培养国家和社会建设者。日本各级各类教育公共服务的实施主体(办学主体)并不仅限于政府公立的教育机构,还有大量的私立学校同样承担着公共教育服务职责。日本的基础教育的学校范围包括:幼儿园、小学、中学、高中、中等教育学校(中专、技校、职高等)以及特别支援学校。而办学者包括国家(国立大学法人——国立大学附属中小学校)、地方政府(地方公立中小学校)以及私立学校法规定的学校法人(私立中小学校)。因此,日本的教育公共服务实施主体包括国立学校、公立学校、私立学校,分别是由国家、地方政府和学校法人出资设立的各级各类正规教育机构。而学校法人所开展的以促进公共利益和社会发展为目的非营利性事业，分担了本应由政府承担的公共教育服务职能，促进了教育、科学、文化以及其他社会公益性事业的发展，是日本教育公共服务的主要实施主体之一。

随着日本少子高龄化社会问题的不断发展，低出生率对基础教育规模的影响已经显现。根据文部科学省 2013 年最新学校基本情况调查统计结果，截至 2013 年 5 月 1 日，日本幼儿园在园儿童人数为 158.4 万人，与 2012 年同期相比减少 2.1 万人；小学在校生总数 667.7 万人，与 2012 年同期相比减少 8.8 万人，创下战后在校生人数历史最低值；初中在校生人数为 353.6 万人，与 2012 年同期相比略微减少 3 000 人；特别支援学校（特殊教育学校）的在校生人数为 13.3 万人，与 2012 年同期相比增加 3 000 人，创下战后以来在校生人数历史最高记录。与此同时，高等教育阶段的大学本科生在校人数同比增加了 1 000 人，没有明显变化。2013 年日本基础教育基本规模见表 1-1。

表 1-1 2013 年日本基础教育基本规模统计[1]

学校类别	学校数/所				在校生数/人				教师数/人		
	总数	国立	公立	私立	总数	国立	公立	私立	总数	女教师人数	女教师比例
幼儿园	(127)	(－)	(－107)	(－20)	(－20 615)	(－145)	(－9 163)	(－11 307)	(275)	(320)	(0.1)
	13 043	49	4 817	8 177	1 583 610	5 785	274 164	1 303 661	111 111	103 738	93.4
小学	(－329)	(－)	(－330)	(1)	(－87 699)	(－1 164)	(－86 194)	(－341)	(－1 154)	(－497)	(－0.2)
	21 131	74	20 836	221	6 676 920	42 093	6 556 527	78 300	417 553	261 109	62.5
初中	(－71)	(－)	(－76)	(5)	(－16 481)	(－143)	(－14 433)	(－1 905)	(482)	(777)	(0.2)
	10 628	73	9 784	771	3 536 182	31 437	3 255 326	249 419	254 235	108 121	42.5
高中	(－41)	(－)	(－42)	(1)	(－35 969)	(－30)	(－40 429)	(4 490)	(－2 162)	(310)	(0.4)
	4 981	15	3 646	1 320	3 319 640	8 585	2 287 673	1 023 382	235 062	72 094	30.7
一贯制中学	(1)	(－)	(－42)	(1)	(1 582)	(155)	(1 486)	(－59)	(177)	(70)	(0.6)
	50	4	29	17	30 226	3 014	19 134	8 078	2 369	765	32.3
特殊学校	(21)	(－)	(21)	(－)	(2 576)	(－23)	(2 579)	(20)	(1 276)	(972)	(0.2)
	1 080	45	1 021	14	132 570	3 033	128 738	799	77 663	46 860	60.3

注释：括号内数值为对比 2012 年的增长或减少情况。

[1] 根据平成 25 年度学校基本調查数据编制. [2014-02-26] http://www.mext.go.jp/component/b_menu/other/__icsFiles/afieldfile/2014/01/29/1342607_1_1.pdf.

一、增长缓慢的学前教育

幼儿期是奠定人格养成基础的关键时期，这种关键期的幼儿教育十分重要。日本的幼儿园基本覆盖整个城乡，主要是3—5岁适龄儿童都可以就近入园接受幼儿教育，幼儿园作为幼儿教育的核心机构承担着重要使命。日本的学校教育法将幼儿园阶段的教育作为基础教育的起点纳入学校教育序列，并参照义务教育相关制度法规进行管理。日本《学校教育法》第三章第22条，将幼儿园作为奠定义务教育以及后续各级教育的奠基阶段，以幼儿保育、提供幼儿健康成长的适当环境、辅助幼儿身心发展作为幼儿教育的基本宗旨。日本《学校教育法》第24条规则具体规定了幼儿教育的五项基本目标，包括：第一，养成健康、安全，为实现幸福生活必要基本习惯，促进身体各器官机能的协调发展。第二，通过集体生活养成积极参与的态度，加深对家庭成员和身边人员的信赖感，培养自主、自律、合作精神和规范意识的初步认识。第三，培养对身边的社会生活、对生命和自然的兴趣，初步养成对事物正确的理解、态度和思考能力。第四，通过接触日常会话、画册、童话故事等，正确引导幼儿的话语与使用方法，养成理解对方话语的积极态度。第五，通过接近音乐和形体表现、造型，初步培养丰富的感性和表现力。

根据日本文部科学省统计结果，截至2011年5月1日，日本共有幼儿园13 299所，在园儿童约160万人，全国5岁儿童在园率为53.8%左右，3岁儿童在园率为41.5%左右，2012年日本学前一年儿童在园率为56.1%，3—6岁儿童在园率为50.2%，呈现出增长趋势(图1-2)。[1]

日本的幼儿教育已被纳入公共教育服务范畴，正逐步由成本分担逐步走向免费教育。2007年12月，日本修改后的《教育基本法》新增了有关幼儿教育以及家庭教育的条款，其中第11条明确指出，“作为人的终生品格形成的基础阶段，幼儿阶段的教育十分重要，因而必须强化幼稚园(幼儿园)与托儿所(保育园)的有效衔接，促进幼儿教育，以有效提高幼教及保育质量”，并规定国家和地方政府要努力振兴幼儿教育，为儿童的健康成长提供良好的环境。从办学主体来看，

---

〔1〕 文部科学统计要览平成24年版、25年版. http://www.mext.go.jp/b_menu/toukei/002/002b/1337986.htm.

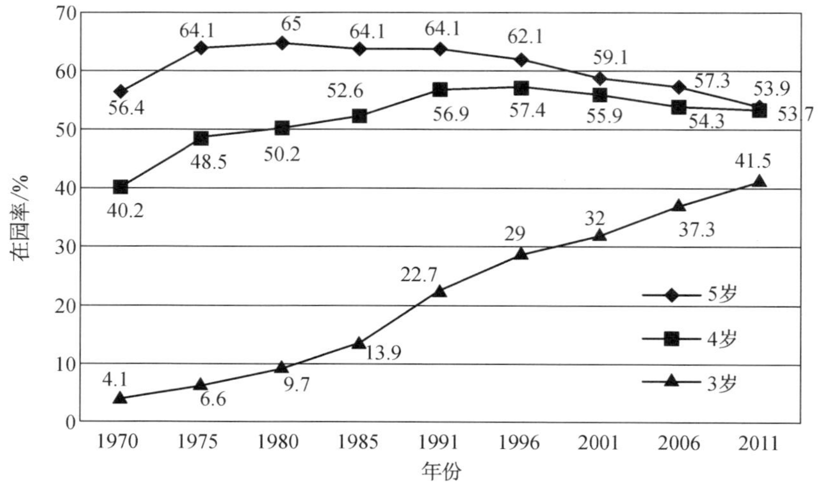

图 1-2 日本幼儿园在园率变化(1970—2011) [1]

注:1. 在园儿童数以文部科学省截至每年 5 月 1 日的学校基本调查数据为准.
2. 适龄儿童总数根据总务省统计局人口推算结果换算得出.
3. 在园率指同龄儿童在园比例。

日本的幼儿园基本分为国立、公立、私立三大类别。其中国立幼儿园主要是一部分国立大学的附属幼儿园,只有 49 所,举办人为国立大学法人,即国立幼儿园。日本大约 60%的幼儿园是由准学校法人举办的私立幼儿园,作为幼儿阶段公共教育服务的主要承担者,私立幼儿园享受国家的减免税制度和私立幼儿园发展促进补助等优惠政策,2013 年日本全国共有私立幼儿园 8 177 所。而接近 40%的幼儿园是由各级地方行政机构举办的公立幼儿园,2013 年日本全国共有公立幼儿园 4 817 所,日本政府还采取认定儿童园等多种形式扩充幼儿教育以满足适龄儿童入园需求(表 1-2)。

表 1-2 幼儿园数量变化 [2]　　单位:所

年份	合计	国立	公立	私立
2003	14 174	49	5 736	8 389

[1] 《平成 23 年度文部科学白書》第 2 章. [2014-02-20]. http://www.mext.go.jp/b_menu/hakusho/html/hpab201201/detail/1324454.htm.

[2] 日本文部科学省平成 25 年度学校基本调查结果——初等中等教育. [2014-02-26]. http://www.mext.go.jp/component/b_menu/other/__icsFiles/afieldfile/2013/12/20/1342607_2.pdf.

续表

2008	13 626	49	5 301	8 276
2009	13 516	49	5 206	8 261
2010	13 392	49	5 107	8 236
2011	13 299	49	5 024	8 226
2012	13 170	49	4 924	8 197
2013	13 043	49	4 817	8 177

2008 年 7 月出台的“教育振兴基本计划”重点强调了要以多种形式“推进幼儿教育”,其中比较引人注目的是“今后十年教育投资基本方向”中包括提供免费的学前教育。未来十年,日本增加教育财政投入的重点将首先集中在提供免费学前教育方面。据此,2009 年,日本上调了“幼儿入园奖励补助”,根据幼儿家长收入情况,减免幼儿园学费,减轻家庭学前教育负担。国家对于实行“幼儿入园奖励事业”的地方政府提供部分补助(不超过增加部分的三分之一)。2000—2010 年日本幼儿园办学主体统计表见表 1-3。

表 1-3 2000—2010 年日本幼儿园办学三体统计表[1] 单位:所

年份	幼儿园总数	国立	公立	私立
2000	14 451	49	5 923	8 479
2005	13 949	49	5 546	8 354
2006	13 835	49	5 469	8 317
2007	13 723	49	5 382	8 292
2008	13 625	49	5 301	8 276
2009	13 516	49	5 206	8 261
2010	13 392	49	5 107	8 236
2011	13 299	49	5 024	8 226
2012	13 170	49	4 924	8 197
2013	13 043	49	4 817	8 177

〔1〕 日本文部科学省平成 25 年度学校基本调查结果——初等中等教育.[2014-02-26]. http://www.mext.go.jp/component/b_menu/other/__icsFiles/afieldfile/2013/12/20/1342607_2.pdf.

日本对幼儿园阶段的学前教育采取“政府补助+成本分担”的形式，由国家提供公共教育服务。除公立和49所国立幼儿园之外，私立幼儿园作为享受国家减免税政策准学校法人，也分担了提供公共教育服务的职责，因此由国家提供私立幼儿园促进补助金以购买相应的教育服务。同时，由政府向学前教育家庭提供入园奖励补助，以此抵消部分入园费和保育费。入园奖励补助金按照家庭经济收入水平和学龄子女人数等多项标准发放，并连续三年上调在园儿童家庭的子女入园补助金发放标准。

以2013年为例，该年度国家向入园儿童家庭发放的入园补助金标准再度提高。就读于私立幼儿园的在园儿童家庭的补助金额在公立幼儿园补助标准的基础上再提高5%；将低保家庭(家庭经济收入在贫困线以下)子女就读于私立幼儿园的入园补助金由2012年的226 200日元/年，提高到229 200日元/年(年增加3 000日元)；将非纳税家庭(年收入在270万日元以下，未达到所得税起征点)子女就读私立幼儿园的入园补助金，由196 200日元/年，提高到199 200日元/年(年增加3 000日元)；将年收入在360万日元以下家庭的幼儿入园补助金由原来的112 200日元提高到115 200日元(年增加3 000日元)；将年收入在680万日元以下家庭的幼儿入园补助费，由原来的49 800日元提高到62 200日元(年增加12 400日元)。

同时，还向长子(女)为小学三年级以下学生的两孩家庭提供更加优惠的第二个子女入园补助金，免除所有家庭第三子幼儿园学费。日本全国在园儿童数量变化见表1-4。

表1-4 日本全国在园儿童数量变化[1] 单位：人

年份	合计	3岁	比例	4岁	比例	5岁	比例
2003	1 760 494	400 243	22.7%	658 631	37.4%	701 620	39.9%
2008	1 674 163	427 135	25.5%	602 105	36.0%	644 923	38.5%
2009	1 630 336	415 991	25.5%	584 228	35.8%	630 117	38.6%
2010	1 605 912	435 457	27.1%	559 513	34.8%	610 942	38%

〔1〕 文部科学统计要览平成25年版. http://www.mext.go.jp/b_menu/toukei/main_b8.htm.

续表

2011	1 596 170	443 750	27.8%	570 750	35.8%	581 670	36.4%
2012	1 604 225	442 508	27.6%	566 985	35.3%	594 732	37.1%
2013	1 583 664	440 542	27.8%	554 327	35.0%	588 795	37.2%

由于日本2006年修改后的《教育基本法》新增"幼儿期教育(第11条)"的条款,2007年6月修订的《学校教育法》便将幼儿园列为学校教育的起始阶段,同时调整了幼儿园教育的目的、目标,制定了支持家庭、社区的幼儿教育的相关条款,确定了托幼、保育的功能定位,以全面推进幼儿教育的振兴。2008年3月,日本修订了幼儿园教育要领,提出根据儿童成长特点和社会环境的变化,要确保儿童身心发展和儿童学习,以及幼儿园生活与家庭生活的连续性,进一步提供对正常在园时间以外的托幼管理提供育儿支援。同时,有效促进幼小衔接也是日本幼儿教育政策关注的重点和未来幼儿教育改革的主要课题。

二、规模缩小的义务教育

日本现阶段实行九年制义务教育,覆盖范围为小学6年和初中3年。由于战后日本的《宪法》规定义务教育无偿提供,同时出台了《义务教育国库出资法》等相关规定,在《教育基本法》所规定的义务教育(小学、中学)阶段内,由于一直实行免费制和分权制管理,所以90%以上的中小学校是地方公立(小学99%,中学92%);义务教育阶段的私立学校比例很小(小学1%,中学7%),仅为少数的"贵族学校";而义务教育阶段的国立学校只有为数不多的国立大学附属中小学校(小学74所,中学75所),占总数的比例不足0.5%[1]。

根据文部科学省的最新统计,截至2013年5月,日本共有小学校21 460所,其中本校(达到法定规模的独立编制小学校)21 228所,分校(不足6个学年以及未达到法定小学规模的附属教学点)232所,总体比2011年底减少261所。

从不同办学主体来看,国立大学附属的国立小学维持74所没有变化,都道

[1] 根据日本文部科学省平成22度学校统计,按国公私立不同办学主体所占比例计算得出.[2013-12-26]. http://www.mext.go.jp/b_menu/toukei/main_b8.htm

府县以及市町村举办的公立小学为21 166所,比上一年减少265所;2012年,日本全国共有私立小学220所,比上一年新增了4所。从2003年至2013年的10年里,日本全国的小学校总数由2003年的23 633所变成2013年的21 132所,减少2 501所(表1-5)。

表1-5 日本全国小学校数量变化〔1〕 单位:所

年份	学校数	国立小学	公立小学	公立分校	私立小学
2003	23 633	73	23 381	464	179
2008	22 476	73	22 197	305	206
2009	22 258	74	21 974	288	210
2010	22 000	74	21 713	270	213
2011	21 721	74	21 431	251	216
2012	21 460	74	21 166	232	220
2013	21 132	74	20 837	214	221

从学校形式来看,目前日本在离岛(日本称"孤岛"为"离岛")和人口过疏地区,仍保留一些小规模的教学点(分校)和复式教学的形式。这里所说的"分校",其实是一个独立的办学机构,并不隶属于某一所中小学,只不过由于年级、班级数量和每班学生人数(班型)等学校规模没有达到"学校设置法实施规则"所要求的6个以上学年和12个以上教学班级,以及每班35名学生等规模标准,所以在学校分类上称为"分校"。分校一般设立在人口稀少的偏僻地区和离岛。从表1-5的数据变化中可以看出,2013年日本小学中仍然保留极小规模的"分校"214所,而2000年这一数字是533所,10年内分校数量减少了将近一半。

2012年日本小学阶段教学班级总数275 058个班,同比减少1 358个班。其中单式教学班236 845个,同比减少2 418个;复式教学班(两个以上年级的学生在一间教室同时上课的班级,与此相对应的是"单式教学班")5 440个,同比减少206个。从2000年到2012年的12年间,复式教学班的数量由2000年的7 145个,减少到2012年的5 440个,12年间减少1 705个。其中既有因生源枯竭而撤校、并校的情况,也有学校规模小而被撤并的因素(表1-6)。

〔1〕 日本文部科学省平成25年度学校基本调查结果——初等中等教育.[2014-02-26]. http://www.mext.go.jp/component/b_menu/other/__icsFiles/afieldfile/2013/12/20/1342607_2.pdf.

表 1-6 2000—2012 日本小学教学班编制统计[1] 单位：个

年份	总计	单式教学班级	复式教学班级	特殊教育班级
2000	271 693	246 539	7 145	18 009
2005	276 083	245 910	6 467	23 706
2006	277 524	246 110	6 420	24 991
2007	277 562	244 946	6 319	26 297
2008	278 665	244 793	6 198	27 674
2009	278 203	243 105	6 045	29 053
2010	277 503	241 279	5 857	30 367
2011	276 416	239 263	5 646	31 507
2012	275 058	236 845	5 440	32 773

随着儿童出生率的持续下降，不仅分校和复式教学班逐年减少，普通小学的撤并校情况也时有发生，其主要原因是学龄儿童人口数量的减少。2003 年至 2013 年，日本小学在校生人数减少 549 962 人(表 1-7)，成为撤并校的主要原因。

表 1-7 日本小学在校生数量变化[2] 单位：人

年份	总数	第一学年	第二学年	第三学年	第四学年	第五学年	第六学年
2003	7 226 910	1 201 425	1 181 335	1 231 877	1 191 893	1 202 961	1 217 419
2008	7 121 781	1 169 396	1 176 097	1 181 741	1 200 215	1 192 310	1 202 022
2009	7 063 606	1 142 706	1 169 019	1 176 304	1 182 002	1 200 634	1 192 941
2010	6 993 376	1 122 283	1 142 213	1 169 093	1 176 374	1 182 279	1 201 134
2011	6 887 292	1 097 148	1 121 339	1 141 686	1 168 705	1 176 085	1 182 329
2012	6 764 619	1 061 279	1 096 291	1 120 939	1 141 392	1 168 547	1 176 171
2013	6 676 948	1 088 480	1 060 834	1 096 362	1 121 051	1 141 532	1 168 689

撤并校和在校生人数减少的情况也逐渐由小学蔓延至同属于义务教育的初中阶段。根据文部科学省统计，近十年来日本初中数量和初中在校生人数也出现了同步下降趋势(表 1-8)。

[1] 日本文部科学省 2013 年度学校基本统计结果报告. http://124.202.164.16/files/31830000020E393F/www.mext.go.jp/component/b_menu/other/__icsFiles/afieldfile/2012/12/21/1329238_2_1.pdf.

[2] 日本文部科学省平成 25 年度学校基本调查结果——初等中等教育.[2014-02-26]. http://www.mext.go.jp/component/b_menu/other/__icsFiles/afieldfile/2013/12/20/1342607_2.pdf.

表 1-8 日本全国中学统计〔1〕 单位:所

年份	学校总数	国立	公立	私立	其中六年一贯制学校数	
					初高中并设型	对口连接型
2003	11 134	76	10 358	700	50	133
2008	10 915	76	10 104	735	219	175
2009	10 864	75	10 044	745	247	177
2010	10 815	75	9 982	758	273	177
2011	10 751	73	9 915	763	289	178
2012	10 699	73	9 860	766	309	174
2013	10 628	73	9 784	771	319	172

2030 年,日本全国初中学校总数为 11 134 所,其中国立 76 所,公立 10 358 所,私立 700 所;十年后的 2013 年分别是初中学校总数 10 628 所,国立 73 所,公立 9 784 所,私立 771 所,中学校总数减少 506 所,其中公立学校减少 574 所,而私立中学新增 71 所,国立中学减少 3 所。

从在校生总人数来看,2003 年日本全国的初中在校生总人数为 3 748 319 人,十年后的 2013 年日本的初中在校生总人数为 3 536 201 人,共减少 212 118 人(表 1-9)。对比近十年日本中小学校在校生人数变化(表 1-7,表 1-9),同一时期的日本小学在校生人数减少了 549 962 人,由于受小学在校生人数总量下降的影响,中学在校生总数还将进一步减少。

表 1-9 2003—2013 年日本初中生在校生人数变化〔2〕 单位:人

年份	总数	第一学年	第二学年	第三学年
2003	3 748 319	1 211 515	1 237 042	1 299 762
2008	3 592 378	1 176 243	1 227 410	1 188 725
2009	3 600 323	1 195 134	1 176 890	1 228 299
2010	3 558 166	1 185 116	1 195 493	1 177 557
2011	3 573 821	1 192 817	1 185 091	1 195 913
2012	3 552 663	1 174 041	1 193 010	1 185 612
2013	3 536 201	1 168 214	1 174 270	1 193 717

〔1〕 日本文部科学省平成 25 年度学校基本调查结果——初等中等教育.[2014-02-26]. http://www.mext.go.jp/component/b_menu/other/__icsFiles/afieldfile/2013/12/20/1342607_2.pdf.

〔2〕 日本文部科学省平成 25 年度学校基本调查结果——初等中等教育.[2014-02-26]. http://www.mext.go.jp/component/b_menu/other/__icsFiles/afieldfile/2013/12/20/1342607_2.pdf.

日本从战后开始实行义务教育经费国库负担制度，以此保证全体国民无论在日本的任何地区都能享受到免费的、具有一定质量保障的义务教育。日本将义务教育经费的大部分用来支付公立义务教育学校教师(职工)的工资和补助，因此，日本义务教育学校教师的工资是由中央财政和都道府县级(相当于我国的省级)地方财政全额保障。日本由国家和都道府县两级财政分担教师工资的制度，与学校规模、班级定员、教师职数等相关规定对保障教育机会均等，维持全国统一的教育质量和教育水平具有明显的效果和重要的作用。为此，日本政府每年要划拨 5 万亿日元用以支付全国大约 70 万名义务教育学校教师的工资费用。2004 年开始实行国库负担额度内由地方“总额裁量”的政策宽限，放宽地方的自主权限。2006 年，日本推进义务教育经费由国库负担、税源转让和转移支付“三位一体”的教育财政改革，这项旨在促进教育分权制的政策改革在有些地方却变成了简单的“分钱制”，以至于 2009 年全日本有 21 个县(省)由于教育经费紧张而将教师工资标准减低至国家统一标准以下。

日本的免费义务教育制度不仅包括免除学费、教科书无偿使用，同时对于贫困家庭学生参加学校组织的远足、修学旅行、学校配餐以及学习用品购置等费用负担也采取相应的补助措施。公立小学大约每年每生 10 万日元，公立中学大约每年每生 17 万日元左右。此项政策旨在促进教育公平的教育援助措施，主要由市町村级地方财政承担，最近两年由于地震灾害等原因导致需要就学补助的家庭逐渐增多，文部科学省对于市町村负担并实施的就学补助，以补助金转移支付的形式划拨给地方财政。义务教育无偿提供制度对促进教育公平，保障日本基础教育均衡和均质发展起到了重要作用。

三、形式多样的高中教育

高中阶段是整个教育体系中的重要环节，它作为基础教育的高级阶段，是与高等教育的衔接口，起着承上启下的作用，其培养目标、教育质量，对培养合格公民和高素质人才具有至关重要的作用。尤其是在现阶段，人才日益成为国家之间竞争制胜的关键因素。人才素质、结构和规模直接反映出国家科技经济实力的大小强弱。普通高中由于其特殊的教育地位和升学与就业双重培养目标，从而成为各国普遍重视的基础教育阶段。

日本现代学校教育制度中的高中教育始于第二次世界大战后的 1948 年，当年日本的初中毕业生的高中入学率为 42.5%，到 1974 年，不包括函授在内的高中入学率就已经超过了 90%，战后 25 年，日本实现了高中教育的全面普及。到 2013 年日本的高中入学率达到了 98.3%。尽管日本一直将高中称为"高等学校"，但是今天的"高等学校(高中)"在日本已经成为全面普及的、大众化的基础教育的最高阶段，是连接基础教育与社会、基础教育与高等教育的重要桥梁和纽带[1]。

随着高中入学率的不断提高，高中生的能力与适应性、兴趣与关注点、发展与选择逐渐朝着多样化发展。与此同时在校高中生人数也发生了明显变化，1989 年，日本高中生在校人数达到 560 万人，成为历史最高点，此后的 24 年(截至 2013 年 5 月)里，日本的高中生在校人数减少了大约 330 万人，使高中的学校布局和规模调整成为未来日本高中教育改革所要面临的新问题(表 1-10)。

表 1-10 日本全国高中在校生人数统计[2] 单位：人

年份	总数	全日制	定时制
2003	3 809 827	3 698 972	110 855
2008	3 367 489	3 258 851	108 638
2009	3 347 311	3 235 937	111 374
2010	3 368 693	3 252 457	116 236
2011	3 349 255	3 233 248	116 007
2012	3 355 609	3 243 422	112 187
2013	3 319 758	3 213 035	106 723

截至 2013 年 5 月 1 日，日本全国共有高中 4 981 所(本校 4 893 所，小规模分校 88 所)。其中，国立高中 15 所，与前一年度相同；公立高中 3 646 所，比前

〔1〕 高校教育の質保証に向けた学習状況の評価等に関する考え方，平成 25 年 1 月，中央教育審議会初等中等教育分科会高等学校教育部会. http://www.mext.go.jp/b_menu/shingi/chukyo/chukyo3/047/houkoku/__icsFiles/afieldfile/2013/03/13/1331803_01.pdf.

〔2〕 日本文部科学省平成 25 年度学校基本调查结果——初等中等教育.[2014-02-26]. http://www.mext.go.jp/component/b_menu/other/__icsFiles/afieldfile/2013/12/20/1342607_2.pdf.

一年度减少 42 所;私立高中 1 320 所,比前一年度新增 1 所。上述学校总数中还包括六年一贯制中学 411 所(初高中并设校 318 所,初高中联办校 83 所),初高中并设的一贯制中学比前一年增加了 9 所[1]。2003 年至 2013 年的 10 年之内日本高中数量减少 469 所(表 1-11)。

表 1-11 2003—2013 日本高中办学数量统计[2] 单位:所

年份	高中总数	国立	公立	私立	总数中六年一贯制中学	
					初高中并设校	初高中联办校
2003	5 450	15	4 117	1 318	50	54
2008	5 243	16	3 906	1 321	220	81
2009	5 183	16	3 846	1 321	247	82
2010	5 116	15	3 780	1 321	273	82
2011	5 060	15	3 724	1 321	289	83
2012	5 022	15	3 688	1 319	309	83
2013	4 981	15	3 646	1 320	318	83

目前,日本的基础教育阶段的学制划分为小学、初中和高中之外,还包括六年一贯制中等教育学校(一贯制中学),为了给学生和家长提供一个在同一学习环境下连贯性修完六年中学教育课程的选择机会,实现更加注重培养学生个性特长的中等教育,促进基础教育改革的多样化发展,中央教育审议会于 1997 年提出了设立六年一贯制中等教育学校的审议报告,1998 年根据该提议部分修改了学校教育法,1999 年 4 月 1 日起六年一贯制中学正式列入日本学校教育序列。

根据学生和家长的实际需求,一贯制中学采取三种办学形式:一是作为同一所学校,连贯实施六年中等教育直到高中毕业的六年一贯制中学;二是有一个办学主体创办的、分为初中部和高中部的中等教育学校,初中毕业后直升本校高

[1] 平成 25 年度学校基本调查结果概要.[2014-02-26].http://www.mext.go.jp/component/b_menu/other/__icsFiles/afieldfile/2013/12/20/1342607_2.pdf. 2003 年至 2013 年的 10 年之内日本高中数量减少 469 所。

[2] 日本文部科学省平成 25 年度学校基本调查结果——初等中等教育.[2014-02-26].http://www.mext.go.jp/component/b_menu/other/__icsFiles/afieldfile/2013/12/20/1342607_2.pdf.

中,不必参加高中选拔考试的并设型中等教育学校;三是由市町村办公立初中与都道府县办公立高中之间,通过教育课程编制、教师学生交流等形式密切合作,不同办学主体联合开办的联办型(初中毕业学生可对口、免试升入指定合作高中)的中等教育学校(图 1-3)。

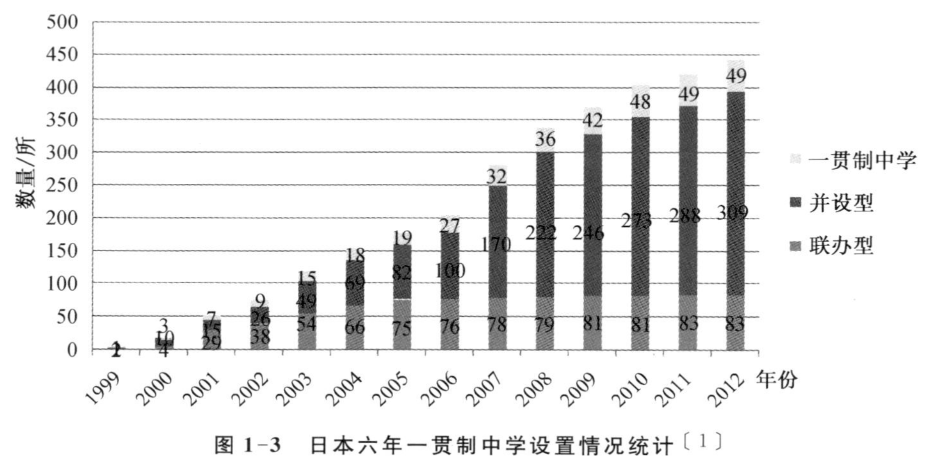

图 1-3 日本六年一贯制中学设置情况统计[1]

日本文部科学省为了促进每一个学生的个性发展,积极采取有效措施支持和鼓励高中的特色化发展。除一贯制中学、普职并存的综合学科、学分制高中等制度特色高中之外,还推出超级英语高中、超级科学高中等一系列政策性试点高中,全方位推进高中教育改革。

日本虽然在 20 世纪 80 年代就普及了高中教育,目前的高中入学率已经超过 98%,成为名符其实的全民教育机构。但是,在法律上高中阶段一直没有被列入义务教育覆盖范围,以至于 2008 年 7 月出台的"教育振兴基本计划"中没有提及高中要实行免费教育。2009 年开始执政的民主党认为,高中教育的全面普及已经使其教育成果全面返还给社会,因此,高中阶段的教育费用也应该由全社会来承担。许多发达国家已将高中阶段列入义务教育范畴而实行免费教育,逐渐引入高中教育学习补助或无偿制度符合国际发展趋势。民主党据此提交了高

〔1〕 文部科学省高等学校教育の改革に関する推進状況について,平成 24 年 11 月. http://www.mext.go.jp/b_menu/houdou/24/11/icsFiles/afieldfile/2012/12/07/1328552.pdf.

中免费教育制度改革的法案，在获得国会通过后，日本从 2010 年 4 月 1 日开始实行公立高中免除学费及私立高中就学补助金支付制度，以减轻高中生家庭的学费负担。然而，凡就读于公立高中的所有学生，不分家庭条件一律免收高中学费(不包括入学金和其他费用)，而政府同时向就读于私立高中的学生发放高中就学补助金以冲抵部分或全部学费，其他费用则仍然由学生本人或家庭负担。

高中就学补助金的发放对象为居住在日本国内、且家庭年收入在 910 万日元以下的高中生，支付标准如下：

国立高中、国立一贯制中学高中课程：9 600 日元/月；

定时制公立高中、公立一贯制中学高中课程：2 700 日元/月；

函授制公立高中、函授制公立一贯制中学高中课程：520 日元/月；

国立、公立特别教育学校高中部：400 日元/月；

除上述之外的其他高中应支付：9 900 日元/月；

支付期上限为 3 年，函授制高中最长支付 4 年。

同时对于私立高中、私立一贯制中学高中课程、私立特别支援学校、国公私立高等职业学校的就读学生，根据家庭收入情况最多可支付最高限额(9 900 日元/月)的 1.5 至 2.5 倍。家庭年收入 250 万～350 万日元，年补助额 237 600 日元(2 倍)；家庭年收入 350 万～590 万日元，年补助额 178 400 日元(1.5 倍)[1]。

根据文部科学省统计，实施高中生就学补助金制度的显著成效，是因经济原因无法完成高中学业和高中生中途退学现象明显减少。以制度开始实施的 2010 年为例，高中生退学人数比前一年减少 37%，对于低收入家庭高中生的经济援助力度明显增大，对教育公平的推进力度得到肯定。

---

[1] 公立高等学校授業料無償制・高等学校等就学支援金制度.[2014-02-27]. http://www.mext.go.jp/a_menu/shotou/mushouka/index.htm.

第三节 日本基础教育经费投入

由于教育承担着人的发展、国家和社会建设者培养的重要使命，从而具有公益性、公共性和普惠性特质。教育费用不应该由受教育者本人、家庭或者学校来单独负担。2009 年 7 月 3 日，由日本文部科学省就教育经费投入问题专门成立的"构建教育安心社会恳谈会"发表的咨询报告指出，"为了使我国能够在知识经济时代实现可持续发展，全社会都要给予教育发展以高度重视。我国资源匮乏，能够建设成如此繁荣的社会，完全是因为在历次历史转折和时代变迁中，我国倾全力举办教育并取得了显著成果，从而奠定了国家和社会立足之本"[1]。充分肯定日本教育发展对社会经济发展不可替代的推动作用，阐明教育发展是全社会共同的责任，呼吁日本社会各界继续支持和重视教育。日本在第一期"教育振兴基本计划"中也提出了教育发展是全社会职责的基本理念，认为在今后人口逐渐减少和老龄化不断发展的情况下，作为中长期发展趋势必须重点推进教育公共服务改革，将国家和地方政府直接提供的"官方"教育公共服务的份额要降到最小程度，同时更大限度寄希望于"民间"公益性团体的分担教育责任，为了实现个人幸福人生和国家社会的可持续发展，每一个社会成员都应该自觉承担起促进社会发展，创造美好生活的社会职责。未来十年，日本教育公共服务将朝着社会化、多元化方向发展。

一、多元分担的教育经费投入

日本的教育经费主要由国家、地方政府以及家庭、企业等经济实体负担。根据 OECD 教育概览 2013 年统计，日本小学、初中，包括高中阶段的教育费中的

[1] 育安心社会の実現に関する懇談会報告，教育費の在り方を考える.[2009-07-03]. http://www.mext.go.jp/b_menu/houdou/21/07/__icsFiles/afieldfile/2009/08/31/1281312_2.pdf.

公共财政负担比例达到90.4%,家庭和其他自费负担比例为10%左右。公共财政经费由中央财政和地方财政分担,由于日本实行教育分权制管理,中小学教育经费主要由地方财政负担。但是日本各地财政状况存在很大差别,为保障办学条件和教育资源配置达到统一水平,实现教育公平,日本通过国家财政调节地方补贴、专项转移支付等手段,控制因地区间经济发展水平不同造成的教育差距扩大。

日本文部科学省公布的资料显示,2001年度以来教育经费的财政预算主要分为:一是国家对地方的教育经费的直接补贴(文部科学省掌管和协调划拨的特殊补贴经费、政策性专项支持经费);二是地方转移支付(由总务省掌管的、为调节教育经费的均衡投入从地方税金中向不足地区划转和补充的教育经费);三是教育经费中地方财政负担的部分(作为地方普通财政预算支出的教育经费预算)(表1-12)。

表1-12 中央和地方政府支付教育经费的状况〔1〕

年份	文化教育经费总额	中央政府支付的教育经费				地方政府支付的教育经费
		合计	国家教育经费	专项补贴、地方转移支付		
				地方教育专项补贴	地方转移支付中教育经费的数额	
2001	100.00%	46.7%	18.9%	13.8%	13.9%	53.3%
2002	100.00%	46.5%	19.5%	13.7%	13.4%	53.5%
2003	100.00%	45.8%	20.2%	12.9%	12.7%	54.2%
2004	100.00%	44.0%	19.4%	12.2%	12.4%	56.0%
2005	100.00%	43.9%	21.4%	10.1%	12.4%	56.1%
2006	100.00%	41.5%	20.6%	8.6%	12.3%	58.5%

根据日本文部科学省2013年度实施的学校教育机构费调查结果表明,2011年日本都道府县地方财政共支出公共教育经费158 682亿日元,比上一年度减少3 933亿日元,同比增长−2.4%(图1-4)。

目前,日本的教育公共财政投入远远低于其他发达国家,甚至低于OECD成员国的平均水平(表1-13,表1-14,图1-5)。教育的公共财政投入仅占GDP比例仅为3.5%,而2009年度OECD国家的平均值为5.8%。尤其值得一提的是,日本的高等教育阶段的教育费以家庭的自费负担为主。

〔1〕 田慧生,田中耕治.21世纪的日本教育改革[R].北京:教育科学出版社,2009:10.

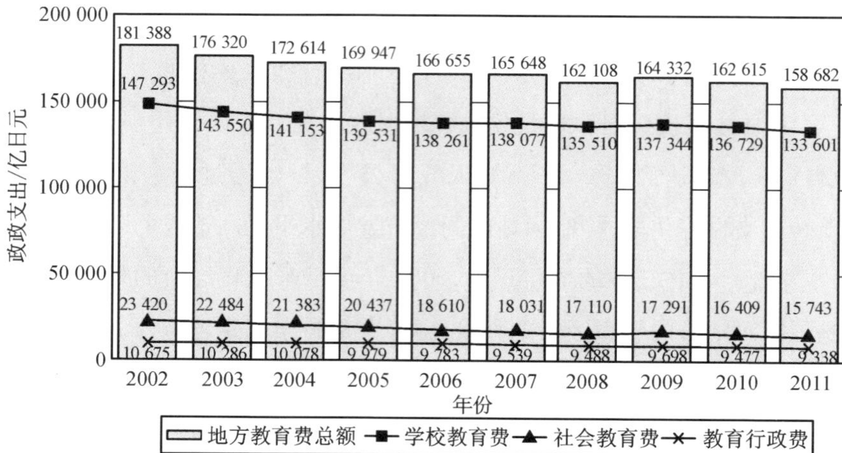

图 1-4 2002—2011 年地方财政教育财政额度变化[1]

表 1-13 2009 年度主要 OECD 国家教育经费公共财政投入比较[2]

国别	教育财政预算占政府支出比例			教育财政支出占 GDP 比例		
	初、中等及高等以外教育阶段	高等教育	全教育阶段	初、中等及高等以外教育阶段	高等教育	全教育阶段
澳大利亚	10.8%	3.1%	14.2%	3.8%	1.1%	5.0%
奥地利	7.3%	3.0%	11.4%	3.9%	1.6%	6.0%
加拿大	8.3%	4.7%	12.3%	3.2%	1.8%	5.1%
丹麦	8.7%	4.2%	15.1%	5.1%	2.4%	8.7%
芬兰	7.6%	3.9%	12.2%	4.2%	2.2%	6.8%
法国	6.8%	2.4%	10.4%	3.9%	1.3%	5.9%
德国	6.6%	2.8%	10.5%	3.2%	1.3%	5.1%
比利时	8.1%	2.7%	12.2%	4.3%	1.5%	6.6%
意大利	8.1%	2.7%	12.2%	4.3%	1.5%	6.6%
日本	6.4%	1.8%	8.9%	2.7%	0.8%	3.8%

〔1〕 平成 24 年度(平成 23 会計年度)地方教育費調査結果の概要.[2014-02-22]. http://www.mext.go.jp/b_menu/toukei/001/005/__icsFiles/afieldfile/2013/09/10/1339378_2.pdf.

〔2〕 教育指标国际比较(2013 年版),文部科学省. http://www.mext.go.jp/b_menu/toukei/data/kokusai/__icsFiles/afieldfile/2013/04/10/1332512_04.pdf.

续表

韩国	10.8%	2.6%	15.3%	3.6%	0.9%	5.0%
新西兰	14.1%	5.7%	21.2%	4.8%	1.9%	7.2%
英国	9.0%	1.6%	11.3%	4.5%	0.8%	5.6%
美国	9.3%	3.0%	13.1%	3.9%	1.3%	5.5%
OECD 平均	8.7%	3.1%	13.0%	3.8%	1.4%	5.8%

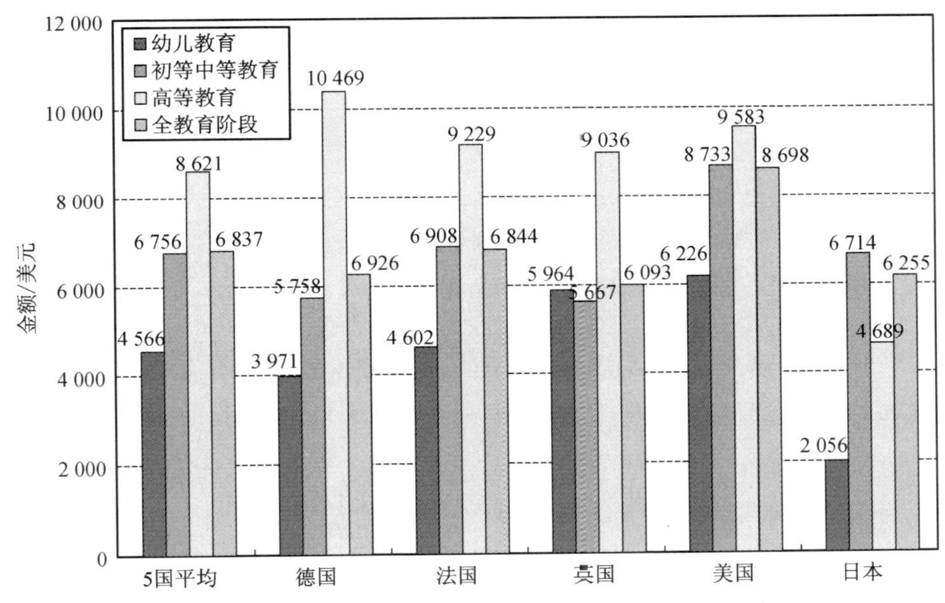

图 1-5 主要国家人均教育经费公共财政投入比较[1]

二、中央财政的教育补贴持续减少

进入 21 世纪以来，日本加大了教育财政制度的改革，其重要方向是减少国家对教育的直接投入，代以向地方转让税源，将教育专项经费改为普通财源的“三位一体”教育财政制度的改革，其结果表明地方财政的教育投入比例逐渐增加(图 1-6)。

---

〔1〕 2009 年度文部科学白書，我が国の教育水準と教育費. http://www.mext.go.jp/b_menu/hakusho/html/hpab200901/detail/1295628.htm.

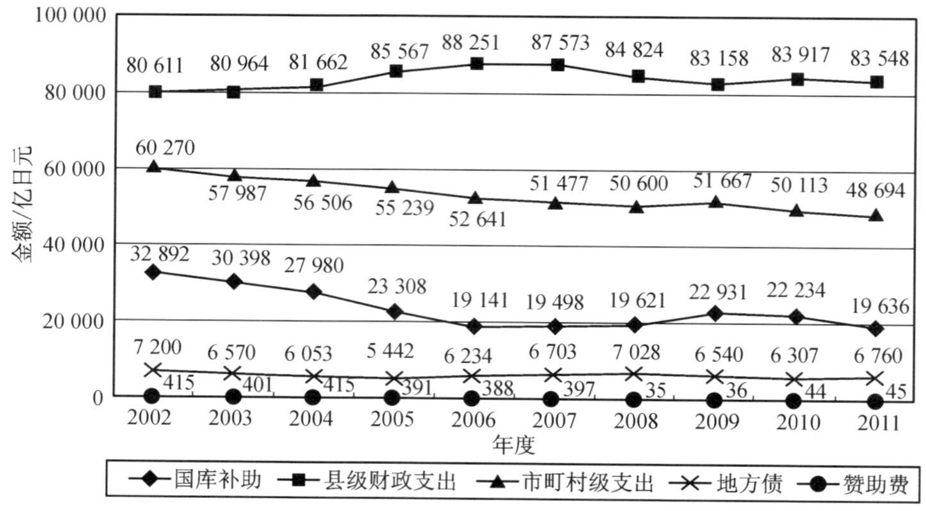

图 1-6 2012 年度日本教育经费财政投入结构〔1〕

图 1-6 还表明，国家的教育经费补贴正逐渐减少，2005 年后以每年 1.5%～2.0%的速度持续下降；地方转移支付虽然没有国家教育经费下降得明显，但不可否认呈现出逐渐减少的状况；与前两项正好相反，地方支付的教育费，由于要补足前两项的削减，所以 5 年来增加了将近 5%。都道府县的教育经费支出从 2005 年开始出现明显的增长态势，表明了“义务教育经费国家负担”制度的动摇和改革。

三、“三位一体”的教育经费改革方案

日本的义务教育经费国库负担制是战后教育制度的基本性质，是保证教育机会均等，促进教育公平的基本重要措施。而义务教育经费的主要部分是用来承担义务教育教师的工资收入以维持统一的教育质量促进教育水平的不断提高。进入 21 世纪以来，人们认为在已经普及义务教育和高中之后，教育的成果能够返还社会，而本着谁受益谁出资的原则，受益者也应该分担教育经费的投入，而不仅仅是国家和地方财政。因此，引发了日本新一轮关于基础教育经费的

〔1〕 平成 24 年度(平成 23 会計年度)地方教育費調査結果の概要.[2014-02-22].http://www.mext.go.jp/b_menu/toukei/001/005/__icsFiles/afieldfile/2013/09/10/1339378_2.pdf.

财政改革——“三位一体”改革。

所谓“三位一体”改革，起源于 2004 年的小泉内阁，这项改革是第二次世界大战之后，日本最大规模的教育财政改革。该项改革同时实施：削减中央财政对地方的教育经费补贴和专项拨款；由中央向地方转让相关税源；控制地方转移支付等三项重点措施而得名。

这是一项将国家财政对地方的补助金和专项拨款削减 4 万亿日元，同时给予地方税源转让补偿 3 万亿日元的财政计划。由于在削减的 4 兆日元中 2 兆 5 000 亿日元的义务教育国家专项拨款（以下称“专项拨款”）占据了大部分，所以引起各方的关注。

1974 年，日本颁布《为维持和提高教育水平确保义务教育诸学校教职员人才的特别措施法》，即《人才确保法》，确定教职员工资水平要高于普通公务员的优惠待遇。然而，2004 年开始实施的“三位一体”改革改变了义务教育经费国库负担的基本支付形式，将义务教育经费国库负担比例由原来的二分之一减少到三分之一。而义务教育经费的大部分是用以支付学校教职员工资报酬，由国家分担比例的缩减，以及日本近几年自然灾害和财政紧张的原因，导致一些财政相对困难的地区无法确保教职员工资收入。以 2012 年度为例，改革后的日本基础教育经费结构见表 1-14。

表 1-14　2012 年度日本基础教育经费结构〔1〕

学段	公立	私立
高级中学	公费 约 2 万 2 030 亿日元（中央 36 亿＋都道府县 2 万 500 亿＋市町村 1 500 亿） 2013 年预算 公立高中免学费转移支付 2 345 亿日元高中免费酝酿中	私学助成补助 约 3 250 亿日元（中央 470 亿） 2013 年预算 高中就学补助转移支付 1 600 亿日元 家庭负担学费约 3 860 亿日元

〔1〕 教育再生実行会議第 14 回配布資料「わが国及び諸外国の学制に関する基本資料」首相官邸. http://www.kantei.go.jp/jp/singi/kyouikusaisei/dai14/sankou2.pdf.

续表

义务教育 (小学) (初中)	公费 约7万7 500亿日元(中央1万4 700亿+都道府县4万7 100亿+市町村1万5 700亿) 小学5万100亿日元 初中2万7 400亿日元	私学助成补助 约900亿日元(中央130亿) 家庭学费负担约1 330亿日元
幼儿园	公费约2 020亿日元 (中央50亿+都道府县5亿+市町村1 970亿) 家庭保育费每月220亿日元	私学助成补助 约2 170亿日元(中央380亿) 家庭保育费约3 110亿日元 2013年预算就园奖励金920亿日元(中央220亿)

注:公立学校的公费额度参照《文部科学省平成23年度地方教育费调查(平成22年度会计)》的学校教育费中的消费支出;公立幼儿园的保育费根据文部科学省调查、H24学校基本调查得出2012年度平均保育费水平。

如果基于教育发展的视角来看,文部科学省对地方教育事业的专项经费,是克服地方财政收入差距、保证教育机会均等促进教育公平的重要措施。税源转让使得原本是专项拨款的教育经费辩证地方政府的普通财源,而个地方财政情况不同很难保证经费被用于教育,教育质量和水平也将难以保障。事实上,一些地方教师工资无法保障的结果表明此项“三位一体”改革对于确保义务教育均衡发展带来了负面影响。

然而,掌管日本国家财政大权的财务省,基于财政紧缩的视角极力主张拨款的额度应该与儿童和学生数量挂钩,目前这种定额的、僵硬的拨款制度难以接受。在出生率下降、人口减少的情况下,拨款也应该随之减少,对没有按照这一思路进行调整的现行拨款制度提出了严厉的批评,并且主张应该实行与儿童学生数量挂钩的转移支付。之所以提出这样的主张,是因为地方转移支付关系到国家税源的减少,会失去偿还超过800兆日元巨额长期债务的财政保障手段。

对于这项改革,地方政府官员则认为,如果地方的财政自主权得到扩大,与各地情况相适应的教育条件将会得到进一步改善,这有助于促进地方之间相互竞争,发挥地方活力带来教育水平的提高。另外,从财政的观点看,把教师工资纳入地方一般财政可以提高居民的纳税意识,提高教职员的自觉性,提高居民参与学校管理的意识,事实如何不得而知。

但地方政府之所以要拒绝国家负担并划拨给地方的教育经费而接受税源转让,真正的理由隐含在“三位一体改革”的操作机制中。在“三位一体改革”中,以税源转让为条件削减补助、专项拨款的具体方案被认为是由地方行政部门提出的。减少 4 兆日元补助、专项拨款与作为补偿得到的 3 兆日元的税源转让两者之间的差值,意味着缩减了 1 兆日元的经费。但如果能以转移支付的填补为前提,获得可自由支配的 30 兆日元的一般财政经费,这对地方来说具有相当大的诱惑力,地方政府为了获得 30 兆日元可自由支配的普通预算,拒绝了 40 兆的教育专项拨款。

综上,日本的教育财政保障和教育经费的分配,深受近年来在发达国家作为财政改革杀手锏而引入的新公共管理理论的影响。对于基础教育,国家投入的减少倾向与地方支出的增加趋势,就是权限直接转让,即地方分权制的产物。日本教育财政改革方针是以教育的立场提出的,而事实上却是按照公共选择的功利性计算为基本前提的决策过程。为了促进基于教育立场的决策,科学把握教育投资的政策性效果,以及开发行之有效的方法,都将有待于今后教育财政研究的不断发展[1]。

---

〔1〕 田慧生,田中耕治. 21 世纪的日本教育改革[R]. 北京:教育科学出版社,2009:16.

第二章

日本基础教育制度法规

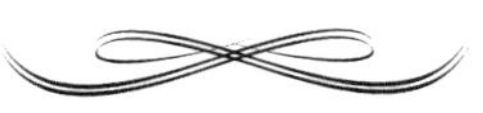

以完善的法律法规体系确保教育事业的顺利发展是日本教育制度的基本特质。日本战后学校教育制度构建的法律依据是其《宪法》《教育基本法》以及“教育三法”[1]等相关法律法规。日本教育改革和教育政策的成功实施,不在于教育财政预算的支出水平,而在于完善的法律保障和系统化、组织化的教育制度。

日本自1872年明治政府颁布《学制》起始创近代学校教育制度。随着《学制》法令在日本全国的普遍事实与推进,以全体国民为对象普及小学教育,设立以“追欧赶美”为目标的高等教育机构,成为日本近代学校教育制度建立之初的基本教育目标。

在第二次世界大战之前的70余年时间里,日本教育渲染了浓厚的“富国强兵”的国家主义色彩,直到第二次世界大战战败之后,教育理念、教育结构和教育内容才发生重大的变化。1947年3月,日本政府颁布《宪法》,并根据《宪法》的基本原则制定《教育基本法》,作为日本教育发展和改革的根本大法。并构建现代学校教育制度,将原来的六年制义务教育延长至九年制。与战后日本国家法律体系一同构建的现代学校教育,其制度性质和教育权利通过宪法的明文规定得到有效保障。

日本的《宪法》规定了国民的受教育权利与义务,并界定了义务教育制度的性质:“所有国民依法享有根据其自身能力平等接受教育的权利,所有国民依法负有使其监护的子女接受普通教育的义务,义务教育无偿提供。”宪法首先提出了教育机会均等和义务教育的无偿原则,而对于教育方针、教育目的和各级教育目标,以及教育活动的开展,则依据《教育基本法》《学校教育法》等专项法律规定,以确保学校教育规范、有序地发展。

---

[1] 教育基本法下位的《学校教育法》《教育职员许可证法》以及《教育公务员特例法》《关于地方教育行政的组织及其运营的法律》,是规范一切教育活动的法律依据,称为“教育三法”。作者注。

第一节 基础教育的法律保障

日本的基础教育主要指从幼儿园到高中阶段的初等、中等教育，作为培养青少年健全人格、奠定终身幸福生活基础的重要阶段。基础教育在日本学校教育制度中占据最重要的地位。日本的《宪法》第26条规定，“建立义务教育制度以保障并实现全体国民的受教育权利”“教育以每一个国民的人格完善、国家社会建设者的培养为基本目的。无论时代如何变化，教育的基本目的是永恒不变的”，使公民的受教育权利、教育的根本目的和义务教育的性质得到了有效地保障。为依据宪法，日本在1947年制定《教育基本法》，在基本法的框架下，指定“教育三法”，以及教育实施过程的各项法律准则和规定政策，构建学校教育法律体系。

日本教育相关的法律体系包括：日本的宪法首先规定公民接受教育的权利和义务教育。《教育基本法》——规定教育目的、教育方针，同时对教育机会均等、义务教育、男女共学、学校教育、政治教育、宗教教育等有了最初的明确规定。《学校教育法》——规定各级各类学校，以及不同教育阶段的教育目的、教育目标等。此外，授予文部科学大臣对学科相关事项的决定权。《关于地方教育行政组织与运营管理的法律》——规定教育委员会管理、执行学校教育课程相关事务，在不违反法律法令的前提下，制定必要的教育委员会规则。《学校教育法实施规则》（文部科学省令）——规定学科结构、年度标准课时数等。此外，规定教育课程标准，要依据文部科学大臣公布的《学习指导要领》。《学习指导要领》（文部科学省令）——作为教育课程编制的总体方针，规定各学科、道德、特别活动的目标、内容等相关事项，以及综合学习时间等的处理方法和实施规则等。

一、受法律保护的教育权利与义务

1. 教育基本法

《教育基本法》根据宪法精神确定日本的教育方针:"日本国民致力于促进几经努力而创建的文明民主国家的进步和发展,愿为促进世界和平与提高人类福祉做出贡献。为实现上述理想,要尊重个人尊严,追求真理与正义,倡导公共精神,培养具有丰富人性与创造性的日本人,同时要推进教育发展,以继承传统、创造新文化。"《教育基本法》确定了日本教育制度的性质、教育目的、教育目标和终身学习的教育理念。

(1) 教育目的

教育必须以完善人格为基本目的,培养具有和平民主国家和社会成员必备素质的、身心健康的国民。

(2) 教育目标

为了实现教育目的,教育要尊重学术自由,并完成下列教育目标:第一,掌握广博的知识与教养,养成追求真理的态度,培养丰富的人性与道德情操,锻炼健康的体魄。第二,尊重个人价值,发展个性能力,培养创新精神,培养自主与自律精神的同时,重视职业以及与生活的密切关系,培养勤劳的生活态度。第三,重视正义责任,尊重男女平等,自爱并关爱他人、相互协作。遵循公共精神,养成主动参加社会建设,贡献与社会发展的品质。第四,培养尊重生命,珍惜自然,保护环境的品质。第五,尊重传统与文化,热爱孕育了传统文化的国家与乡土,同时尊重别国,为国际社会的和平与发展做出贡献。

(3) 终身学习理念

为了使每一个国民磨练自己的人格,度过丰富多彩的人生,构建在一生当中的任何机会、任何场所都能够实现学习,并能够充分运用其学习成果的社会环境。[1]

2. 教育基本法的修订

1947 年颁布的《教育基本法》在 2006 年进行了全面修订,该法第 4 条首先

---

〔1〕《教育基本法》,平成 18 年(2006 年)法律第 120 号. http://www.mext.go.jp/b_menu/kihon/about/index.htm.

提出保障教育机会均等的基本原则：一是向所有国民提供根据其自身能力平等接受教育的机会，在教育上不得因为人种、信仰、性别、经济地位或者门第等原因差别对待。二是国家及地方政府为保障残疾人根据其残障程度接受充分的教育，在教育上要给予必要的支援。三是国家及地方政府对于那些有学习能力但由于经济困难无法就学人员要采取奖学措施。《教育基本法》的此项规定将对于残疾人的特别教育支援，对于因经济条件原因就学困难人群采取就学奖励措施作为国家和地方行政机构应该承担的职责和义务。

《学校教育法》则对学校教育的相关责任义务做出了进一步明确规定，监护人依法负有在其子女年满 6 岁起的 9 年期间，送子女就读小学、中学等学校接受教育的义务，市町村及行政机构负有设立小学、中学的义务。

同时，《教育基本法》第 5 条对教育实施的基本原则还做出进一步阐述：其一，国民对于其监护的儿童，根据其他法律的规定，负有使其接受普通教育的义务。其二，作为义务教育实施的普通教育，要以发展个人能力，奠定社会独立生存的基础，培养国家与社会建设者的必备素质为目的。其三，国家和地方政府为确保义务教育的机会和水平，要进行合理的责任分担，相互协作共同承担义务教育的实施责任。其四，国家以及地方政府所开办的学校中，属义务教育阶段的要免征学费。

《日本国宪法》规定义务教育无偿的基本性质，《教育基本法》则进一步明确阐述法律的宗旨，关于无偿教育提供的程度与范围，则另有法律规定。《教育基本法》规定的教育无偿化范围，包括义务教育阶段国立与公立学校免收学费。1963 年制定和实施的《关于义务教育各学校教科用图书免费提供的法律》覆盖了宪法规定提供无偿教育范围内的义务教育阶段各级各类学校，包括就读于义务教育阶段的私立学校学生和特别支援学校学生。

日本法律为属地性，而不是属人原则。所以，义务教育的无偿性质不能覆盖设立在海外的日本人学校，必须与国内的私立学校同样征收相应的学费。但是，教科书则通过外务省和文部科学省联合设立的海外子女教育振兴财团，免费向就读于海外日本人学校的学生发放，以体现对海外日本人子女教育权利的保障。

二、法定的教育目标与学校职责

1. 教育目的、目标的具体化

日本将基础教育的目的集中定位于保证每一个国民的个体人格养成并培养国家和社会建设者，而且要实现两者的协调发展。日本的《宪法》规定了“建立义务教育制度以保障并实现全体国民的受教育权利”“教育以每一个国民的人格完善、国家社会建设者的培养为基本目的。无论时代如何变化，教育的基本目的是永恒不变的”。《教育基本法》则通过确立具体的教育目标，将宪法规定进一步具体化：

一是掌握广博的知识与教养，培养追求真理的态度(精神)，养成高尚的情操与品德，培育健康的体魄；二是尊重个人价值，发挥个人能力，培养创造性、培养自主、自立精神的同时，重视职业与生活的关联性，养成勤劳的职业观人生观；三是尊重正义与责任、尊重男女平等、自立互助，培养公共精神，培养自觉性和自律精神，培养参与社会建设，自觉为社会发展作贡献的积极性和自觉性；四是培养尊重生命，爱护自然，保护环境的态度与意识；五是尊重传统文化，在热爱产生本国文化的国家与乡土的同时，培养尊重别国，为国际社会和平发展做出贡献的态度。

学校教育要培养学生扎实的学力——基础知识技能与思考力、创造力。同时，还要培养学生丰富的心灵和健康的体魄，实现每一个学生均衡发展。为此，《学校教育法》制定了各级各类学校教育的基本目标，以作为各级学校的教育标准。

《学校教育法》第二章第21条进一步提出义务教育阶段的10项教育目标[1]，指出作为义务教育开展的普通教育，为了实现《教育基本法》(平成18年法律第120号)第五条第2款规定的目的，需完成、实现以下各项目标：

其一，促进学校内外的社会活动，按照自主、自律以及合作精神、规范意识、公正的判断力以及公共精神，培养学生积极参与社会建设并为社会发展做出贡献的积极态度。其二，促进学校内外的自然体验活动，培养学生尊重生命与自然的精神境界，以及为环境保护做出贡献的积极态度。其三，正确引导学生了解国家的现在与历史，尊重传统与文化，培养学生爱国爱乡的情感，同时通过积极理解外国文化，培养学生尊重其他国家，积极为促进国际社会的和平与发展做出贡

---

〔1〕《学校教育法》(平成19年6月27日法律第98号)第21条、第22条。

献。其四,正确理解家族与家庭的作用,培养学生正确理解生活必需的衣食住行、信息、产业的基本知识,掌握基本使用技能。其五,培养读书习惯,培养国语基本能力准确理解和使用日常生活中的国语。其六,培养正确理解和处理日常生活中数量关系的基本能力。其七,通过观察与实验,培养学生科学理解和处理生活有关的自然现象的基本能力。其八,养成健康、安全、幸福生活必备的良好习惯,通过运动增强体力,实现身心协调发展。其九,培养理解和欣赏音乐、美术、文艺以及其他使生活更加丰富的艺术形式的基本能力和技巧。其十,培养基本的职业知识与技能,培养尊重劳动的态度以及根据个人能力选择未来发展方向的基本能力。

2. 不同学段的具体目标

关于不同学段的具体目标,《学校教育法》也有具体规定。

(1) 幼儿园

幼儿园作为奠定义务教育以及后续各级教育的基础阶段,以幼儿保育、提供幼儿健康成长的适当环境、辅助幼儿身心发展为目的。

幼儿园的教育要完成以下各项教育目标:一是养成健康、安全,为实现幸福生活必要的基本习惯,促进身体各器官机能的协调发展。二是通过集体生活养成积极参与的态度,加深对家庭成员和身边人员的信赖感,培养自主、自律、合作精神和规范意识的初步认识。三是培养对身边的社会生活、对生命和自然的兴趣,初步养成对事物正确的理解、态度和思考能力。四是通过接触日常会话、画册、童话故事等,正确引导幼儿的话语与使用方法,养成理解对方话语的积极态度。五是通过接近音乐和形体表现、造型,初步培养丰富的感性和表现力。

(2) 小学

小学作为实施义务教育的普通教育,要根据儿童身心发展,以对儿童施以最基础的教育为目的。小学教育要完成《学校教育法》第21条所列各项教育目标,为奠定终身学习基础,使学生掌握基础知识基本技能的同时,要特别注意培养灵活运用知识技能解决问题的所必备的思考力、判断力、表现力以及其他能力,养成主动学习的态度[1]。

---

[1] 《学校教育法》(平成19年6月27日法律第98号)第29条、30条。

(3) 初中

日本的义务教育制度，目前只覆盖了小学(6 年)和初中(3 年)，所以《学校教育法》第 45 条规定，初中要在小学教育的基础上，根据学生身心发育，以实施作为义务教育的普通教育为目的，要完成第 21 条所列各项义务教育目标。

(4) 高中

《学校教育法》第 51 条、52 条规定，高中阶段要在初中教育的基础上，根据身心发育情况和未来发展，以实施高级的普通教育和专业教育为目的。为此，要完成下列各项目标：

其一，进一步发展和充实义务教育阶段普通教育的成果，培养丰富的人性(情感)，创造性以及健康体魄，养成作为国家和社会建设者应有的素质。其二，基于对社会责任和使命的自觉认识，使学生选择与个性相适应的未来发展，提高一般修养，掌握专业知识、技术和技能。其三，努力确立个性的同时，培养对社会广泛深入的理解和正确的批判力，养成为社会发展做贡献的态度。

为了实现《教育基本法》规定的教育目的、目标，以及《学校教育法》规定的各阶段学校教育的具体目标，日本还制定“学习指导要领”作为各级学校教育课程标准。“学习指导要领”包括从幼儿园到高中阶段普通教育学校(含特别支援教育学校)分学科、分学年的课程标准(具体内容见本书第四章)；根据学生身心发展的不同阶段，合理编制教育课程内容和知识体系；有组织有计划地提供满足学生成长需求的教育课程内容。

只有确立义务教育的内容和课程编制的国家标准，才能保证全国统一的教育发展水平，保证教育质量的公平。为了实现具有国际水平的高质量义务教育，对照义务教育目标，在全球化和终身学习背景下，进一步明确义务教育阶段要培养哪些能力、素养，使义务教育培养目标进一步明确清晰，具有可操作性。

三、教育资源配置与办学条件的法定标准

为了保证学校教育质量和促进教育公平，日本根据学校教育法的基本规定，制定出各级各类学校的“设置基准”。日本的学校设置标准不仅是日本各级各类学校的办学标准和资源投入的法律保障，还是学校教学活动和办学质量的重要评价标准。

文部科学省通过《学校教育法实施规则》[1]实施和落实学校教育法,并专门制定各级各类学校设置标准,以保证统一的办学条件和教育资源的合理配置。根据学校教育法的规定,在学校设置标准中,幼儿园、高中、大学以及高职分别规定各自不同的设置标准。其法律依据是《学校教育法》第3条:“办学者需根据所办学校的不同种类,遵照文部科学达成规定的设备、编制标准以及其他设置基准设立学校。”

1. 幼儿园设置标准

幼儿园设置标准规定[2],幼儿园的设立目的是根据《学校教育法》(1947年法律第11号),以及其他相关法令及本省法令的规定设置幼儿园。本省法令规定的设置标准,是设置幼儿园的最低基本标准。幼儿园的办学者必须保证学校的编制、设施、设备等不低于本省法令规定的标准,同时必须努力提升各项标准。

每个班级的幼儿数:除法令特别允许的情况外,原则上一个班级的幼儿在35人以下。

幼儿园班级的编制:原则上要按截至开学日期之前的同龄幼儿进行编班。

幼儿园的教师配备:幼儿园除园长外,每班至少要配备一名以上专任教师。如遇特殊情况,可由专职主任兼任教师职责,在班级数不超过该幼儿园的三分之一的情况下,也可以由助理教师或外聘教师替代。在没有专职园长的幼儿园中,除按上述两条的要求配备教师外,原则上还可以配备主任、教师、助理教师或外聘教师一名。

设施及设备一般标准:幼儿园的设施和设备必须适于幼儿教育的需求,保证上下幼儿园时的安全。幼儿园的设施和设备要符合教学、卫生保健、安全及管理等方面的需要。

校舍及运动场的面积等:幼儿园建筑原则上不超过2层楼。如有3层以上的建筑,就必须保证每一层要有保育室、游戏室和厕所。幼儿园的建筑要使用防火材料,如配备幼儿的疏散设备,可以放置在2层。

---

[1] 《学校教育法施行規則》(がっこうきょういくほうしこうきそく、昭和22年5月23日文部省令第11号),作为《学校教育法》(昭和22年法律第26号)、《学校教育法施行令》(昭和28年政令第340号)的下位法律由当时的文部省,现文部科学省颁布的文部科学省令,平成19年7月1日(2007-07-01)学校教育法修改后最近一次修订。

[2] 幼儿园设置基准,总则昭和31年(1956年)制定,平成19年(2007年)修订。

幼儿园占地、建筑和运动场的面积参见表 2-1。

表 2-1 幼儿园院舍与运动场面积标准[1]

园舍的面积		
班级数	1 个班	2 个班以上
面积/平方米	180	320＋100×(班级数－2)
运动场面积		
班级数	2 个班以下	3 个班以上
面积/平方米	330＋30×(班级数－1)	400＋80×(班级数－3)

2. 小学设置标准

中小学同属于义务教育阶段学校，根据学校教育法的规定，由市町村级行政机构承担义务教育学校的办学义务。为保证市町村在学校教育资源配置上的合理布局，与幼儿园不同的是中小学设置标准不仅包括《学校教育法》《学校教育法施行规则》《教育职员许可证法》等相关规定，还要依照确定公立中小学校财政负担比例的《义务教育诸学校设施费国库负担法》等相关法令，与补助标准一体化实施。因此，中小学设置标准本身并不像幼儿园、大学设置标准那样，具有完整的统一的文本形态，而是分散于多个相关法律法令和政令中。

例如，《学校教育法》第 28 条 1 款、第 40 条，分别规定小学校长、教头(教导主任)、教谕、养护教谕、事务职员的岗位设置和编制标准。《学校教育法》施行规则第一条第 1 项规定了小学所需要的校园用地、校舍等设备设施标准；第 17 条、第 55 条规定，小学的标准办学规模为 12 个班以上，18 个班以下。同时，规定都道府县在审批私立中小学校过程中，应参照本标准执行。

小学设置标准规定，[2] 根据《学校教育法》以及其他相关法令及本省法令的规定，设置小学校。本省法令规定的设置标准，是设置小学的最低基本标准。小学的办学者必须保证学校的编制、设施、设备等不低于本省法令规定的标准，同时必须努力提升各项标准。

---

〔1〕 幼儿园设置基准，总则昭和 30 年(1956 年)制定，平成 19 年(2007 年)修订

〔2〕 小学校设置基准，平成 14 年(2002 年)制定，平成 19 年(2007 年)修订，总则、第一章、第二章。

班级的学生数:除法令特别允许的情况外,一个班级的学生应在 40 人以下。但如遇特殊情况或教育保障不足的情况下,可以不受此限制。

班级的编制:小学的班级数根据该年级的学生数确定,但在特殊情况下,可将不同年级的学生编入一个班。

教师的人数:小学的教师人数,要保证一个班配备一名以上教师。如遇特殊情况或教育保障不足的情况下,校长或主任可以兼任,助理教师或外聘教师也可以替代。小学教师在得到教育部门认可的情况下,可在其他学校兼职。

设施、设备的一般标准:小学的设施和设备,必须符合教育教学、卫生保健、安全及管理等方面的需要。

校舍及运动场的面积等:学校的校舍和运动场的面积,除法令规定的特殊情况外,要不低于表 2-2 中"校舍面积"规定的标准。但在地区的实际条件,或其他特殊情况,以及教育保障不足的情况下,可以不受其限制。

小学内除校舍和运动场外,还应配备体育馆。但根据地区的实际条件,或其他特殊情况,以及教育保障不足的情况下,也可以除外。

表 2-2 小学校舍及运动场面积标准〔1〕

校舍的面积标准	
学生数	面积/平方米
1～40 人	500
41～480 人	500＋5×(学生数－40)
481 人以上	2 700＋3×(学生数－480)
运动场的面积标准	
学生数	面积/平方米
1～240 人	2 400
241～720 人	2 400＋10×(学生数－240)
721 人以上	7 200

3. 中学设置标准

中学设置标准〔2〕的基本原则与小学设置标准基本相同(表 2-3,表 2-4)。

〔1〕 小学校设置基准,平成 14 年(2002 年)制定,平成 19 年(2007 年)修订,第二章。

〔2〕 中学校设置基准,平成 14 年(2002 年)制定,平成 19 年(2007 年)修订,第三章。

表 2-3 初中校舍及运动场面积标准[1]

校舍的面积	
学生数	面积/平方米
1～40 人	600
41～480 人	600＋6×(学生数－40)
481 人以上	3 240＋4×(学生数－480)
运动场的面积	
学生数	面积/平方米
1～240 人	3 600
241～720 人	3 600＋10×(学生数－240)
721 人以上	8 400

表 2-4 高中校舍的面积[2]

学生数	面积/平方米
120 人以下	1 200
121～480 人	1 200＋6×(学生数－120)
481 人以上	3 360＋4×(学生数－480)

高中设置标准中，对运动场面积的要求是，不论何种类型的高级中学，运动场面积均要达到 8 400 平方米以上。但在地区的实际条件，或其他特殊情况，以及不影响教育效果的情况下，也可以除外。高级中学内除校舍和运动场外，还应配备体育馆。但根据地区的实际条件或其他特殊情况，以及教育保障不足的情况下，也可以除外。而学校设置标准中规定的相关条件是学校办学条件的最低标准，不达标则不允许开办学校，以此来保障学校教育质量。

第二节 日本学校教育制度

日本的教育制度分为学校教育制度和社会教育制度。无论是学校教育制度

[1] 中学校设置基准，平成 14 年(2002 年)制定，平成 19 年(2007 年)修订，第三章
[2] 高级中学设置标准，平成 19 年(2007 年)文部科学省令第 34 号

还是社会教育制度，都有依法建立其相应的制度体系，最基本的法律保障来自日本的《宪法》，《宪法》规定每个公民的受教育权利和义务，确定教育机会均等和义务教育的基本方针。

目前，日本实施的九年制义务教育，包括小学6年和初中3年，而对幼儿园和高中阶段，则通过就园奖励和就学奖励的形式，由国家提供就学补助。《学校教育法》《义务教育费国库负担法》《义务教育诸学校教科用图书无偿提供法》以及"公立高中免费制"等一系列法律、法规，有效保障了基础教育机会公平和发展水平的不断提高。

日本的学校教育，是指《学校教育法》第一条规定的幼儿园到大学的正规教育体系。其中幼儿园到高中阶段为初等、中等教育——基础教育。基础教育阶段是每一个人实现幸福生活的根本，是国家和社会发展的基础。日本学校教育制度建立140年来，随着时代的变化不断改进和完善，尤其是基础教育制度与体制改革，是推动教育发展的核心驱动力。

一、日本学校教育制度沿革

日本近代学校教育制度的建立，得益于明治维新倡导的文明开化。1872年《学制》的颁布，拉开了日本近代教育制度的序幕。然而，将成形于欧美的近代教育制度移植到传统文化及风土人情截然不同的亚洲岛国，是前所未有的创举，也是艰辛探索的历程。因此，日本近代学校教育制度建立当初，就经过多次波折和反复探索。

《学制》在序文中，批判了封建制度下的教育体制，提倡个人主义、实学主义的教育理念，主张构建一个将基础教育赋予民众，而民众也自发参与的教育制度。《学制》主张教育经费应秉承受益者承担的原则。并对日本教育布局和发展做出整体规划：在全国建立八大学区，每个大学区建设一所大学；每个大学区划分32个中学区，每个中学区建一所中学；每个中学区划分201个小学区，每个小学区各建一所小学。而学区既是学校设置单位，也是地方教育行政组织。各大学区设立督学局，接受文部省的指示与地方官协力，负责教育行政。以此构建了日本近代学校教育体系。

1879年日本全面修订《学制》后，改颁"教育令"，试图将法律引入学校教育制度。当时面临的主要问题是小学制度规定太多，试图效仿美国建立地方分权的小学教育制度，废除国定学区，将学务委员（地方教育行政负责人）任用改由地区公选。1880年日本政府又一次修改"教育令"，学务委员采取国家任命制，加强小学就学督导，明确国家对学校设立和课程标准的要求。1886年日本再一次废止了"教育令"，按学校种类分别颁布学校令，构建灵活应对国家以及社会发展的学校教育体制。分别颁布"帝国大学令""师范学校令""小学校令""中学校令"以及"诸学校通则"，开始兴建国立高等教育、师范教育机构。

1896年，日本由于国家财政困难，再一次取消义务教育国库补助金制度，代用日俄战争赔款的3%设立教育基金，并将利息用作普通教育费。1900年，日本市町村立小学实行义务教育非国库扶助制度，全面修改"小学校令"，确立四年制无偿教育的义务教育基本原则。义务教育制度的确立，促进小学教育的迅速普及。自《学制》颁布后，日本大约用了40年的时间，建立起从初等教育到高等教育的近代学校教育体制。此后的40年间，日本义务教育制度没有大的变动。1941年日本开始施行"国民学校令"，将小学改编成国民学校，将义务教育年限提高至国民学校高等科毕业，一共8年。

第二次世界大战后，日本于1947年同时颁布《教育基本法》和《学校教育法》，全面施行从形式到内容的划时代教育制度改革。首先，从制度形式上将原来按学校发布的各学校敕令，统整到从幼儿园到大学的单一法律体系中；其次，从制度内容上，基于战后的改革理念致力于民主化进程，提出教育机会均等的基本原则。消除教育的性别差异，通过政府的就学援助和就学奖励，消除因经济原因导致的就学困难。将特别支援学校明确列入学校教育体系，实现了统一的"六三三四"学制，实行九年制义务教育，建立起战后现代学校教育制度。日本义务教育制度的沿革见表2-5。

表2-5 日本义务教育制度的沿革[1]

年代	法令	关于义务教育的规定
明治5年（1872年）	学制	教育年限为下等小学4年，上等小学4年一共8年，但强制性较弱

[1] 根据文部省《学制120年史》相关资料统计编制. http://www.mext.go.jp/b_menu/shingi/chukyo/chukyo3/gijiroku/04053101/007/004.htm.

续表

明治12年(1879年)	教育令	虽然规定教育年限原为8年,但最少上学时间要在16个月以上。第17条规定,"即便没有进入学校,但有其他途径接受普通教育的可视为就学"
明治13年(1880年)	改正教育令	规定育年限仍为8年,最短规定为3年(以每年32周计算)
明治19年(1886年)	小学校令	"义务教育"的提法首次出现 规定义务教育年限为3~4年(至普通小学毕业为止),但是没有规定地方行政机构的办学义务,所以真正意义的义务教育开始,可推至明治23年(1890)
明治23年(1890年)	第2次小学校令	规定义务教育年限为3~4年(至普通小学毕业为止) 规定了地方行政机构的办学义务 第一次出现了"即使不上学,也可以通过家庭学习完成就学义务(须经市町村长的许可)"的规定
明治33年(1900年)	第3次小学校令	规定义务教育年限为4年(至普通小学毕业为止)
明治40年(1907年)	第5次小学校令	规定义务教育年限为6年(至普通小学毕业为止)
昭和16年(1941年)	国民学校令	规定义务教育年限为8年(至国民学校初等科6年,高等科2年毕业为止) 根据战时特例,高等科2年战争结束前未实行。取消了第2次小学校令以来一直延续的关于"即使不上学可通过家庭学习完成就学义务"的规定
昭和22年(1947年)	教育基本法 学校教育法	规定义务教育年限为9年(至小学6年,中学3年毕业为止)

二、日本学校教育制度现状

日本现行的学校教育体系主要由初等、中等和高等教育三个阶段构成,基本学段划分为"六三三四"制,即小学6年、初中3年、高中3年、大学(本科)4年。根据《学校教育法》第一条的规定,日本的学校教育体系包括幼儿园、小学、初中、高中、一贯制中等教育学校(一贯制中学)、特别支援学校(各学段、各类别的特殊教育学校)、大学(本科、专科、研究生院)以及高等专科学校(职业技术学院)。由于上述学校是根据《学校教育法》第一条的规定设立的正规学历教育机构,所以,日本习惯称为"第一条学校"。

日本的学校教育制度,随着时代的变化而不断改革创新,以满足人们不同的学习需求和选择需求。其中,一贯制中等教育学校(一贯制中学)是1999年开始引入教育体制的学校制度,以初中和高中阶段教育的一贯制实施为办学目标。根据日本《学校教育法》第七章的规定,一贯制中等教育学校是在小学教育的基础上,根据学生的身心发展和未来选择,实施作为义务教育的普通教育以及高等普通教育(高中)为目的的教育机构。修业年限为6年,分为前期课程和后期课程。前期课程执行初中阶段课程标准,后期课程执行高中课程标准。

日本的学校教育制度具有自身的特点和特色。重视职业教育是日本学校教育体系的一大特点。职业技术教育在日本的学校教育中占有很重要的地位,除了幼儿园和小学以外,各级各类学校都设置职业技术学科,对学生进行职业技术方面的教育。日本已经形成多层次、多类型的比较完整的职业技术教育网,有学校、企业和社会办的几大类职业技术教育;有职前教育、在职教育、转业教育,水平高低不同、时间长短不一,灵活多样、互为补充、互相促进。

日本学校教育体系中包括一个特殊的学校教育体制——专修学校。专修学校不包括在《学校教育法》中,所以不是前文所说的"第一条学校"。但是,专修学校制度形成了日本学校教育制度的一大特色,是集中等职业教育、高等职业教育、普通专业培训为一体的综合学校教育机构。

《学校教育法》第124条对专修学校有如下规定:是本法第1条所列学校之外的教育设施,以培养职业和实际生活必备的能力、提高教养为目的开展教育活动的机构。修业年限为1年以上,专修学校设高等课程、专门课程和普通课程。高等课程以初中毕业或同等学力[1]者为对象的中等职业教育,开设高等课程的专修学校可称为高等专修学校(职业高中);专门课程以高中毕业或同等学力[2]者为对象开展的高等职业教育,开设专门课程的专修学校可称为专门学校(职业技术学院)。专修学校开设的普通课程是指高等课程、专门课程以外的教学内容(职业培训课程)。

---

〔1〕 指完成一贯制中等教育学校前期课程等义务教育课程。

〔2〕 指通过文部科学大臣指定的能力检定考试、具有高中毕业同等或同等以上学习能力。

日本《学校教育法》第一条的学校序列中，还包括“特别支援学校”。特别支援学校是所有幼儿园、小学、初中、高中阶段的盲学校、聋哑学校、养护学校（培智学校）的总称。即，包括所有学段、所有类别的特殊教育学校。

日本的学校根据办学主体的不同，可分为国立（国立大学附属的幼儿园和中小学）、公立（由都道府县市町村各级地方政府设立的幼儿园、中小学以及大学），及学校法人（有学校法人举办的私立学校）。除上述文部科学省所管学校外，厚生劳动省、经济产业省等其他行政机构设立的教育培训设施也有很多（国立培训机构）。虽然没有明确列入学校教育范畴，但这部分通常冠以“××大学校”的教育机构，也是日本教育体制中不可或缺的组成部分。

三、日本基础教育制度改革

战后日本学校教育制度建立之后，进行过多次改革与调整，以应对时代变化和教育发展需求。日本在战后七次修订学习指导要领，改革基础育课程，同时积极探索基础教育制度改革。

2003年5月15日，日本文部科学大臣在向中央教育审议会提出的关于义务教育改革咨文[1]，将日本义务教育改革的重要性、紧迫性提高到空前的高度。该咨文指出“为了解决日本社会面临的深刻问题，实现长久发展，为国际社会作出贡献，要根据教育的永恒使命和时代变化的特点，培养开创21世纪、内心丰富意志坚强的日本人十分重要”，为此，“必须进一步加强和改革作为学校教育基础的初等、中等教育，作为新时代的学校要培养学生丰富内涵的同时，掌握扎实的学力”，提出了面向21世纪日本义务教育改革的新目标。

2005年，中央教育审议会发表了“创造新世代的义务教育”的审议报告，提出新世纪义务教育改革的基本方针。“这是一个变革的时代，一个迷茫的时代，一个国际竞争的时代。正因为身处这样一个时代，担负着每一个国民人格养成和国家社会建设者培养重任的义务教育极其重要”[2]，对义务教育经费提出由

〔1〕 今後の初等中等教育改革の推進方策について15文科初第251号中央教育審議会. http://www.mext.go.jp/b_menu/shingi/chukyo/chukyo0/toushin/03051501.htm#2.

〔2〕 http://www.mext.go.jp/b_menu/shingi/chukyo/chukyo0/toushin/05102601/002.htm.

国家负担的明确方针，要将保证义务教育机会均等、确保水平、无偿制作为国家的基本责任。

在明确义务教育基本性质的前提下，中央教育审议会在“创造新世代的义务教育”的审议报告中，提出义务教育体制改革四项国家战略目标。第一，明确教育目标，检定教育结果，保证教育质量。为了实现义务教育目标，改革教育内容的同时，建立教育结果评价、检证机制，保障高质量的义务教育。第二，坚定对教师的信任不动摇。为了让教师获得学生、家长以及社会的尊敬和信赖，成为具有国际高水平教师，由国家负责提高教师教育质量水平，建立和加强教师职后教育和培训提高机制。第三，发挥地方和学校的自主性和创造性，努力提高教育质量。要通过地方和学校的自主性和创意性努力提高义务教育质量，由国家制定统一的国家标准，由国家承担执行国家教育标准的财源保障和条件装备的基础上，市町村和学校分工承担各自的责任与义务，建立确责权明确的教育管理体系。为确立学校的自主性和自立性，建立责权分担机制，同时要提高学校管理透明度，建立引入社区居民和监护人参与学校评价的管理体系。第四，确保教育条件。为了保证和提高义务教育质量，在教师配备，学校设施建设、设备器材的财政保障和条件装备方面，要达到国际先进水平，国家以国家负担的形式确保万无一失。

建立教育成果检定和学校评价制度。在上述四项基本方针指导下，日本实施全国教育课程实施情况调查和学力调查，全面了解和掌握义务教育课程实施情况和质量水平，建立学校评价机制。并在 2007 年修订的《学校教育法》中，加入学校评价的相关内容，成为实施学校评价的法律依据。文部科学省还制定了学校教育各级各类学校评价指南，并逐渐引入第三者评价机制，以达到检定教育结果，改善教育活动，提高教育质量的目的。

改革教师教育与教师资格许可证制度。为了提高教师质量，确保教育水平提高，建立教师许可证更新制度。2007 年修订的《教育职员许可证法》明确提出教师许可证更新制度，并从 2009 年 4 月开始在全国实施。教师许可证更新制度是为了使教师能够随时达到和保持必要的资质水平，定期更新和掌握最新知识技能，是教师能够自信自豪地站在讲台上，获得更多的社会信任和尊重。为教师资格许可证设定 10 年的有效期限，在有效期满前 2 年之内接受 30 小时以上的资格证更新讲座培训,合格者经都道府县教育委员会核准延期有效期。

建立地方分权的教育财政制度。为强化地方教育自主权,中央教育审议会2004年3月提交“地方分权时代的教育委员会发展方向”的审议报告,提出改革教育经费的国库补助金制度、税源分配和税源转让制度、地方交付税制度的“三位一体”的教育财政改革。在国家继续承担维持义务教育制度的基本性质责任的前提下,减少国家对义务教育的直接补助,代之以向地方转让税源,从而使地方对教育管理和教育费的分担发挥更大的自主性。

日本学校教育制度改革的新动向是惠及和促进幼儿教育与高中教育发展。目前,虽然没有将幼儿园和高中纳入义务教育范畴,但2007年新修订的《学校教育法》已将幼儿园列入学校教育系列,作为学校教育的起点。日本从2009年开始实施由国家向就园儿童家庭提供就园补助金等一系列优惠和促进措施,实行国立、公立高中免费制,向就读于私立高中的学生家庭提供就学中补助金。

同时,日本文部科学省在高中教育普及与高等教育大众化发展的背景下,为弱化高中教育的筛选和选拔功能,满足社会多样性的教育需求,从2000年开始实施“高中教育改革推进计划”,设立教育制度改革特色高中,其中包括普职并举的综合学科高中、满足不同需求的全日制学分高中,以及缓解应试竞争的六年一贯制中学,探索高中教育制度改革,推进高中教育的多元化发展,满足学生和家长的多样性学习需求。

第三节 日本教育行政体制

日本教育管理体制的主要线条为:中央集权型→地方分权型→集权制与分权制结合。其中国家负责制定学习指导要领等学校编制,以及管理教育课程的纲领性课程标准;教育委员会(教育主管机构)负责制定学校实施教育课程和运营管理的基本框架和规则;而学校(教育实施主体)则负责编制教育课程计划和实施教育课程。日本从明治维新后一直到第二次世界大战结束之前,实行中央集权型的教育管理体制。

第二次世界大战之后,日本成为美国的附庸。根据美国教育使节团的建议,日本政府于 1949 年 5 月颁布《文部省设置法》,将中央集权制改为美国式的地方分权制。至此,中央教育行政机构文部省的管理权力被大大削减。文部省主要从事国家教育补助费的分配和拨发,进行调查研究并发布调查研究结果,成为一个咨询性的服务机构,其战前"命令统制"权力被剥夺殆尽。

进入 20 世纪 50 年代以后,日本就着手对管理体制进行改革。1952 年修订《文部省设置法》,并颁布《文部省组织令》。1953 年颁布《文部省设置法实施细节》。1956 年废除 1948 年颁布的《教育委员会法》,制定并颁布《关于地方教育行政组织及运营管理的法律》等。这些教育法律和法规的颁布,相应削弱了地方管理教育的权力,适当扩大文部省的职责权限。总之,日本在教育管理上是集权制与分权制结合。集权制是日本固有传统,分权制是战后学习美国的结果,这也是日本善于吸收外来文化,将东西方文化融合并发挥作用的一大典范。结合型的管理体制是各国教育改革的共同方向,它既保证了中央的宏观调控,又坚持了地方的独立自主。

一、教育委员会的组织结构

1952 年 11 月,日本在全国所有都道府县以及市町村建立起教育委员会,构建起教育行政管理的基本组织框架,成为实现教育的地方自治理念的立脚点。教育委员会开始负责处理地方行政机构中的教育事务。这便是现行的《关于地方教育行攻组织及其运营的法律》[1],该法律是日本教育行政管理的相关组织机构法。

日本现行教育行政制度的原则和特点,由日本的《宪法》和《教育基本法》所

〔1〕 地方教育行政の組織及び運営に関する法律,昭和 31・6・30・法律 162 号,修订平成 25・6・14・法律44 号——(施行=平 25 年 6 月 14 日). http://www.houko.com/00/01/S31/162.HTM.

决定。日本的《宪法》宣称教育是人民的权利，规定依据民主政治的原则和地方自治的原则建构教育行政制度。日本的教育行政属于中央权力与地方权力合作型，建立中央和地方两级管理系统，在中央和地方的关系上，实行中央指导下的地方分权制。中央的教育权力归文部科学省掌管，地方上的教育事务则由各都、道、府、县和下一级的市、町、村的教育委员会主管。

中央教育行政主管机构是文部科学省，为日本内阁组成部分，其最高领导是文部科学大臣。文部科学大臣和文部科学省是主管教育行政的中央首长和行政机关。文部科学省主要负责教育制度的制定，全国教育基础设施的规划，国家课程标准的制定等。

法律规定文部科学省的职能权限，主要有：一是为发展教育、学术和文化事业，进行调查研究并制定规划。二是就各级学校和教育机构的设施设备、人员配置、组织与教育内容规定标准。三是对地方教育委员会、行政机关、大学和其他教育、文化与科学机构提供指导和建议。四是管理由文部科学省设立的大学和其他教育、科学与文化机构，任命县和计划单列市的教育长或负责人，审定中小学教科书。五是对地方教育和其他教育、文化与科研机构提供经费补助。

教育委员会制度的基本理念是遵从国家为保障教育机会均等并维持全国统一的教育水平，综合制定和全面实施教育相关的政策措施。而地方行政机构为振兴本地区教育事业，可根据当地具体情况制定和推进教育发展相关政策措施的基本原则，由国家和地方行政机构采取必要的财政措施（经费分担）顺利推进教育事业发展。日本颁布《关于地方教育行政组织及其运营的法律》是为了制定设立教育委员会的机构设置标准，确定学校以及其他教育机构职员的身份待遇，制定地方行政机构中教育行政的组织及运营管理的基本规则。

根据《关于地方教育行政组织及其运营的法律》规定，教育委员会由5名委员组成，教育委员会委员由地方行政首长从有被选举权的本地居民中选出人格高尚，对教育、学术、文化有见地的有识之士，经议会审议后任命为教育委员会委员（表2-6）。

教育委员会作为独立于地方行政首长的行政委员会，在全国都道府县以及市町村级行政机构普遍设立。地方教育委员会负责掌管本地区的学校教育、社会教育、文化、体育等相关事务，教育委员会负责制定本地区教育行政的重要事项，基本方针，并由教育长负责执行实施。

表 2-6 日本各级教育委员会人员结构（2011 年度）〔1〕

都道府县教育委员会人员结构					
总数	平均在职年限	平均年龄	女性比例	教育经历者比例	监护人比例
232 人	3.9 年	59.5 岁	34.5%	22.4%	26.7%
都道府县教育委员职业结构					
医师大学教师	公司董事	农林渔业	商业经营	其他职业	无业
40.9%	44.8%	0.4%	0.9%	0.9%	12.1%
市町村教育委员会人员结构					
总数	平均在职年限	平均年龄	女性比例	教育经历者比例	监护人比例
7 275 人	4.6 年	59.3 岁	34.0%	28.3%	29.9%
市町村教育委员职业结构					
医师大学教师	公司董事	农林渔业	商业经营	其他职业	无业
23.6%	18.9%	9.6%	6.9%	5.6%	35.3%

教育委员的工作性质为非常勤（兼职），原则上设 5 名教育委员，任期 4 年，可连任。教育委员长是教育委员会的代表，由教育委员会从教育委员当中选举产生，任期一年，可连任。地方行政首长在任命教育委员会委员时，要全面考虑委员的人选的年龄、性别、职业结构，不要过于集中，委员中需包含家长代表。教育长的工作性质为常勤（固定编制），地方新政机构从教育委员当中任命教育长（不可与教育委员长兼任）。

教育委员会每月举行 1～2 次例会，此外，还会举行临时会议或非正式协议会。

教育委员会的工作原则：一是确保政治中立性——确保教育内容的中立性极其重要，必须排除个人的价值判断，以及特定党派的影响确保中立性。二是确保连续性稳定性——特别是义务教育阶段在学习期间，必须在一以贯之的教育方针指导下稳定实施。三是反映本地居民意向——教育是当地居民关系度最高

〔1〕 教育再生执行会议第二次建议. http://www.kantei.go.jp/jp/singi/kyouikusaisei/pdf/dai2_2.pdf.

的行政领域，不仅要依靠专家来承担教育职责，还必须广泛吸引本地区居民共参与教育管理。

二、教育委员会的职责权限

随着教育委员会制度的实行，也引发了一场新的争议，尤其是地方行政机构对教育委员制度的批评十分激烈，认为教育委员会妨碍了地方行政机构综合、有效的执政功能，是导致地方财政贫困化的主要原因。在教育委员会制度实行三年之后，其作用与工作业绩，再次成为话题，使改善和提高地方教育行政管理成为日本教育行政改革的重要日程。作为国家教育行政的最高主管机构文部省启动了对教育委员会制度的全面改革，并于 1956 年 3 月向国会提交了《关于地方教育行政组织及其运营的法案》。

这一法案在原有的《教育委员会法》的基本理念框架下，促进地方行政机构教育行政和普通行政的相互协调，以确保教育的政治独立和教育行政的连续稳定为目标，建立国家、都道府县和市町村一体化的教育行政管理体系，即文部科学省直属的地方教育委员会制度。这项提案遭到教职工团体和学生的强烈反对，在国会上也引起激烈争论，最后原法案得到通过，同年 6 月颁布后开始在全日本实行。

根据《关于地方教育行政组织及其运营的法律》对教育委员会职责和功能的相关规定，教育委员会在地方行政机构中负责和分管的教育相关事务主要有以下各项：

(1) 教育委员会管辖的本法第 30 条所列学校以及其他教育机构的设立、管理以及废止的相关事务。即，对教育机构的审批权。作为地方公立学校和公立教育机构的举办者以及私立学校和教育机构的主管部门负责设立、审批、管理以及撤销相关学校和教育机构。

(2) 负责管理学校以及其他教育机构的教育财产。即，对教育财产的管理权。作为公立学校的办学主体全权负责地方公立学校和教育机构的财产设备设施的建设、使用、维修和相关处理。

(3) 负责教育委员会以及学校和其他教育机构职员的人事任免。即，地方教师聘用和教育职员的人事任免权。

(4) 负责学龄儿童和适龄学生的就学,以及学生入学、转学、退学相关事务。即,儿童和学生的入园与就学管理。

(5) 学校组织编制、教育课程、学习指导、学生指导以及就业指导相关工作。即,负责学校教学管理。负责所辖区域内各学校日常教育活动的开展、教育课程的实施、学生与就业指导等相关事务。

(6) 教科书以及其它教材管理的相关事务。即,教科书选择用权。负责组建教科书选用协议会,在广泛征求意见的基础上确定本地区公立基础教育学校的教科书和教材。

(7) 有关校舍以及其他教学设施、教具以及其他设备。

(8) 关于校长、教师以及其他职员的研修学习。即,负责教师在职学习和进修,教师资格证更新等闲关事务。

(9) 关于校长、教师、其他教育职员以及学生、幼儿的保健、安全、保障和福利等师生安全保健和福利相关事务。

(10) 管理学校以及其他教育机构的环境卫生等相关事务。

(11) 负责学校供餐。即,义务教育阶段各学校的配餐等相关事实想有教育委员会统一管理协调。

(12) 青少年教育、女性教育、公民馆事业以及其他社会教育相关事宜。

(13) 文化遗产保护、教科文组织相关工作等。

《关于地方教育行政组织及其运营的法律》第 49 条和第 50 条对教育委员会与文部科学省的隶属关系做出相应规定:教育委员会因违反法令、教育管理和公务执行不力而导致儿童、学生受教育权利受到侵害,或者教育委员会因违反法令,或教育管理,或公务执行不力而导致儿童学生身心健康,在面临危险的紧急情况下,文部科学大臣有权依据《地方自治法》第 245 条第 5 款之规定,向教育委员会提出改正要求。由文部科学大臣向教育委员会提出具体改正措施与内容,并立即将处理情况通知地方行政首长。

教育委员会虽然政治上保持中立,但行政上隶属于地方行政机构,所以地方行政首长对重大教育事项拥有决定和处理权限,其中包括:大学和私立学校的管理,负责获取并处理教育财产,代表教育委员会签署相关协议文件,执行教育委员会相关预算。都道府县知事(相当于我国省级地方行政首长)在管理私立学校相关事务以及执行过程中,必要时可向都道府县教育委员会发出学校教育相关专门领域的咨询,并征求和听取教育委员会的建议(图 2-1)。

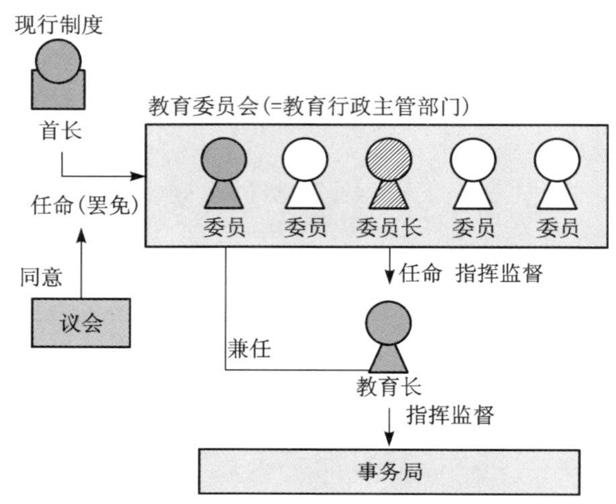

图 2-1 日本现行教育委员会组织机构[1]

地方行政首长任命,或罢免教育长,必须经过议会的同意,议会负责对教育长人选的资质能力进行考察。随着教育长成为教育行政负责人,改变了教育委员会的性质,其功能可扩展到就本地区教育发展方向、教育愿景、基本方针进行审议,为教育决策指明基本方向,同时检查教育长对教育事务的掌管情况。

为了使教育长能够专心处理本地区行政机构的教育事务,要进一步充实指导主事(学科调研员)等专职人员的合理配备,强化教育行政管理。教育长的能力资质对本地区的教育发展至关重要,要常怀使命感,刻苦钻研,努力提高。教育长要具备教育专业知事和管理能力。国家在一定程度上,负责组织对现任教育长、候补教育长的研修学习,培养不断学习的教育长。

观察日本目前的教育委员会制度会发现:首先,教育委员会组织形式的特点,是由非专职的兼职人员组成的协议机构。尤其是作为教育委员会的代

---

〔1〕 根据教育再生执行会议「教育委員会のあり方について」2013-04-15.第二次建议方案的观点整理. http://www.kantei.go.jp/jp/singi/kyouikusaisei/pdf/dai4_2.pdf.

表——教育委员会委员长由兼职人员担任，使教育委员会的协议性、合议性以及非职能性色彩更加浓厚。其次，形式上由教育委员会从委员当中指定委员长，由地方行政首长任命教育长，而教育长作为地方教育行政主要负责人管理教育相关事务。委员长和教育长两个职务之间的相互关系分工不清，教育长作为教育委员会任命的掌管事务性工作的行政负责人，可进入地方行政机构(公务员)分管教育工作。这种情况不可避免地造成先确定教育长人选，再使其加入教育委员会的“先斩后奏”局面。第三，市町村公立学校的管理权限在市町村教育委员会，而由“县费”(省级财政)负担的市町村公立学校教职员的任免权，却掌握在都道府县教育委员会。相关的预算执行权掌握在地方行政首长(市町村长)手里，责权主体分离不利于促进教育发展。为了进一步明确地方行政机构的教育管理责任体制，由地方行政首长任命的教育长，作为地方教育行政负责人掌管教育行政的现行制度亟待改革。

三、教育委员会的制度改革

2013 年 1 月，安倍内阁为了构建适应 21 世纪发展的教育体制，将“教育再生(教育复兴)”计划落实到行动上，并全面推进教育体制改革，组建了教育改革的顾问委员会——“教育再生执行会议”。该“会议”于 2013 年 4 月 15 日向内阁政府提交了“关于教育委员会制度的现状”的建议报告。认为当前日本教育委员制度的现存问题，是关系到日本教育制度的根本问题。面对全球化的挑战与竞争，国家要保障学生掌握世界顶级学力和规范意识的学习机会，要建立适合 21 世纪学校教育发展需求的教育行政责任机制，要改革教育委员会制度，并提出具体改革建议(图 2-2)。

未来的教育委员会制度的改革，将进一步明确地方教育行政的责任与权限，在全国普遍建立负责任的教育管理体制。现行的教育委员会制度，实际上是一个合议制的执行机构，作为教育委员会权利代表的委员长，与掌管事务性工作的教育长之间的责任划分不明确，使得教育委员会的审议案等被架空，教育委员会缺乏危机管理能力等问题依然存在。之所以会出现这些问题，根本原因在于教育委员会是由非固定编制的兼职委员组成的合议团体，面对日益变化的教育问

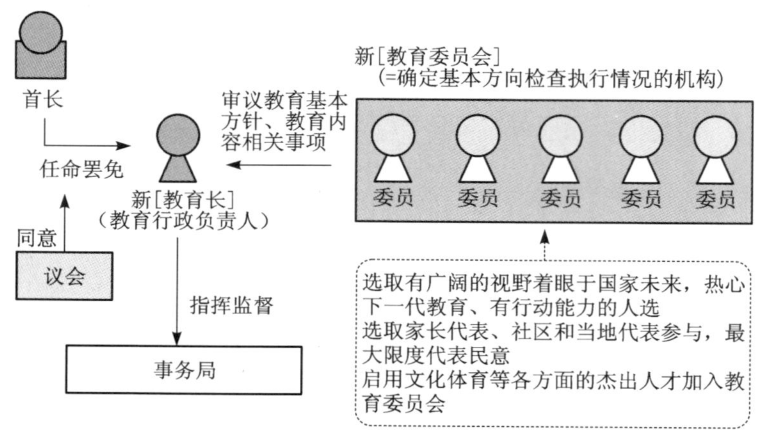

图 2-2 教育委员会机构改革示意图[1]

题,要求兼职委员做出迅速反应、应急处理并承担相应职责,这件事情本身超出了他们的能力范围。当然也有很多地方的教育委员会能够顺利开展教育行政和管理,但是制度建设要排除属人性因素,在全国普遍构建履职尽责的教育行政管理的责任体制。日本战后的教育委员会制度一贯保持政治上的中立、连续性和稳定性。在新的地方教育行政管理体制中,在教育内容、教育人事任免等方面有必要继续坚持政治独立,在此基础上,为了进一步明确地方教育行政的责任和权限,必须让代表地区民意的行政首长对教育行政承担连带责任。

为了构建责任明确的教育管理体制,要分清国家、都道府县、市町村之间的责任分担,修改现有权限划分。对于承担国家未来的下一代的教育责任,最终要由国家承担,所以在执行国家课程标准的同时,要关照不同地区的实际情况,通过地方教育行政管理机构的创意和努力,开展适合本地实际情况的教育活动。同时,为了确保优秀教师资源,要避免不同地区教师待遇的区域性差别。明确国家、都道府县和市町村的职责的同时,重新认识三者之间的关系和权限划分。对于国费、县费负担的教师和教育职员,在都道府县以及包括小规模市町村在内跨区域流动,要构建人事交流和调整的固定机制,同时可放宽地方人事任免权。在

---

〔1〕 根据教育再生执行会议「教育委員会のあり方について」2013-04-15. 第二次建议方案的观点整理. http://www.kantei.go.jp/jp/singi/kyouikusaisei/pdf/dai2_1.pdf.

计划单列城市，教职员的人事任免权应与教师工资的负担主体一致，在学校管理方面应放宽校长对本校教师的人事任免权限。

地方教育行政管理和学校经营，要充分反映本地区居民的要求和意向。日本教育再生执行会议提出未来十年日本要动员全社会的力量发展教育，提出了社会总动员，实现教育再生的口号。为此，必须充分听取本地区居民对教育的期望、意见和想法，并反映到教育管理和学校经营过程中。地方教育行政机构以及学校的教育管理要避免闭关自守，敞开校门，与社区共同办学，共同管理，建立社区学校，学校教育支援地区本部。在教育管理上，不仅要听取行政首长的意见，还要充分反映社区居民的想法和要求，动员全社会力量办好教育。

以上是教育再生执行会议向日本内阁政府提交的“关于教育委员会制度的发展方向”的咨询报告中的相关观点。而关于新的地方教育行政管理体制的建立，教育委员会的审议事项及其处理权限等问题，以及教育委员的任命方法、教育长的罢免条件等相关事项的制度体系建设，最后将由日本中央教育审议会进行更专业具体的咨询和审议。

日本的教育委员会制度创建于 1948 年，经历了教育分权制、教育委员公选制(1952 年)，教育委员任命制(1956 年)，强化教育团体自制(1999 年)，强化居民自治(2001 年)，学校运营协议会(2004 年)，明确国家、地方教育委员会职责(2007 年)等一系列制度改革，教育委员会制度是日本教育行政和教育管理的基本形式，教育委员会制度的改革将 21 世纪的日本教育体制综合改革推向了一个更加深入的新阶段。

第三章

21 世纪日本基础教育改革

教育的根本目的在于促进人的全面发展、培养优秀的国家和社会建设者，以满足社会需求，促进社会政治、经济、文化的全面发展。教育改革究其本质而言，是社会转型期教育与社会发展相互关系的突出体现，是为了满足不同时期社会发展对教育的需求，提高教育与社会发展适配度的根本途径。而社会的不断发展使得教育改革成为一个永恒的话题。

基础教育在日本称为初等中等教育，即小学到初中的九年制义务教育，再加上学前和高中阶段，一共15年的教育过程。在比阶段形成的知识技能和价值判断，为步入社会奠定基础。

以培养人的基本能力和公民基本素质为目标的基础教育改革，一直是日本教育改革的重中之重。尤其是进入21世纪以来，全球化、信息化背景下的日本基础教育改革风起云涌，为亚洲乃至整个世界提供了可借鉴的经验和教训。

纵观日本教育改革，强调学校要有创意地开展教育活动的政策一直未曾改变。中央教育审议会在其报告《创造新时代的义务教育》中提出：第一，由国家负责制定目标和完善实现目标的基础；第二，扩大市区町村及学校的权限，推进教育分权制改革；第三，在“由国家负责检验教育成果，保证义务教育的质量”的前提下，进行“义务教育的结构改革”，2008年修订的要领仍沿用了这一方针。并且从2007年开始，实施全国学力和学习状况调查，以构建检验学校教育成果的制度。

日本在20世纪80年代末期，开始通过改革应对社会转型给教育提出的挑战。教育改革成功与否，其政策与措施和社会发以及具体国情的适配度有很大关系。日本的教育改革受到岛国文化传统的影响，随波逐流和“跟风”的现象时有发生。然而，即便是欧美的成功经验也存在具体国情和特殊发展条件的问题，引进别国经验的本土化处理是全球化背景下教育改革不可缺少的一道工序。教育改革的结果显现具有明显的滞后性，然而日本的教育改革十分缺少耐心，而改革方案本身缺少实证研究和完整的理论体系，使得有些改革措施在结果还没有完全显现之前就被否定，导致改革半途而废。

第一节 基础教育改革的动因

第二次世界大战之后,教育机会均等的理念成为日本提高教育水平和促进经济发展的原动力。然而,进入20世纪90年代,随着社会形态由产业化逐渐转向后产业化时代,日本的公共教育出现了前所未有的信任危机。首先,在少子化与城市化的不断发展、家庭与社会教育能力明显降低的背景下,以强凌弱、逃学、校内暴力、教学秩序混乱,以及青少年恶性犯罪等一系列问题的出现,使得学校教育面临着巨大压力。其次,由于过于追求教育平等而使教育走向了绝对平均主义的道路,单一化的知识灌输型教育,忽视了学生的个性发展和能力培养,使学校教育失去了应有的活力。第三,科学技术进步和全球化、信息化的迅速发展,使得日本传统的教育体制显露出超稳定、缺少变化和应对能力的缺陷。因此,21世纪的日本教育改革不仅势在必行,而且任重道远。

一、教育体制落后于社会发展

日本现代教育制度建立于战后初期,构建民主国家的国民意识和产业社会的迅速发展,是构建日本现代学校教育制度的坚实基础。长期以来,日本致力于教育民主和教育公平,通过良好的基础教育和职业技术教育,推动国民素质的整体提高和产业经济的迅速发展。日本作为保障全体国民享有高质量教育的成功国家,受到国际社会的广泛关注。

20世纪70年代日本进入经济高速成长期,1970年至1985年的15年里,日本GDP增长了450%。然而,随着向城市工厂输送廉价劳动力的日本贫困农村人口逐渐减少并最终枯竭,20世纪80年代末期,以制造业为代表的日本企业纷纷向海外进行生产和加工转移,推进了日本政治、经济、文化的全球化发展,改变了传统的产业经济模式。使得日本从以物质生产与消费为中心的产业经济社会急速转为以知识、信息交流与服务业占市场主导地位的“知识经济为基础”的后产业经济时代，进入了由产业社会向后产业社会的转型期，从根本上改变了推动日本教育发展的基本动力。

而此时的日本教育改革，并没有与社会发展保持同步，因而建立与知识经济为主的社会形态相匹配的教育体制，和建设基于终身教育理念的学习型社会，成为日本21世纪教育改革的首要课题。

二、知识经济冲击传统价值观念

长期以来，在日本的传统价值观念中，一直将受教育视为人们改变社会阶层促进社会流动的主要途径。然而20世纪80年代末期，日本的经济高速成长期进入尾声，而此时的高中入学率达已经达到94%，高等教育(含大学、短期大学)入学率达到了34%，先于许多欧美国家实现了高等教育大众化。截至2008年底，日本的高中升学率已达到97.8%，应届高中毕业生已经进入到“全员升学时代”，高等教育(含大学、短期大学)升学率已超过52.9%[1]，日本的高等教育由大众化阶段逐渐走向普及阶段(表3-1)。

表3-1 2004—2007年日本适龄人口高等教育入学率[2]

类别	性别	2004年	2005年	2006年	2007年
大学、短期大学	男	52.4%	54.4%	55.0%	56.4%
	女	49.0%	50.1%	51.2%	52.2%
	合计	50.7%	52.3%	53.2%	54.6%
含函授、电大等	男	53.5%	55.5%	56.2%	57.4%
	女	50.7%	51.9%	53.1%	54.4%
	合计	52.1%	53.8%	54.6%	55.9%
含高专、高职	男	75.1%	77.1%	76.4%	76.3%
	女	76.8%	73.3%	78.4%	79.0%
	合计	75.9%	77.7%	77.3%	77.6%

〔1〕 文部科学省，2008年文部科学统计要览，学校基本调查。

〔2〕《教育指標の国際比較》(平成20年版)第1部教育の普及4高等教育への進学率. http://www.mext.go.jp/b_menu/toukei/001/08030520/004.htm.

与此同时,日本国内的就业市场却出现了急剧萎缩。随着就业岗位的减少,学习与就业、学习与改变社会地位之间失去了必然联系。青少年学生对自己的将来充满担忧与不安,并涌现出一批“无理想、无追求、无作为”,被称为“垮掉的一代”的年轻人,一种日本式的“读书无用论”思潮渐渐在社会上蔓延。不升学、不就业、不培训、无追求的扭曲价值观,使得越来越多的年轻人选择做自由职业者,又出现了一批被称作 NEET(Not in Employment, Education or Training)的“无所事事的年轻人”。这批人在构成日本新的社会问题的同时,教育观念的转变,也将成为教育改革的一大课题。

三、生活富裕带来青少年理想缺失

由于全球化、信息化的飞速发展,带来日本社会城市化发展进程加快,出生率下降,以及优越的物质生活条件,导致家庭教育能力低下等社会问题。这些对学生社会责任感和规范意识养成极为不利,使得日本学校不仅出现学生逃课、教学秩序瘫痪、校园暴力等恶性事件,更有一些青少年出现了自闭倾向和人际交流障碍,产生学生学力下降、体力下降、问题行为频发等一系列学校教育问题。

经济和物质生活的丰富,带来的却是精神空虚的负面影响,青少年中出现了过分追求经济性与便捷性的价值观,人际关系淡漠、自私自利等极端个人主义的蔓延等人格发展问题。物质生活得到满足之后缺少生活目标,缺少理想信念,使得个人作为社会成员的责任感、正义感严重缺失。另一方面,应对全球化带来的世界范围内的环境、能源危机问题以及人类可持续发展的非传统安全问题,急切需要建立协作共生的普适性价值观、人生观和道德伦理观和新的社会秩序。

第二节 基础教育改革的方针

日本中央教育审议会将“提高学校教育能力,加强学校管理能力,提高教师指导能力,培养学生生存能力,提高国民综合素质,实施科教立国战略方针,建设教育强国,培养具有民族意识活跃在国际社会的日本人"[1]作为21世纪日本教育改革的总体目标,并要实现三个"满足",即满足人的发展、个性发展需求;满足建设具有创造力社会和国家的需求;满足国际化、信息化等时代变化的需求。

2008年秋,由美国的次贷危机导致的全球性金融危机给日本的学校教育带来了严重的影响。由于长期执政的日本自民党一直奉行"小政府大社会"的新自由主义执政方针,一再削减教育经费的国库出资比例和转移支付额度,而日本各地区之间的经济发展水平尚不平衡,所以自民党政权的教育财政政策势必加大各都道府县之间的教育差别;而过分注重经济利益和效益的政策导向,使得学校教育过多受到经济的影响,从而逐渐加大了同一地区学校之间的校际差距。尤其是教师的工资收入和当地的经济发展挂钩,使得教师不能安心工作,影响教学指导效果,导致教育公平问题走了回头路。

事实证明,只有坚定不移地进行教育改革,才能解决由产业社会向知识经济社会转型,以及全球化发展带来的一系列社会问题和教育危机。因此,日本21世纪的教育改革虽然任重道远,但势在必行。这次改革,确立以提高学力为中心,培养生存能力为重点的改革方针。其突出特点是体现日本要在21世纪重点培养顶级人才,以智力、知识、科学垄断世界的全球发展战略。

一、贯彻新自由主义的教育观

随着日本政权的交接,改变了新保守主义的执政方针。进入21世纪,奉行新自由主义的新一届内阁,大刀阔斧地进行"行政体制改革",新世纪的日本教育改革再一次受到新自由主义执政方针的控制和影响。

作为新自由主义的改革,强调"政府责任最小化和社会责任最大化"。其理由是教育活动与社会紧密相关,造成日本教育荒芜的根本原因在于社会本身,不仅要改变国民的教育观念,更重要的是要分清教育的责任;强调21世纪的教育

---

〔1〕 中央教育审议会2002年11月14日审议报告《新しい時代に相応しい教育基本法と教育振興基本計画について》(第一章:教育的课题与今后教育的基本方向). http://www.mext.go.jp/b_menu/shingi/chukyo/chukyo0/toushin/021101.htm.

改革仍然要注重教育的社会职责,以培养21世纪优秀日本国民为主要目标。

成立于1983年的临时教育审议会,及时倡导修改教育政策发展新自由主义,同时提出将国家掌管的公共教育逐渐向市场转移的教育体制改革。这一新自由主义的思潮成为20世纪80年代以后日本教育改革的主流。在这种新自由主义思潮的影响下,1995年以后的日本社会和政坛出现了一片"合校论"以及"公共教育瘦身化"的呼声,导致小渊内阁的"21世纪恳谈会"(首相咨询机构)"每周三天授课制"的出台。将学校的功能分为"为了国家的教育"与"为了个人的教育",公共教育只限于前者,后者强调教育的私营化、民营化,主张置学校于教育市场之中,以教育服务的消费者为中心,强调"自由""个性""选择"和"竞争",导致公共教育产生危机。

在这种思想的影响下,日本一些大城市开始引入"自由择校"机制,探讨将国家投资、私营化管理的运营机制引入"社区学校",并计划在全国推行自由择校制度。而当时的日本政府为了实现"小政府"的目标,积极推进"官转民"的职能转换,通过"国立大学法人化"等一系列改革,缩小公务员队伍,减轻政府负担。同时将政府教育财政预算压缩到极点,使得公共教育更加濒临绝境。

从2004年开始,为了贯彻"小政府、大社会"的改革主张,当时执政的日本小泉内阁主张废除公立学校中小学教师工资的一半由国库负担的"义务教育费用国库负担制度",改为由都、道、府、县的地方财政负责筹措财源。2004年11月4日,文部科学省出台了"振兴!日本"的教育改革一揽子计划,主要目标在于贯彻"小政府、大社会"的教育改革方针。主要内容包括:教育基本法的修改草案(审议报告"培养新时代的日本人");提高学力计划(培养竞争意识,实施全国学力调查);提高教师质量(教师许可证更新制度、设立专业学位研究生院);强化教育分权制(强化教师人事管理、教育预算权限的下放,建立学校评价体系);义务教育国库负担制度的改革(主张义务教育由国家制定标准,保证教育水平,实现教育机会均等,提高地方政府的管理权限和自由度,由地方财政保障教育经费),以减轻政府的教育负担为主要着眼点的改革方针带有明显的新自由主义倾向。这项改革计划一经提出,便引起日本社会的广泛关注和激烈争议。

二、放宽教育制度的自主权

义务教育管理体制的弹性化改革,代表了日本20世纪90年代教育改革的主流方向。从20世纪80年代开始,日本的教育发展逐渐受到国际社会的广泛关注。国外研究人员对日本学生与欧美学生相比显示出来的高学力水平和学力程度的均衡发展给予高度评价。但同时也指出日本教育的划一性、不注重学生的个性发展、严重的教师权威主义,以及应试教育带给学生很大的压力和负担等种种弊端。为此,1990年以后,日本的教育改革政策开始强调多样性、个性化、宽松教育,及应用能力和生存能力的培养。其原因主要是基于日本社会对于义务教育弹性化和实行宽松管理的强烈呼声。

随着2005年12月26日"义务教育体制改革"[1]政策的出台,义务教育改革速度显著加快。这项关于教育分权的政策提出:保证义务教育质量结构,在国家政策法令规定(学习指导要领、教师培养、经费来源保障)的前提下,在实施教育的过程中,给予市区村镇及学校以更多的权力,使其承担更大的责任(班级构成、教职员的人事权等),而最终的教育成果还是由国家负责检验(全国性的学习成绩调查、学校评价系统)。[2] 简单地说,就是国家负责教育投入和教育成果的监控,通过对教育过程的自由化、多样化、分权化和宽松管理,给地方政府、学校和教师以更大的自主权。

教育过程中的弹性化,大体分为教学内容、方法的弹性化和教育制度的弹性化两方面。

教学内容和方法的弹性化包括:学习指导要领的大纲化,取消各项硬性指标,每学年上课的天数及课时数由学校决定,增加选修课,通过各种方法创建有特色的教育活动等。

教育制度的弹性化包括:学制的弹性化,扩大择校权,创设有特色的学校,放宽对学校管理经费来源的管制等。在2003年对《学习指导要领》进行部分修订时,确定了《学习指导要领》是对各科教学的目标和学习内容进行原则性指导的

---

[1] 中央教育审议会咨询报告《義務教育の構造改革》[2005-12-26]. http://www.mext.go.jp/b_menu/shingi/chukyo/chukyo0/toushin/1216830_1424.html.

[2] 日本中央教育审议会咨询报告《创造新时代的义务教育》[2005-10-26].

纲要性标准的性质。从而明确了各学校能根据学生的实际状况,可以“超标”开展教学的权利。

在2009年公布的新的《学习指导要领》中[1],更加明确了各学校有权通过实施各种有创意的活动,创建各自有特色的课程,并且取消之前《学习指导要领》中对学习内容及教学方法的各项硬性规定指标。[2] 与此同时,各学校也要承担与其所获得的权利相应的责任。为了实现目标,可以灵活运用全国学力·学习状况调查,及学校评价的结果等,确认自己的教学成果,进而改进教学活动。这就是在教学内容和方法方面,实现教学过程弹性化的具体表现。

日本中央教育审议会的咨询报告及2005年文部科学省进行的“有关义务教育认识的调查”中指出,日本义务教育制度及公立学校的弹性化运动的开展,主要包括对创建中小学九年一贯制学校的讨论、对“六三三”学制的重新评估,以及对创建改革特区及学区制度的弹性化等探讨。其背景是近年来人们认识到,所有国民必备的学力和素质,不一定只能通过统一的学校制度来培养。而且其他国家早已开展的各式各样的实践,也为日本的教育改革提供了参考。

三、确保义务教育基本性质

义务教育制度的基本性质是无偿制和义务教育经费国库负担制。一直以来,文部科学省通过对教学内容和教学方法的详细规定来调节和控制教育水平。现在,他们在允许一部分教学内容和方法开放的同时,严格测定教学成果,从而间接地控制教学过程。

对于关系到义务教育性质和教育公平保障由国家承担,是文部科学省一直坚持的基本立场。文部科学省指出,如果废除义务教育经费由国库负担法的改革计划得以实现,公共教育经费的地区差距将越来越大,财源不足的地方和区域将无力维持公共教育制度,这将不可避免地产生将公立学校委托给民间的“教育企业”的严重事态。2005年中央教育审议会在关于“创造新世代的义务教育”的

---

〔1〕 小学从2011年开始实施,初中从2012年开始实施。

〔2〕 中央教育审议会,《关于改善幼儿园、小学、初中、高中以及特别支援教育学校学习指导要领的咨询报告》[2008-01-17]。

审议报告中指出,为了保证义务教育机会均等和水平提高,公立义务教育学校教师工资和补助经费由地方财政负担,其中国家负有承担二分之一教育经费的责任和义务。国库负担制度是保证义务教育机会均等和质量提高的最低保障基础。国家通过与地方公共团体合理分担权限,明确法律责任,分担教育经费以保障各都道府县之间不会因为教育费水平不同,而影响义务教育的发展和质量公平。

2007年开始实施义务教育经费国库负担制度改革,从2008年开始将义务教育经费国家负担额度由二分之一减少到三年后三分之一的"三位一体"教育财政改革。这项改革实质上使日本的"义务教育分权制"变成了中央集权下的"义务教育分钱制(财源划分)"。过度的"政府责任最小化"必然导致教育体制本身的不稳定,从而使教育过分受到经济因素的影响。尤其是2008年金融危机爆发以后,动荡不定的经济形势,不仅引起公立学校教师对前途的担忧,不利于调动教师的工作热情,而且直接削弱了公立义务教育学校可持续发展的能力。同时拉大了不同经济发展水平地区之间的教育差距。

第三节 基础教育改革的措施

战后日本教育制度的多样化和弹性化得到了迅速发展,对教育的限制也有了一定程度的放宽。但是日本的改革与欧美各国不一样,欧美的很多民间团体和私立学校因为有着悠久历史和独特的教育理念,所以他们开展的一些教育具有一定的超前性。比起这些民间团体和私立学校,公共教育制度的完善要晚了很多。日本文部科学省虽然承认各民间团体和私立学校的主体性,但并没有因此而放弃对教育成果的审定权。为全面贯彻以培养"生存能力"为目标的改革方针,文部科学省出台了多项引人注目的基础教育改革方案,并实行了包括分权管理、教师资格、义务教育国费负担等一系列制度在内的改革措施。

一、突出自主创新的管理改革

学校的教育课程管理是影响义务教育质量的重要因素。20世纪90年代后期,日本学校课程管理方式发生了重大改变,鼓励开展有特色的教学改革,全面推进实现更优质教育的"特色学校建设"。1998年修订的《学习指导要领》中指出"各学校要以培养儿童的生存能力为宗旨,开展各项有创意的、有特色的教育活动",创造特色学校。早在1977年,要领就开始向着大纲化、弹性化的方向发展,但作为与学校自主性、自律性相配套的方针,还是体现在1998年修订版中[1]。另外,还增设不使用教科书的"综合学习"时间,营造学校课程开发氛围等方针。这些方针政策都给学校教育带来巨大影响。要解决这些问题,推进实现更优质教育的"特色学校建设",就需要进一步加深对推进"以学校为基础的课程改革"的认识。为了让学生不断获得内容丰富的学力,在开发相应学力评价计划的同时,继承课例研究的传统,不断改进教学是十分重要的。

从2002年开始,在综合制高中(2008年有334所)和学分制高中(2008年有857所)[2]中选取一部分学校,由文部科学省指定为超级科学高中(SSH)和超级英语高中(SELH)。在超级科学高中,教学的重点在科学技术、理科和数学上,目标是重点开发理科和数学课程,以及与大学及研究机构进行有效的合作。在超级英语高中,教学的重点在英语教育上,学校里一部分科目用英语进行教学,同时还与海外的姊妹校联合开展有效的实践研究。每年有10~35所学校被定为的超级科学高中或超级英语高中(试验期为3年)。2008年,有13所学校被指定为超级科学高中,加上之前的正在进行试验的学校,超级科学高中累计为102所。另外,2007年有16所学校被定为超级英语高中,加上之前的试验学校,

[1] 中留武昭《由教育课程管理实现学校改善》,田中统治《培养扎实学力的教育课程管理》,教育开发研究所,2005:52。

[2] 与之前的普通高中和职业高中不同,综合制高中是为了照顾在高中毕业时不能决定自己方向的学生而新开设的具有普通课程和职业课程的高中。在综合制高中就读的学生,高中毕业时可以选择升学或就业。而学分制高中与大学一样,学生可以自由地决定想学的科目,毕业的条件是修完必要的学分。

超级英语高中累计为81所。实际上,超级学校的做法更多借鉴了韩国的经验。

与此同时,为满足学生多样性就学选择,日本开始实施多元化学制改革。第二次世界大战后日本的教育体系中,从小学到大学的学制被简称为"六三三四"制。即小学6年,初中3年,高学3年,大学(普通大学)4年。战后,在公立学校里首先完全实现了"六三三"制的教育。所以,日本同龄人当中,约有97%的人口接受过12年的教育。而日本的教育也因此呈现出单轨制的结构形态。

由于中等教育的6年被划分为初中3年和高中3年,初中升高中时必须进行考试,因此教学内容多偏向为应试做准备,中央教育审议会也曾指出这样的教育会阻碍学生们健康、有个性的发展。继私立学校中出现多所六年一贯制的学校之后,从1999年开始,在公立学校中,也允许试验性地设置六年制"中等教育学校",以满足家长和学生多种选择的需求。但是到2007年,这样的"中等教育学校"在日本仅有36所。其他的六年一贯制中学,有的采用"追加课程"的方式,成了"并设型"学校,也有相邻的初中和高中之间,通过取消升学考试或教师交流等合作形式,变成了事实上的六年制"联合型"学校。截至2007年,这样的"并设型"中学有219所,"联合型"中学有79所。目前日本的六年一贯制中学所面临的问题是,如何在出生率下降的状况下确保稳定的生源,以及如何防止因取消初中升高中考试而导致学生学习成绩的下滑。

学制改革的另一个动向是创建小学和初中联合的中小学九年一贯制学校。与上述作为制度确立的初高中一贯制学校不一样,中小学九年一贯制学校或是作为文部科学省的"研究开发学校"、政府的"机构改革特区"的特例,或是按照学校的实际管理模式[1]来设置。其目的在于通过小学和初中的紧密联结,提高课程、教学内容和方法的连续性、一贯性,从而提高学生学习活动的连续性。

日本学校教育改革的一个新动向是出现了一种被称为"社区学校"[2]的由家长、社区居民、教育行政机构联办联管的新型学校。从世界范围看,在学校管

〔1〕 虽然在制度上没有得到文部科学省的正式认可,由达成协议的小学和中学独自实现全部课程的连续性,在实际运作上接近中小学一贯制学校制度。

〔2〕 社区学校(community school)是一种新型的公立学校。在地方教育委员会指定的学校中,通过设立的学校管理委员会,吸收监护人和社区居民参与学校管理,在制定学校的基本方针、选用教师等学校方面赋予他们一定的权利。

理形态多样化、民间委托办校等尝试方面，日本算不上是先进的。近年来在经历一系列的尝试后，作为新的学校管理形态的“社区学校”诞生了。在日本的公立学校中，最传统的管理方式是由教育委员会和校长根据有关法令在各自拥有的权限和责任的范围内各司其职，这也可以说是维持教育条件和教学内容的统一性及保持各学校教育水准大致相同的原因之一。但是，这样的学校管理方式不仅不利于监护人和社区居民了解学校的各项决定及学校管理状况，反而易导致学校的封闭性和划一性。

近几年，随着学校和社区合作的不断加强，在学校管理当中也出现了不少灵活发挥社区力量的想法。2000 年教育改革国民会议的报告中也提到了要“促进设置新型学校”。文部科学省从 2002 年开始，指定了一些试点学校对新型学校的管理开展了实践研究。

在日本，有由社区居民代表组成的学校管理委员会。该委员会有权对校长制定的学校管理的基本方针进行认可，并就有关教职员的任用事项向教育委员会提出意见。截至 2008 年，日本有 343 所学校被指定为“社区学校”，其中包括小学 243 所，初中 76 所。“社区学校”中校长的决定权有扩大的倾向，但日本的学校管理委员会却不同于德国的学校会议，他们没有表决权，也没有代表学生的权力。另外，日本的“社区学校”的管理方式也不同于在美国一部分地区开展的公立学校管理的委托管理，以及像特许学校(Charter school)那样的“公立民营学校”。

日本中央教育审议会的报告《教育振兴基本计划——为了实现“教育立国”》中提出，未来十年日本的教育改革强调教育的社会责任的同时，号召社会承担起教育职责。要通过引入社区学校(学校管理委员会制度)和公立学校选校制度，以及推进学校、地区一体化、班级规模标准的弹性化、为开展分层次教学和个别教学配备教师，以及根据当地实际情况，实行择校制等措施，体现出国家“对学校创造性地开展教学活动的支持”。为了加强学校与社会的密切联系，构建具有社会公信度，日本文部科学省要求学校建立信息管理公开的，合理反映社区居民和监护者愿望和意见学校管理体制。在建立和完善学校评议员制度、学校管理协议会制度(社区学校)明确校长的权限的前提下，落实协议员和评议员的责任分工，引进社会力量参与学校管理。履行学校管理公开和对社会的说明义务。以民主的原则推进学校管理改革，学校设施和设备等资源向社会开放，有效利用闲置教室和教育资源，强化学校作为成社区文化教育活动中心职能。

可以预见，像这样基于市场原理推进学校改革的新自由主义方针，今后也将继续推行下去。这些改革方针，在促进各学校发挥自主创造性方面具有一定意义。但同时也要指出，这样的方针具有扩大学力差距的危险性。在世界经济不景气的背景下，伴随着贫富差距的加大，以及各种学力调查的实施和由择校带来的校际间的激烈竞争，学校之间的差距及校内学生学力的差距已成为不容轻视的问题。另外，目前又出现了强调学习意愿是家庭中养成的，将学生学习成绩不好的责任归咎于家庭的倾向。

二、培养生存能力的课程改革

教育内容的改革是提高义务教育质量的关键。日本学校课程中最重要的标准是《学习指导要领》，是文部(科学)大臣依照学校教育法实施规则提出的教育课程标准。《学习指导要领》除了有关课程编制的基本方针(总则)之外，还阐述了课程领域、学校各学科等的种类以及教学的基本内容、课时数、教学中的注意问题等。自1958年《学习指导要领》出台以来，即成为规定教育课程的目标和内容的、具有法律约束力"行政文件"。因此，《学习指导要领》规定了教科书的编写和内容，对教育实践中学校的课程设置甚至教师的教学方式都具有很大的影响力。从1947年日本首次颁布《学习指导要领》至2008年的修订，其变迁大致分为以下四个阶段。

第一，战后新教育时期(1947年、1951年版)。

第二，学科中心时期(1958年、1968年版)。

第三，宽松教育时期(1977年、1989年、1998年版)。

第四，培养扎实的学力(2008年版)。

第二次世界大战以后的课程改革一直是以学力问题为中心。其中两次引发课程政策的重大转变。其一，是20世纪50年代围绕着"新教育"功过，展开学力问题争论，使文部省做出从经验主义课程转向学科中心主义课程的重大决策。其二，是20世纪70年代中期以后，围绕"落后生"问题展开的学力论争，使文部省调整了被称为学科中心主义课程典范的"知识中心课程"，开始推行所谓的"宽松”政策。其三,从1999年开始的“学力下降争论”,无疑使“宽松”政策成为主要的攻击目标,于是,文部科学省的“宽松”政策,又由“新学力”观转到“扎实的学力”观,并开始着手对学习指导要领进行修订(2008年3月)。

大学生学力下降问题,自然而然地发展成对《学习指导要领》中“宽松教育”政策的批判。或许是这种危机感,使得课堂上开始盛行所谓的提高“读写算”基础学力的训练式教学。作为对批判“宽松教育”政策的声音作出回答,时任文部科学省大臣的远山敦子提出“劝学”倡议(2002年1月),并于2003年修订《学习指导要领》的部分内容(强调培养“扎实的学力”“根据学习成绩分类教学”及“发展性学习”),从而使课程政策的导向发生转换。

然而,这次学力问题还包含了过去所没有的新要素。这就是学力国际比较调查,即PISA调查。PISA调查中所采用的、表示灵活应用能力的“素养”(literacy)概念引起人们关注。特别是第二次PISA调查(2003年)的结果备受关注,虽然结果显示日本在科学和数学方面的成绩仍处于世界一流水平,但阅读能力(reading literacy)的成绩并不理想,再加上当时的学力下降论争,致使日本的教育政策变得更加注重阅读能力。也就是说,有关这次学力问题的展开过程,最初的出发点是所谓读写算基础学力下降,随后受到PISA调查的“素养”概念的影响,现在又朝着关注灵活应用能力的方向发展。

始于2007年4月的全国学力、学习情况调查,以考查基础知识的A卷和考查灵活运用知识能力的B卷设计试题,本身就是对重视基础学力和学力运用能力观点的最有力的印证。

纠正宽松教育的政策,其实意味着学力观的转变,被称为从“新学力观”向“扎实的学力观”的转变。1989年修订的《学习指导要领》充分反映了这种“新学力观”。该要领指出:“在今后的教育中,要彻底改变注重划一的、传授知识技能的学习指导方针,必须要确立以培养学生循序渐进地自主发现问题、独立思考、独立判断和表达、解决问题的素质和能力的学习指导方针。”〔1〕

该文件明确表示与让学生掌握知识和技能相比,更应该注重学生的自主性、

〔1〕 文部省“小学教育课程一般指导资料创造和开展基于新学力观的教育课程”,1993年。

主动性和个性。而与之配套的学生指导要录[1]中(1991年修订)的评价顺序,首先是"兴趣、意愿、态度",接下来分为"思考、判断""技能、表现""知识、理解","知识、理解"被排在了最后。由此可见,"新学力观"重点考虑的不是保障学生的"知识、理解",而是"兴趣、意愿和态度"。所以"学力下降论争"力图从这种"新学力观"中寻找原因。

日本中央教育审议会在有关2008年修订《学习指导要领》的报告[2]中明确指出,"宽松教育"政策的问题点主要表现在以下五个方面:一是形成"宽松"和"灌输"的二元对立;二是过于强调学生的自主性,使教师难以指导;三是没有完全搞清楚,掌握基础知识与基本技能的学科学习与运用学科知识、开展探究活动的综合学习两者之间相辅相成的关系;四是既要进行掌握基础知识与基本技能的学习,也要展开观察和实验,以及撰写报告书等灵活应用知识技能的学习活动,但目前中小学的必修课课时显然不足;五是缺乏应对家庭以及社区教育能力下降问题的有效办法。也就是说,实际上文部科学省承认"宽松教育"政策,却轻视了基础知识与基本技能的掌握,以及学科知识的应用性学习。

取而代之的是"扎实的学力观"的提出。中央教育审议会在《创造新时代义务教育》报告(2005年10月26日)中,明确提出"扎实的学力观"的概念,并将其表述为:"基础知识和基本技能的培养(既掌握型教育)与自主学习、独立思考能力的培养(既探究型教育)之间,并不是对立的或者两者择其一的关系,而是综合进行两个方面的培养教育",强调要通过"掌握型教育"和"探究型教育"的综合,来培养"扎实的学力"。

三、加强结果检测的评价改革

20世纪90年代后期,日本国家层面对学校课程的管理方式进行了重大调整。1998年修订的《学习指导要领》中指出,"各学校要以培养儿童的生存能力为宗旨,开展各项有创意的、有特色的教育活动",创造特色学校。能力养成和特

〔1〕 即评价手册。
〔2〕《关于改善幼儿园、小学、中学、高中以及特别支援学校的学习指导要领》[2008-01-17]。

色发展成为学校教育的新风向标。早在1977年,《学习指导要领》就开始向着大纲化、弹性化的方向发展,但作为与学校自主性、自律性相配套的方针,重点体现在1998年修订版的《学习指导要领》中[1]。此次修订新增设“综合学习时间”,其特点是重视知识的跨学科融合,并与社会调查等实践活动紧密结合,不使用教科书,从而为学校课程开发创造机会,重视学校的自主创新。这些方针政策都给学校教育带来了巨大影响。

其后,在“宽松教育”导致学力下降的批判声中,日本文部科学省只好放弃原来的学历主张,转变“宽松教育”政策,并在2003年部分修订《学习指导要领》,强调培养“扎实学力”。但鼓励学校开展有创意教育活动的政策一直未变。

中央教育审议会在其报告《创造新时代的义务教育》中提出,“由国家负责制定目标和完善实现目标的基础条件;扩大市町村级学校的自主权限,推进教育分权制改革”;在“由国家负责检验教育成果,保证义务教育的质量”的前提下,进行“义务教育的机构改革”。2008年最新修订的《学习指导要领》仍沿用了由国家检定教育成果的方针。

此外,从2007年开始,每年实施全国学力和学习状况调查,构建检验学校教育成果的体制机制。文部科学省将这样一次大规模调查的目的定位于:基于保障义务教育均衡发展和不断提高教育质量的需求,为了切实把握各地区学生学习成就和与之相关的学习状况,验证国家教育及教育改革政策的成效,进而发现问题改进学校教育和学生学习状况。[2]

实施全国学力和学习状况调查,第一,要考察检验前一次学习指导要领修订以来的教育课程改革状况,解答公众对教育的质疑,为下一次课程调整做准备;第二,为了面向国内进行学力和学习状况的历时性比较,以发展的眼光考查学生学力水平,积累相关数据;第三,为了面向国际进行学习能力的国际比较,找出本国与其他国家之间的差距;第四,追求高质量教育,寻求提升学力水平的新途径。

---

[1] 中留武昭《由教育课程管理实现学校改善》,田中统治《培养扎实学力的教育课程管理》,教育开发研究所,2005:52。

[2] 为此,日本政府耗资77亿日元。按照2007年底的汇率计算,大约相当于5亿人民币。日本全国共有10 544所中学(占中学总数的95.7%)和1 077 209名中学生参加了这次调查。另有少数学校(186所)和学生(25 100名)在4月25日—5月11日期间参加了测试。

在参照OECD的PISA调查、IEA的TIMSS测试等学力评价标准和方式的基础上，除了对中小学五年级和初中二年级学生的语文、数学学力进行测试外，还采用问卷调查的方式，对学生的学校态度、兴趣以及相关背景进行了考察。

由于文部科学省的调查内容和方式确实比较严谨、稳妥，总体上以符合日本人理解的基础学力测试为主，同时也兼顾当今国际上盛行的注重应用能力的学业成就测试内容。首先，评价结果在基本肯定成绩的同时，也在一定程度上找到了“弱项”，因此得到了更多人的认可。其次，人们对评价结果的认识也越来越理性，不再单纯从评价结果的排名来看学力水平的高低，而更多关注的是哪些方面的水准还有差距，学生之间的差距是否加大了，等等。第三，教育界不仅十分重视这次学力调查，而且从中央到地方都认真研究、分析调查结果，并使其成为政府提升基础教育质量的决策依据，地区和学校改善教学指导的依据，以及研究者展开学力结构、内涵以及评价问题研讨的依据。

第四章

基础教育课程标准

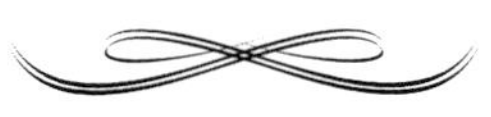

中国曾经以近代日本的教育体制为参照系，确立了现代学校教育制度并一直沿用至今。百余年来，无论两国间政治、经济、外交关系如何发展，两国教育之间的相互影响却一直没有停歇。尤其是作为日本基础教育核心要素的课程标准对教育质量的监控和保障作用不可忽视。为了实现《教育基本法》规定的教育目的、目标以及《学校教育法》规定的各阶段学校教育的具体目标，日本制定了基础教育各级各类学校的教育课程标准和教学指导大纲——《学习指导要领》。

《学习指导要领》是日本学校教育课程管理和课程实施的核心指导文件，是教科书编撰的重要法律依据，作为各级各类学校教育课程标准和教学大纲。《学习指导要领》包括从幼儿园到高中阶段普通教育学校（包括特别支援教育学校）分学科、分学年的课程标准。日本战后在社会发展的各个阶段，都根据社会发展的需要，及时调整教育目标、教育理念和教学内容，以满足不同社会发展环境下学生成长的需求，以及社会经济发展的人才需求。因而每隔十年左右，日本就会进行一次《学习指导要领》的全面或部分修订。《学习指导要领》是日本教育相关法律、法规体系中相对活跃的可变标准，是日本学校教育改革的风向标。因此，研究日本教育改革与《学习指导要领》的历次修订，对于社会转型期的中国基础教育课程改革以及国家课程标准的深化研究具有一定的借鉴意义。

第一节 《学习指导要领》的课程目标

日本的《学习指导要领》，除了有关课程编制的基本方针（总则）之外，还按照小学、初中、高中的不同学段，阐述课程领域、学校各学科等的种类，以及课程教学目标、教学基本内容、课时数、教学中的注意问题等。其中各学科授课时数是以《学校教育法实施规则》（文部科学省令）的相关规定为依据而确定的。不同学段的基础教育学校，按照学习指导要领的教学目标、内容，以及每年的标准学时数，结合本地区、本学校的具体情况，编排组织教育课程。

日本在战后学校教育制度建立之初，迅速制定《学习指导要领》实行试行方案。从1958年开始，以文部大臣告示的形式出台，即成为规定教育课程的目标和内容的、具有法律约束力的“行政文件”。以《学习指导要领》为基础，发布各学科及道德、特别活动的“解读本”(2002年以前称“指导书”)，并据此制定《教学图书审定标准》，对教科书进行审定。因此可以说，《学习指导要领》规定了教科书的编写和内容，对教育实践中学校的课程设置甚至教师的教学方式都具有很大的影响力。

一、小学课程目标和指导原则〔1〕

日本《学习指导要领》是由文部科学大臣依照《学校教育法》实施规则签发的教育课程标准，也是课程体系的重要文件。继1977年的修订版中开始呈现出标准的弹性化和大纲化的特点之后，1998年的修订版中又进一步加强大纲化，以便让各学校编制出具有创意和特色的课程。2003年，有关《学习指导要领》的标准是“上限”，还是“最低标准”的争论，终于被画上了休止符，明确《学习指导要领》具有“最低标准”的特性，但《学习指导要领》决定着日本学校课程大框架的特点并未改变。

正如《学习指导要领》在总则部分，首先明确《学习指导要领》的法律地位和法律依据：各学校要依据《教育基本法》《学校教育法》以及本法令的规定，制定教育课程标准和课程体系。因此，基于2006年教育基本法的全面修改，日本于2008年开始实施新一轮《学习指导要领》的修订，以实现《教育基本法》规定的教育理念和教育目标。

2008年新修订的小学《学习指导要领》的教育课程编制的基本方针，首先提出，各学校要依据《教育基本法》《学校教育法》、其他相关法令，以及以下要求，以儿童作为独立人格的协调养成为目标。

1. 学校课程编制方针

学校的课程编制方针，要紧密结合本地区、本学校实际情况，充分认识儿童

〔1〕 参照小学校学習指導要領案，文部科学省，平成20年2月. http://www.mext.go.jp/a_menu/shotou/new-cs/news/080216/002.pdf.

身体发展的阶段性特点，适当编制教育课程标准。在推进学校各项教育活动时，以培养学生生存能力为目标，通过开展有特色的创造性教学活动，使学生切实掌握基础和基本的知识技能，并培养学生能够运用所学知识技能，解决问题的思考力、判断力、表现力。根据儿童发展的不同阶段，充实儿童的语言活动，通过与家庭的沟通与有效配合培养儿童良好的学习习惯。

2. 学校的道德教育

学校的道德教育，以道德课时为主，通过学校的整体教育活动的展开，全面实施。道德课时之外的其他各学科、外语活动、综合学习时间，以及特别活动，都要按照不同的课程性质和活动特点，根据儿童发展阶段性特点，进行适当的指导。

道德教育基于《教育基本法》，以及《学校教育法》制定的教育基本方针和基本理念，将对人类的尊重，以及对生命的敬畏精神，通过家庭生活、校园生活以及其他社会活动具体表现出来。培养学生具有丰富的内心世界，继承与发展传统文化，以创造个性丰富的灿烂文化，养成尊重公共道德的精神，致力于民主社会和国家的发展，积极为国际和平做出贡献，成为勇于开拓未来的，有主体性(独立性)的日本国民。其基本道德养成是学校道德教育的基本目标。推进道德教育要不断加深教师与学生之间的相互关系，引导学生深入思考自己的人生态度，与家庭和社区紧密联合，通过集体住宿活动、志愿者活动、自然体验活动等丰富的体验性活动，让道德的根基深深植入儿童的内心世界。为此，要让儿童掌握基本的生活习惯、社会生活准则，遵守做人准则。

3. 学校的健康教育

学校健康教育的指导，要根据儿童身心发展的阶段性特点，通过学校的整体教育活动适当实施。特别是有关增强学生体力的指导和安全指导、饮食教育，以及其他保持和提高身心健康方面的指导，不仅要在体育课规定课时内进行，还要在学校其他特别活动中，根据活动特点具体实施。通过课程是适合活动指导，推进学校与家庭、与社会的密切联系，并在日常生活中促进适当的体育健康奠定度过健康、安全、充满活力的丰富人生的基础。

4. 学校对课程内容的处理

《学习指导要领》对于课程内容的处理提出了统一要求。对各学科、道德、外语活动内容的相关规定，除特别规定情况外，各学校都要遵照执行。学校根据实际需要，可增加第二章(学科课程)规定之外的学习内容进行指导。同时，《学习指导要领》第二章以后的相关内容，是《学习指导要领》要求学校对所有学生进行学习指导的内容、范围和指导程度的规定(即学科指导的底线范围和程度标准)。学校可根据具体需要，进行超出此范围限定的学习指导。但不得进行超出各学科、各学年教学指导目标、内容主旨的学习指导，不得加重学生的学习负担。

学校对《学习指导要领》第二章以下各章节所列的各学年课程内容编排指导顺序，除特别标注场合之外并不代表学习指导的顺序，学校在课程编排上可通过自主努力适当安排。

各学年的教学目标及指导内容，每两学年为单位统一表述，各学校将这些内容根据本地区和本学校，以及本校学生实际情况，制定两年的指导计划，除特殊情况外，分为不同学年、按不同学年事实教育课程和学习指导。如果根据实际情况，将两个以上学年编入一个班级(复式教学班)，在不影响各学科、外语活动、道德学习目标的前提下，教学指导内容可打破学年界限编排。

5. 学校的课时安排

《学习指导要领》规定了各学科的授课时间(表 4-1)。各学校的道德学习、外语活动、综合学习时间以及特别活动(以下简称“各学科”)的课程计划，每年实施 35 周(第一学期 34 周)以上。每周的课时安排以不导致学生课业负担过重为准。但是，根据各学科等教育活动的特殊性，为提高学习活动实效，可不受学期内外的限制，在特定时间进行上述学习活动。

在特别活动课中，对学生运动会、班级活动以及学校例行活动，根据具体内容编入每学年、每学期、每月的授课时间。各学校可在确保学科全年授课时间的前提下，根据学生身心发展的阶段性特点，切实制定各学科每节课的具体时间。

各学校可根据本地区和学生具体情况，按照各学科学习活动的特性，根据各学科教学的实际需要，创造性、灵活性地编制时间表。综合学习实践内开展的学习活动，如果能够取得作为特别活范围内的学校例行活动的同等效果，可将综合学习实践的学习成果作为学校特别管理活动的成果，替换成各项活动的实施范围。

表 4-1 新学习指导要领小学课时计划[1]

项目		第一学年	第二学年	第三学年	第四学年	第五学年	第六学年
各学科课时数	国语	306	315	245	245	175	175
	社会			70	90	100	105
	算数	136	175	175	175	175	175
	理科			90	105	105	105
道德课时数	生活	102	105				
	音乐	68	70	60	60	50	50
	图画手工	68	70	60	60	50	50
	家庭					60	65
	体育	105	105	105	105	90	90
道德课时数		35	35	35	35	35	35
综合学习时间课时数				70	70	70	70
特别活动课时数		35	35	35	35	35	35
总课时数		850	910	945	980	980	980

各学校制定学习指导计划时首先要注意促进各学科以及各学年的相互联系和顺利衔接,开展系统性、发展性学习指导。各学年的教育目标以及每两学年为单位进行表记课程内容中的学科以及外语活动,要根据地区、学校和学生具体情况,制定课程实施期间的总体计划,按学年有效地、分阶段地实施课程教学与学习指导。为了达到按照学生学习的实际掌握情况身提高指导效果的目的,可进行合科的、关联性的学习指导。

6. 其他注意事项

《学习指导要领》规定的学科指导过程中的注意事项,还包括:

(1) 要从培养学生的思考力、判断力、表现力的视角,重视以掌握和活用基础和基本知识技能为目的的学习活动。同时,加深学生对语言的关心和理解,营造提高学生语言交流能力必备的语言环境,加强和促进学生的语言活动。

---

[1] 根据平成 20 年学习指导要领修该方案编制. http://www. mext. go. jp/a_menu/shotou/new-cs/news/080216/002. pdf.

(2) 在各学科等的指导过程中，要重视体验性学习，掌握和应用基础知识及基本技能解决问题的学习，同时要注意发挥学生的兴趣爱好和关注偏好，促进学生的自主性学习和主动性学习。

(3) 加强班级的日常管理，建立教师与学生之间的相互信任，培养教师和学生之间良好人际关系，深入了解学生，加强学生指导。

(4) 在各学科教学活动指导时，要指导学生在制定总体规划的前提下，有计划地进行学习、复习活动。

(5) 进行各学科等学习活动指导，要努力给学生留有选择学习活动和课题、自主进行人生思考、人生规划的机会。

(6) 为了使学生切实掌握所学内容，在进行各学科的学习指导时，还要根据学生对学习内容的掌握情况，进行个别指导、小组指导、反复指导等多种形式，根据学生对学习内容掌握的熟练程度进行具体指导。开展基于学生兴趣爱好的课题学习、补充学习以及发展性学习等学习指导活动。通过教师之间的协力合作，改革指导非那根发和制导体制，加强个性化指导。

(7) 对残疾儿童，要听取特别支援学校等设施的建议，并利用特别教育机构的学习支援，制定指导计划，或与家庭、医疗和社会福利机构等相关机构联合制定残疾儿童学习指导和特别支援计划。有组织、有计划地编制针对残疾儿童的个性化指导方案。对就读特别支援班级的残疾儿童，除进行走班制指导外，还要通过教师之间的努力合作提高指导效果。

(8) 对从海外回到日本的归国儿童，为了促进其尽快适应学校生活，在指导过程中，要并积极引导注意充分发挥海外生活经历的优势。

(9) 各学科的学习活动指导，要让学生接近和熟悉计算机、信息通讯网络等通信手段，掌握计算机文字录入等基本操作方法，奠定基本信息道德素养，掌握基本应用能力，合理使用视听教材、教育机器设备等教材教具。

(10) 有计划地利用和有效发挥学校图书馆的功能，加强学生自主阅读、积极主动的学习活动。

(11) 积极评价学生的优点和进步，评价学习指导过程和学习成果，改善学习指导以提高学生学习积极性。

(12) 学校为了达到学习指导目标,根据本地区、本学校实际情况,不断加强与学生家庭、学校所在社区居民之间的教育协作。同时,加强幼儿园、小学、初中、高中和特别支援学校之间的写作和交流,为中小学生创造与残疾儿童相互交流共同学习的机会,以及和社区高龄人群之间的相互交流机会。

目前,日本中小学仍然存在诸如校园暴力、倚强欺弱、拒绝上学等各种问题,这些将成为日本基础教育面临的严峻挑战。只有有效解决上述问题,学生的校园生活才能更加充实和有意义。为此,文部科学省制作案例集,供学校参考使用。同时,进一步建立健全学校心理咨询机制,通过课程实施和学生指导,实现培养下一代生存能力的教育目标。

二、中学课程目标和指导原则〔1〕

与小学阶段的学习指导要领相比,中学《学习指导要领》则根据中学生身心发展的年龄特点和中学学科设置的具体情况,对课程编制和指导原则进行了相应的调整。要求各学校根据《教育基本法》《学校教育法》,以及相关其他法令的规定,以及中学《学习指导要领》总则部分所示各项要求,以学生健全人格的协调发展为目标,充分考虑本地区、本学校实际情况,以及学生身心发展阶段性特点,编制合适的教育课程标准。

1. 学校的生存教育

在实施学校教育活动过程中,各学校应以培养学生生存能力为目标,通过开展有特色的创造性教育活动,使学生切实掌握基础和基本的知识技能。培养学生运用所学知识技能解决问题的思考力、判断力、表现以及其他能力。同时,养成自主学习的积极态度,不断充实适应学生个性发展的教育活动。为此,要根据学生发展的不同阶段,充实学生语言活动内容,通过与家庭的沟通与有效配合,建立良好的学习习惯。

2. 学校的道德教育

《学习指导要领》对道德教育目标的规定是,学校的道德教育以道德课时为

〔1〕 中学校学習指導要領案,文部科学省,平成 20 年 2 月. http://www.mext.go.jp/a_menu/shotou/new-cs/news/080216/003.pdf.

主，通过学校的整体教育活动的展开全面实施，道德课时之外的其他各学科、外语活动、综合学习时间以及特别活动，要根据不同的课程的性质和活动特点，根据学生发展的阶段性特点进行适当的指导。

道德教育要基于《教育基本法》，以及《学校教育法》制定的教育基本方针和基本理念，用对人类的尊重，以及对生命的敬畏精神，通过家庭生活、校园生活以及其他社会活动具体表现出来。要培养学生具有丰富的内心世界，继承与发展传统文化，以创造个性丰富的灿烂文化，养成尊重公共道德的精神，致力于民主社会和国家的发展，积极为国际和平做出贡献，勇于开拓未来的有主体性(独立性)的日本国民。其基本道德养成是学校道德教育的基本目标。

推进道德教育，要不断加深教师与学生之间的相互关系，引导学生深入思考自己的人生态度，与家庭和社区紧密联合，通过集体住宿活动、志愿者活动、自然体验活动等丰富的体验性活动，让道德的根基深深植入儿童的内心世界。为此，要让儿童掌握基本的生活习惯、社会生活准则，遵守做人准则。

推进道德教育过程中，要在引导学生基于正确的道德价值判断的基础上，自觉深入思考人生态度，与家庭和社区紧密联合，通过职场体验、志愿服务活动、自然体验活动等丰富的体验性活动，让道德的根基深深植入学生的内心世界。为此，要培养学生尊重自己和他人生命，建立正常的生活规律，树立个人发展目标，建立守法守则意识，积极参与社会建设活动，树立作为走向世界的日本国民的自觉意识。

3. 学校的体育与健康指导

中学的学校体育与健康指导，要充分考虑到学生的身心发展的阶段性特点，通过学校的整体教育活动适当实施。特别是有关增强学生体力的指导和安全指导，以及饮食教育等其他保持和提高学生身心健康方面的指导活动，不仅要在保健体育课规定课时内进行，还要努力在学校其他特别活动中，根据活动性质和特点全面实施。并且通过保健体育课程和活动指导，推进学校与家庭、与社会的密切联系，在日常生活中适当开展体育健康活动，为实现终生健康、安全充满活力的丰富人生奠定基础。

4. 学校的课时安排

《学习指导要领》规定了各学科的授课时间(表 4-2)。各学校的道德学习、外语活动、综合学习时间以及特别活动(以下简称“各学科”)的课程计划每年实施35周以上。每周的课时安排以不导致学生课业负担过重为准。但是,根据各学科教育活动的特殊性,为提高学习活动实效,可不受学期内外的限制在特定时间进行上述学习活动。在特别活动课中,对于学生运动会、班级活动以及学校例行活动,根据具体内容编入每学年、每学期、每月的授课时间。各学校可在确保学科全年授课时间的前提下,根据学生身心发展的阶段性特点,切实制定各学科等的每单元课时。各学校可根据本地区和学生具体情况,按照各学科等学习活动的特性,根据各学科教学的实际需要,创造性、灵活性地编制时间表。综合学习实践内开展的学习活动,如果能够取得作为特别活范围内的学校例行活动的同等效果,可将综合学习实践的学习成果作为学校特别管理活动的成果,替换成各项活动的实施范围。

表4-2 新《学习指导要领》中学课时计划〔1〕

项目		第一学年	第二学年	第三学年
各学科课时数	国语	140	140	105
	社会	105	105	140
	数学	140	105	140
	理科	105	140	140
	音乐	45	35	35
	美术	45	35	35
	体育保健	105	105	105
	技术家庭	70	70	35
	外语	140	140	140
道德课时数		35	35	35
综合学习时间课时数		50	70	70
特别活动课时数		35	35	35
总课时数		1 015	1 015	1 015

对于各学科每一节课的时间长度,各学校可在保证学科年授课时数的前提下,

〔1〕中学校学習指導要領案,文部科学省,平成20年2月. http://www.mext.go.jp/a_menu/shotou/new-cs/news/080216/003.pdf.

根据学生身心发展的阶段性特点，由学校具体确定。如果根据需要进行以10分钟为单位的特定短时学科指导，在已经建立起由任课教师负责确定指导内容、掌握指导结果与应用情况的管理机制前提下，可将上述指导时间列入该学科的年度总学时范围内。

各学校也可以根据本地区、本学校以及本校学生的实际情况，以及各学科学习活动的特殊性，自主编制灵活、弹性的课程时间表。综合学习时间内开展的学习活动，如果其结果可与学校例行活动相同，可将综合学习时间的学习活动等同和替代学校例行活动。

《学习指导要领》对于各学校指导计划的制定作了明确的相关规定。首先，各学校制定学习指导计划。要充分发挥学校的自主性和创新性，制定出总体的，内容均衡的指导计划。要充分考虑各学科、各学年之间的相互联系，以便开展系统的、发展性的学习指导。对于各学科、各学年以及不同教科或不同语种的指导内容的归纳和重点设定等进行切磋研究以开展有效教学指导。

5. 其他注意事项

在进行各学科等指导过程中的注意事项还包括：

(1) 要从培养学生的思考力、判断力、表现力的视角，重视以掌握和活用基础和基本知识技能为目的的学习活动。同时，加深学生对语言的关心和理解，营造提高学生语言交流能力必备的语言环境，加强和促进学生的语言活动。

(2) 在各学科的指导过程中，要重视体验性学习，掌握和应用基础知识及基本技能解决问题的学习，同时要注意发挥学生的兴趣爱好和关注偏好，促进学生的自主学习和主动学习。

(3) 加强班级的日常管理，建立教师与学生之间的相互信任，培养教师和学生之间良好人际关系，深入了解学生，加强学生指导。

(4) 为了使学生能够独立思考人生态度，独立选择未来发展方向，学校要通过整体的教育活动，有计划、有组织地开展生涯规划和发展指导。

(5) 为了使学生能够适应学校、班级环境以及同学关系，养成对未来人生负责的态度和对个人行为负责任的能力，通过学校整体的教育活动，加强生涯规划和指导功能。

(6) 加强各学科学习活动的指导,要将学生的预习和复习等自主学习活动,有计划地列入指导计划。

(7) 在进行各学科学习活动的指导时,要根据学生对学习内容的掌握情况,采用个别指导、小组指导、反复指导等多种形式,进行具体指导;开展基于学生兴趣爱好的课题学习、补充学习,以及发展性学习等学习指导活动。通过教师之间的协力合作,改革指导非那根发和制导体制,加强个性化指导。

(8) 对残疾学生,要充分听取特别支援学校等机构的建议,有效利用特别学习援助,通过学校与家庭、医疗和社会等相关福利机构的联合援助,有组织、有计划地编制针对残疾学生的个性化指导方案。对就读特别支援班级的残疾学生,除进行走班制指导外,还要通过教师之间的努力合作提高指导效果。

(9) 对从海外回到日本的归国学生,为了促进其尽快适应学校生活,结合学生的海外生活经历,对归国学生进行个性化指导,积极引导他们早日融入国内学习与生活。

(10) 要让学生接近和熟悉计算机、信息通讯网络等通信手段,掌握计算机文字录入等基本操作方法,奠定基本信息道德素养,掌握基本应用能力,合理使用视听教材、教育机器设备等教材教具。

(11) 有计划地利用和有效发挥学校图书馆的功能,加强学生自主阅读、积极主动的学习活动。

(12) 积极评价学生的优点和进步,评价学习指导过程和学习成果,改善学习指导以提高学生学习积极性。

(13) 学生主动和自发参加的课外活动,学校要以积极态度接近和参加,旨在提高学生的学习积极性、责任感和包容性。作为学校教育的重要一环,要注意与教育课程的关联性。在开展课后活动时,要根据学校和本地区的实际情况,与社区居民密切合作,发挥社会教育机构、社会教育团体等各种团体的积极性和作用。

(14) 学校为了教育目标,可根据本地区和学校实际情况,争取家庭和社区居民的支持,加强与学生家庭和区域社会的密切合作。同时,加强与各中学之间以及与小学、高中、特别支援学校之间的合作交流,积极创造与残疾儿童相互交流共同学习的机会,以及和社区高龄人群之间的相互交流机会。

2008年再次修订的《学习指导要领》根据日本学生的学习现状，在培养生存能力的教育理念前提下，《学习指导要领》明确规定各学段教育课程目标和指导准则，提出在培养学生基本和基础知识技能的同时，重视培养学生的思考力、判断力、表现力的新学力观。

第二节 《学习指导要领》对道德学习的规定

日本文部科学省将现行的中小学道德教育的目标，定位在培养学生珍惜生命、关爱他人的品质，以及掌握判断善恶的规范意识等道德素养上。在日本各个时期的教育改革中，无论是“生存能力”的提倡，或是“心灵教育”的宣传，青少年道德教育和品格教育，始终都是受到社会关注的重要问题。遗憾的是，多年前就已提到议事日程上的青少年校园暴力、倚强凌弱、“援交”(女高中生有偿交往)、乱用兴奋类药物，以及青少年精神健康等问题，却始终没有减少，甚至还有上升的趋势。虽说中小学一直开设道德课程，但事实表明，日本中小学道德教育的实施效果比较有限。

日本文部科学省认为，日本青少年普遍存在缺乏对生命的尊重意识，缺乏自尊心、自信心，基本生活习惯不确定，规范意识欠缺，构建人际关系能力低下，以及缺乏内心活力与激情等性格弱点。为此，要进一步加强道德教育，才能使青少年真正确立尊重生命、拒绝倚强欺弱的道德意识和行为规范。

日本中小学生道德和品格水准的普遍下降，甚至成了最令人担忧的问题，教育的无能为力，更是不断受到来自社会各界的批判。为此，文部科学省通过在《学习指导要领》框架内设定“道德学习时间”，编制“心灵读本”教材，审定出版《我们的道德》教科书，加强学校道德指导等一系列措施，进一步充实和强化学校道德教育。

日本2006年修改后的《教育基本法》，将“培养丰富情操与道德心”增加到日本学校教育目标当中。同时，《学校教育法》在修改后的义务教育目标当中，将培养规范意识、培养公共精神、培养尊重生命、尊重大自然的精神等，与道德养成相关内容写入学校教育目标，以促进学校道德教育的深入开展。根据《教育基本法》《学校教育法》修改后有关教育目的和教育目标的修改，2008 年 3 月，日本修改了作为国家教育课程标准的《学习指导要领》，作为各学校教育课程编制和实施标准，《学习指导要领》也做出了相应修改。

一、道德教育的目标

日本文部科学省在 2012 年度“文部科学白书”中，强调要在基础教育阶段进一步推进道德教育。白书中指出，学校教育要以培养均衡发展的人为目标，要按照青少年身心发展的不同阶段性特点，开展道德教育。其中，在幼儿园教育阶段，进行贯穿各学科领域的综合性指导，培养儿童道德的萌芽。在中、小学教育阶段，要设定道德学习时间(每周一课时，每学年 35 课时)，要结合各学科、外语活动、综合学习时间、特别活动等不同学科和活动的特点、性质，进行充分指导，要通过学校整体教育活动的实施，全面深入开展道德教育。高中阶段的道德教育重点，通过学校教育活动的整体推进，全方位开展树立正确人生观的教育。

2008 年修订的中学《学习指导要领》规定的教育基本目标为：通过学校整体教育活动的开展，全面培养学生道德性情感体验、判断力，以及勇于探索的实践能力与态度等道德品质。中学的道德学习时间，要根据上述道德教育目标，通过各学科、外语活动、综合学习时间以及特别活动，建立与道德教育的密切联系，通过有计划、前瞻性的指导活动，不断补充、整合到学校的教育，使学生自觉认识道德性价值判断，主动思考人生态度，养成道德实践能力。

小学阶段的道德教育，以奠定美好生活基础的道德养成为基本目标，树立正确的道德价值观和行为习惯准则。

小学《学习指导要领》中强调，小学教育阶段要养成相互问候等最基本的生活习惯，不要做不该做的事情，尊重和理解法律和规定的意义。中学教育阶段，要主动参加社会建设服务，根据学生不同阶段身心发展的特点进行重点指导。

小学《学习指导要领》总则中，还对道德教育在课程体系中的地位，以及课程编制方针做出规定。

《学习指导要领》中提出，要进一步开发和有效利用名人传记、自然环境、传统文化、体育运动等题材的富有魅力的读本和教材，以引起少年儿童内心的感动和学习兴趣。中学的道德教育实施过程中，要建立起由校长负责(校长制定总体方针和实施计划)，以负责学校道德教育推进工作的相关教师为中心(教导主任、班主任等)的道德教育指导体制。

各学校可开设选修学科供学生选修。选修学科的开设要根据本地区、本学校和学生的实际情况，选择与所有学生的必修内容相关的适当内容，要合理确定选修科的课时和内容，制定选修学科指导计划。

关于选修学科的内容，各学校要以课题研究性学习、补充学习、发展性学习等适合学生个性发展的多样性学习活动为主，适当制定选修学科内容。应注意避免学生负担过重。各学校根据本地区本学校的实际情况，可在《学习指导要领》第二章所列内容之外，开设其他选修学科。学校可根据情况自行规定选修学科的名称、内容和指导目标。

二、道德教育的内容

日本的《学习指导要领》是各学科以及各种学习活动教学内容编制和课程指导标准。以小学《学习指导要领》为例，规定道德教育要设定道德学习时间，通过学校整体教育活动的全面实施道德教育，其基本内容如下。

1. 小学一年级、二年级

(1) 关于自己——注意健康和安全，珍惜物品和金钱，整理身边物品，不任性，过有规律的生活。抓紧自己的学习，做好该做的事情。区分好与坏，要主动去做好事、正确的事。不撒谎、不骗人，诚实正直地健康成长。

(2) 关于自己和他人——令人愉快的问候，说话做事有礼貌，待人亲切开朗，尊老爱幼、亲切待人。朋友之间相互帮助，友好相处。感谢关心帮助自己的人。

(3) 关于自然等崇高事物——热爱生活，珍惜生命；亲近身边的自然，爱护动植物。欣赏美好事物。

(4) 关于集体和社会——遵守约定，爱护公共物品，热爱劳动，能为大家劳动；尊敬长辈，主动做家务，为家庭分担。尊敬师长，关爱同学，积极参加班级和学校活动。热爱乡土文化。

2. 小学三年级、四年级

(1) 关于自己——自己能做的事情自己做,做事不鲁莽,生活有节制。自己决定的事情要坚持做到底,自己认为正确的事要勇敢去做,诚实正直,开朗充满活力;了解自己,发挥长处。

(2) 关于自己和他人——知道礼貌的重要,待人真诚;关心他人,主动亲近别人;与朋友相互理解、相互信赖,互相帮助。以尊敬和感恩的心态接近长辈和老人。

(3) 关于自然和崇高事物——理解生命的可贵,珍惜一切生命;认识自然的伟大和神奇,爱护自然和动植物;欣赏美好和高贵事物。

(4) 关于集体和社会——守约遵守社会准则,有公德心;懂得劳动的重要性,主动为大家工作;爱父母、爱长辈,共同营造快乐幸福的家庭生活;爱老师、爱同学,大家共同创建快乐集体生活。保护乡土文化和传统,热爱家乡;热爱传统文化,有爱国心,关注和关心外国文化。

3. 小学五年级、六年级

(1) 关于自己——懂得生活习惯的重要性,反思自己的生活,努力保持节俭、节制的生活;确立更高的目标,以饱满的信心和勇气为实现目标而努力;热爱自由,自律,为自己的行为负责;诚实坦率,快乐生活;追求真理,探索新事物,为改善生活努力;了解自己的特点,改进缺点、发扬优点。

(2) 与他人的关系——分清场合,有礼貌地真心对待他人,对任何人都常怀关爱之心,换位思考亲切待人;相互信赖,相互学习,加深友谊,男女同学互相帮助;态度谦虚,大度包容,尊重他人的不同意见和立场;感谢为自己日常生活提供帮助和支持的人们。

(3) 关于自然和崇高事物——懂得生命的无价,尊重自己和他人生命;了解自然的伟大,爱护自然环境;欣赏美好事物,敬畏超自然能力。

(4) 与集体和社会关系——有公德心,遵纪守法,尊重自己和他人权利,主动承担责任;对人对事公正公平,努力维护正义,积极加入身边的团体,明确个人分工,主动承担责任;理解工作的意义,乐于奉献社会,服务公众;爱长辈、爱父母,为家庭幸福做出努力;不断加深师生感情和同学情谊,和大家共同努力创造良好校风和校园氛围。热爱家乡和本民族传统文化，了解先辈的努力，具有爱乡、爱国之心；尊重外国人和外国文化传统，提高作为日本人的自我意识，致力于国际友好交往。

日本2013年度最新道德教科书见图4-1。

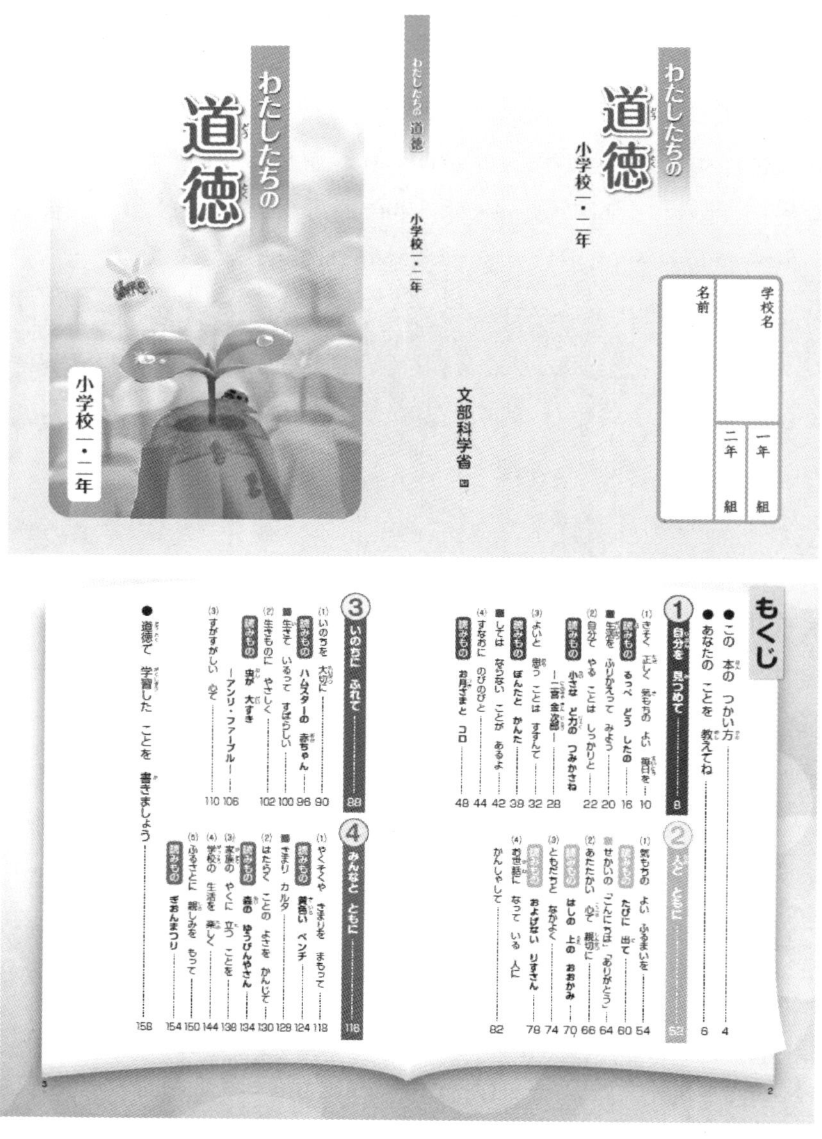

もくじ

3　2

图4-1　日本2013年度最新道德教科书

文部科学省为支援各学校的开展道德教育，发放“心灵笔记”等道德学习资料，与社区、家庭联手推进学校道德教育的开展。

《心灵读本》(图 4-2)是将儿童需要掌握的道德内容，以通俗易懂的表现方

图 4-2　小学一、二年级《心灵读本》封面与使用方法〔1〕

〔1〕 http://www.mext.go.jp/a_menu/shotou/doutoku/index.htm.

式,编写成的读本,成为促进学生对道德价值观进行主动思考的切入点。以《学习指导要领》规定的道德学习时间为主渠道,通过学校所有教育活动,在各种场合都可以使用的学生读本和辅助教材。同时"心灵笔记"也可以成为学生自己记录身心感受、与家长共同学习和阅读、适用于各种场合的道德读本。

日本文部科学省为了进一步充实学校道德教育,于 2013 年新学期开始,重新启动曾经一度中断的《心灵读本》免费发放,发放对象为全国小学、中学的所有在校学生。同时,为了使更多的人充分利用读本,文部科学省在官网的主页上公开了《心灵读本》的电子版以供更多人分享利用。

三、道德教育的评价

道德品质关系到儿童人格的形成与发展,是人格性的基本表现,因此对于道德的评价与理解要采取极其慎重的态度。日本文部科学省在小学《学习指导要领》解说"道德篇"[1]中指出,在对学生进行道德评价时,首先要求教师不能带有偏见和主观臆断,要养成正确理解和评价学生道德品质的观察能力。不能轻信一次或几次调查结果,而为学生的道德养成下定论。因为学生和教师之间的相互关系,对调查结果有很大的影响。

对教师来说,最重要的是每一个学生都具有坚信自己具有改变生活的能力的自信,并且教师自己要向学生敞开心扉,与学生进行心与心的交流,坚信学生能够更好地改变自己改变生活,无条件地尊重学生,接受学生,引导学生朝着自己努力的方向全力前进。在对学生进行道德评价时,了解学生的自我认识和自我评价极其重要,因为学生本人的意愿、努力会成为学生改变的内在动力。对于道德性的理解,是教师和学生相互敞开心扉发生心灵碰撞时产生的共鸣。

由于道德是关系到儿童全人格发展,道德本身不能分成若干要素,但是在道德理解和道德评价过程中,往往以指导目标、主题、内容为切入点,结合道德性情感、道德性判断、道德实践意愿与态度、道德习惯等观点,进行分析。

---

〔1〕 小学校学習指導要領解説道徳編,文部科学省,2008 年 6 月. http://www.mext.go.jp/component/a_menu/education/detail/__icsFiles/afieldfile/2010/05/17/1282846_03.pdf.

道德性情感，是指我们要掌握和了解学生对道德性好的、正确的，或者不好、不正确的事物的感觉、认识和情感态度。对道德性实践意愿与态度，要把握学生在学校和家庭生活中，希望变得更好的努力程度和努力态度，有哪些道德的萌芽，是否已经形成道德品质。而道德习惯，主要看学生对于基本生活习惯的掌握程度和态度。

理解和评价于学生的道德品质，要收集相关的资料，其方法多种多样，主要通过在学校生活中，教师与学生心灵的沟通，相互产生共鸣；在相互理解的的基础上进行评价。而下列方法，基本都是以促进学生自我评价为主。对教师来说，加深对学生道德品质的理解，给予切实评价，并作为改善指导的抓手。这些方法各有所长，要根据具体情况，适当选择合适的方法。

1. 观察谈话法

观察学生的真实情况，充分利用与学生会话中得到的信息，并记录具体的做法，在每天的学习生活中进行。采用这种方法最重要的是注意积累观察。根据指导的目标，事先确定观察的视点，有计划、持续性进行观察。

此外，还可以一边与学生一起活动，一边有意识地和学生交谈了解学生的感受和表现。还可以在课堂上有意识地让学生回答问题，查看学生的态度、反应，表情的细微变化，及其背景情况，而不是只凭学生的语言表述或行为表现来判断。

2. 作文和笔记评价法

学生的作文和日记是教师直接了解学生日常的感受和想法的重要材料。然而，并不是根据学生日记和作文上写的内容，就能给学生某种道德性评价。重要的是，要从字里行间捕捉到学生的心理变化，并引起共鸣和理解。同时，道德学习时间以及其他各学科的学习笔记的记载内容，都能了解学生对学习目的、内容的感受理解，和心理活动的重要素材，是理解学生内心世界的重要材料。

通过学生的作业和笔记，了解学生学习前后的思想和情感的细微变化，同时也是加深学生对学习内容的理解，加深自我理解与自我评价的有效方法，可以促进自我理解和与他人的相互理解。

3．问卷调查法

通过编制和发放问卷的形式，设定学生要面临的相关问题的情景，了解学生面对问题时的心情、判断和理由，收集必要的问卷信息。与作文和笔记相同，问卷也可以了解学生对自己的道德性评价，促进学生自我了解和自我认识等状况。

同时，如果在教师进行道德指导前后发放问卷，还可了解学生在接受知道前后的心情变化。通过这种形式了解到的，只不过是学生对自己本人的德行素养的看法和自我判断。

应引起注意的是，这种问卷方法不宜反复使用，如果频繁发放问卷，就会导致学生对重要的资料敷衍了事，同时会影响师生关系。

4．接见约谈法

接见约谈法是直接与学生面对面谈话，了解学生对道德的感受、思考的方法。有时明确设定场面，有时可随时约谈，这种方法最重要的是尊重学生的人格，坦诚相见，让学生能够充分表达自己的内心世界。通过约谈对话的不断深入，可从学生谈话的表情动作，去理解学生细微的内心变化，从而建立更紧密的师生关系。

2013年开始，新修订的日本高中《学习指导要领》在全国逐渐实施，要求全体教师协力推进道德教育，制定通过学校整体教育活动的开展，全面推进学校道德教育的实施计划，进一步加强学校到的教育。

近一二十年，日本基础教育改革是依托课程改革展开、学力提升上的，而道德教育、价值观培养，不知不觉成了“软指标”。多年来，青少年道德水准下滑的恶果，已经开始影响到新一代，这引起社会各界的广泛关注。日本政府也再三出台政策，大力倡导学校—家庭—社区的合作，特别推出了“职业生涯教育”的举措，倡导开展综合实践学习等。

与此同时，政府资助进一步开发适宜青少年需求的道德教育教材，也被文部科学省提到议事日程。[1] 当然，学校教育的作用是有限的，青少年品格培养、道德意识和行为习惯的形成，也不是单靠学校就能完成的。如何使课程内外的

[1] 教育振兴基本计划[2008-07-01].

学习沟通,学校与家庭、社区形成合力,以在确立基本生活习惯、形成最基本的规范意识的基础上,帮助学生建立参与社会生活的自信,进而为丰富学生心灵、培养高尚情操、具备公民参与社会生活的基本能力,奠定扎实的基础,还需要长期的、持之以恒的探索。

第三节 《学习指导要领》与课程改革

日本的《学习指导要领》自1958年出台以来 大约每隔十年进行一次全面修订,至今一共进行过六次大的修订。尤其是2006年,日本全面修改《教育基本法》,调整学校教育目标和教育目的,与之相应的教育课程标准也进行了相应的修订和调整。

第一次修订(1958—1960年)——明确《学习指导要领》作为教育课程标准的性质,增设道德课时,重视系统学习,充实基础学习能力,加强科学技术教育。

第二次修订(1968—1970年)——以教育内容的进一步提高(教育内容的现代化)为主要目标。增加具有时代意义和时代需要的教育内容(比如在数学科加入了数列等)。

第三次修订(1977—1978年)——以实现宽松、充实的学校生活为主要目标。提出学生负担要合理化,各学科的教学目标和内容要紧缩至核心部分。

第四次修订(1989年)——基本目标是培养能够自主对应社会变化,有丰富人格的日本公民。在课程内容上,增设生活科,加强道德教育。

第五次修订(1999—2000年)——基本目标是让学生掌握基础和基本的知识、技能,培养学生自主学习、独立思考的能力,全面培养学生的生存能力。在课程标准上体现为压缩教育内容,增设“综合学习时间”。

第五次修订的补充修订(2003—2004年)——针对日本学生在TIMM国际

理科学力调查的排名较前一次有所下降的结果，对刚刚开始实施的《学习指导要领》第五次修订案又进行部分修订，强调全面培养学生的生存能力，培养扎实的学力丰富的情感、健康的体魄。

第六次修订(2007—2008年)——根据2006年12月通过的日本《教育基本法》和《学校教育法》的修改案，进一步重申日本的教育目标是培养健全的人格，培养作为和平民主国家和社会一员的必要资质，培养身心健康的日本国民。进一步明确培养生存能力的教育理念，而“扎实的学力”“丰富的情感”“健康的体魄”的协调发展，作为“生存能力”的基础和支柱，受到社会的高度重视。

继1977年的修订版开始呈现出标准的弹性化和大纲化的特点之后，1998年的修订版中又进一步加强大纲化，以便让各学校编制出具有创意和特色的课程。最终，在2003年，有关《学习指导要领》的标准是“上限”还是“最低标准”的争论终于被画上了休止符。明确《学习指导要领》具有“最低标准”的特性，但《学习指导要领》决定着日本学校课程大框架的特点并未改变。

因此，在追溯日本学校课程的变迁时，首先把握各时期《学习指导要领》的特征和内容是至关重要的，同时还必须结合多年的教学实践来综合考察它实际产生的影响。

一、脱离“学科中心”的传统观念

1958年《学习指导要领》的修订，不论在特性上，还是在教育原理的转换上，都具有重要意义。它标志日本基础教育开始由经验主义进入向学科主义转变的阶段。文部省表示修订《学习指导要领》的目的是，为适应急速发展的文化、科学、产业等社会变化，为巩固作为独立国家的国际地位，进而充实基础学力、提高科学技术教育水平、改善充实地理历史教育、贯彻道德教育，明确课程标准等。

其中，有两个重要的变化。一是，1947年和1951年的《学习指导要领》均为“试行”方案，而1958年修订后则作为“文部省告示”在政府公报上公布，开始具有法律效力，这表明日本再次实行了教育的中央集权制。二是，强调“追求内容的系统化”，表明过去以学生的经验、兴趣、生活为主要基础开展的教育，开始向知识中心主义的教育转变。

由于1957年苏联“人造卫星”[1]上天，转向系统学习的浪潮从美国涌入了日本。在美国，为了使学校课程内容，更加完整地反映出现代科学技术和文化的成就，进行了以数学和科学为中心的重点课程开发。日本文部省也同样以“现代化”为名修改了《学习指导要领》，并于1968年公布了新《学习指导要领》。其根本目标是，“科学技术的高度发展”和“提高我国的国际地位”，特别指出在数学中“也要考虑目前各国不断发展的数学教育现代化动向”[2]。因此，大幅度增加教学内容、课时，提高教学内容的难度。

追求教学内容的“现代化”导致教育荒废、考试竞争的白热化等诸多问题，因此1968年修订的《学习指导要领》遭到猛烈的批判。这样，在1977年第4次修订的《学习指导要领》，将培养具有丰富人性的学生和创设宽松充实的学校生活，作为其基本的目标。1977年《学习指导要领》的修订有两个特点，第一，增加学习指导要领内容标准的弹性。《学习指导要领》以摘要的方式描述各学科、各学年的目标、内容，在实际教学中则有赖于各学校创造性的发挥。可以说，《学习指导要领》从基准性的标准变成了“大纲式”的标准。第二，出于对“现代化”的反思，削减了学科内容和课时数。通过对教学内容的精选，消减了20%～30%的内容，每周减少3～4课时。同时，新设充分发挥各学校创造性的“宽松时间”(每周2～4课时)。

1999年颁布了第五次修订的《学习指导要领》(2002年在中小学校全面实施)，又进一步增强了重视个性与国际化的主导倾向。在此之前，1996年8月教育课程审议报告《教育课程标准的改善目的》中提出以下四点修改方针：

第一，培养具有丰富心灵和适应社会生活能力的、能够立足于国际社会的日本人的自觉意识。

第二，培养独立学习、独立思考的能力。

第三，在宽松的教育活动中掌握扎实的基础知识和基本技能，加强个性发展的教育。

---

〔1〕1957年苏联领先于美国等其他国家，成功地发射了第一颗人造卫星“斯普特尼克号”。冷战下的美国备受刺激，次年设立了NASA，同时将教育改革作为头等任务。

〔2〕文部省“第2章第3节　数学”小学《学习指导要领》，1968年。

第四,鼓励各学校开展具有创新特色的教育,建设特色学校。

鉴此,1998年《学习指导要领》中特别提出要在“宽松”教育中大力培养“生存能力”。“生存能力”成了指导要领中的关键词。为此,进行新设综合学习时间;全面实行5日制,精选教学内容;实现学习指导要领的大纲化、弹性化等重大改革。

首先,设定“综合性学习时间”。所谓的“综合性学习时间”不是学科课程。其目的是培养学生自己发现问题、独立学习、独立思考、自主判断和解决问题的素质和能力,掌握学习方法和思考方法,培养自主地、创造性地参与解决问题和研究活动的态度,能够思考自己的生活方式和生存方式。内容主题有:国际理解、信息、环境、福利和健康等跨学科的综合性问题;学生感兴趣和关心的问题;与地方和学校特色相关的学习活动。[1] 但是,因为《学习指导要领》中没有列出具体的目标与内容,所以有待各学校和教师发挥创意,制定计划进行实践。

其次,关于全面实行五日制和精选教学内容。为了学校与家庭、地方取得一致,取消此前实行的周六上课,全面实行周五日制。不仅总体上减少课时数,还从小学三年级开始实施综合学习时间。所以,学科的课时数比原来进一步减少了。因此,必须对教学内容进行“严格的筛选”,而《学习指导要领》的规定内容,也作为课程编制和课程内容的上限标准。

二、走向“宽松教育”的矫枉过正

由于1998年的《学习指导要领》更加明确提出“宽松学习”,其中包括很多课程上的变化。然而《学习指导要领》实施后,对减少课时数和严选学习内容的担心、对综合学习时间的实际执行情况的批评越来越多,有关学力下降的讨论也逐渐升温。

尤其是1999年3月26日出版的《周刊朝日》刊登一篇题为《东大、京大学生的“学力崩溃”》的文章,轰动一时。日本最有代表性的重点大学学生的学力问题不仅仅是“不振”或是“成绩下降”,而是正在发生“崩溃”,文章题目造成强力的

---

〔1〕 文部省“第1章 总则”小学《学习指导要领》,1998年。

撞击。紧随其后刊登的经济学者的《不懂分数的大学生》的文章[1]，更是让人们意识到大学生的学力问题已经处于危机的状态。虽然日本大学和大专的入学率接近50%，但是，大学生学力问题的凸显，助推了第二次世界大战后学力问题的第三次浪潮。

大学生学力下降问题，自然而然地发展成对《学习指导要领》中“宽松教育”政策的批判。或许是这种危机感，使得课堂上开始盛行所谓的提高“读写算”基础学力的机械训练式教学[2]。为对批判“宽松教育”政策的声音作出回答，时任文部科学省大臣的远山敦子提出“劝学”倡议（2002年1月），并于2003年修订了《学习指导要领》的部分内容（强调培养“扎实的学力”“根据学习成绩分类教学”及“发展性学习”），从而使课程政策的导向发生了转换。

为了实现这一目标，2003年12月26日对现行的中小学校、高中以及各级特殊教育学校的《学习指导要领》进行部分修改。其目的是为了一步落实《学习指导要领》规定的基础、基本知识技能，通过各学校富有特色的创造性教育活动，使学生掌握知识和技能的同时，提高学生的学习积极性和主动性，培养学生自己发现问题、自主学习、自主判断、自主行动、自己解决问题的能力和素质。掌握扎实的学力，培养生存能力，实现新《学习指导要领》的主要目标。

为了回应日本社会各界的关心，寻找阻止日本学生学力下降趋势的有效措施，日本文部科学省在2003年的财政预算中专门制定“提高学力行动计划”预算，以支持个性化学习指导、提高学习积极性和学习质量、开发学生个性特长、提高英语和国语能力为四大支柱的行动计划，并作为执行《学习指导要领》的补充修订方案的具体措施，在全国指定实验学校和试验区域，以全面落实教育课程标准，提高教育质量。

此后，中央教育审议会在有关2008年修订《学习指导要领》的报告[3]中明确指出，“宽松教育”政策的问题点主要表现在以下五个方面：其一，形成“宽松”和“灌输”的二元对立；其二，过于强调学生的自主性，使教师难以指导；其三，没

---

[1] 西村和雄等，东洋经济新报社，1999年6月。

[2] 参考阴山英男《获得真正学力的书》，文艺春秋，2002年。

[3] 《关于改善幼儿园、小学、中学、高中以及特别支援学校的学习指导要领》[2008-01-17].

有完全搞清楚，掌握、应用[1]基础知识与基本技能的学科学习与开展探究活动的综合学习两者之间相辅相成的关系；其四，既要进行掌握基础知识与基本技能的学习，也要展开观察和实验，以及撰写报告书等灵活运用知识技能的学习活动，但目前中小学的必修课课时显然不够；其五，缺乏充分应对家庭以及社区教育能力下降问题的办法。也就是说，实际上文部科学省承认“宽松教育”政策轻视基础知识与基本技能的掌握，及其应用的学科知识学习。

在这种情况下，文部科学省公布中央教育审议会提交的《关于改善初、中等教育现行教育课程、加强教育指导方法》的审议报告，对社会关注作出答复，提出要以培养“扎实的学力”为目标，重新审视并纠正学习指导要领的所谓“限制规定”(作为上限的规定)，申明《学习指导要领》只是“最低标准”。据此，文部科学省进一步确定新《学习指导要领》要培养学生“扎实的学力”，使学生具有一定的“生存能力”。

三、确立“扎实学力”的课程目标

2006 年 12 月，日本国会第 156 次会议上通过了《教育基本法》和《学校教育法》的修改案，并公布实施。这是战后《教育基本法》颁布以来的第一次修改，引起世人的广泛关注。新颁布的日本《教育基本法》仍然将培养什么样的人作为教育目的，即以完善人格为目的，培养和平民主国家以及社会成员必备的素质以及身心健康的国民为教育目标，建立终身学习、教育机会均等的理念。

日本文部科学省日前公布 2008 年 1 月 17 日中央教育审议会通过的《学习指导要领》最新修改方案。第六次修订《学习指导要领》的主要目的，是为了配合日本教育基本法、学校教育法的修改。根据日本中央教育审议会 2008 年 1 月 17 日向日本文部科学省提交的《关于改善幼儿园、小学、中学、高中及特殊教育学校“学习指导要领”》咨询报告，公布现行学习指导要领的最新调整方案。以科学和数学为中心，再次增加其课时数，充实学习内容。同时，综合学习时间大致

[1] 日文原文为“活用”，常与“掌握”“探究”相对出现，是灵活运用、活学活用的意思，以下将统一译为“应用”。译者注.

每周减少1课时。2011年开始日本小学全面开始实施这一新的《学习指导要领》。

战后日本的教育课程改革,可以说《学习指导要领》的数次修订,左右了课程的方向和变化。经过战后的注重经验主义的新教育时期,进入学科中心主义的时期,又转向注重对学生实行宽松的和个性化教育的阶段,出现“钟摆”现象。2008年3月公布的新《学习指导要领》以培养扎实的学力为目标。

我们可以通过文部科学省的政策文件,具体了解一下所谓的“扎实的学力观”。

中央教育审议会在《创造新时代义务教育》报告(2005年10月26日)中明确提出“扎实的学力观”的概念,并将其表述为:“基础知识和基本技能的培养(即掌握型教育)与自主学习、独立思考能力的培养(即探究型教育)之间,并不是对立的或者两者择其一的关系,而是综合进行两个方面的培养教育”,强调要通过“掌握型教育”和“探究型教育”的综合,来培养扎实的学力。

在此基础上,中央教育审议会中小学教育分科会的课程分会发布的《审议过程报告》(2006年2月13日)中,又对这种观点做了进一步深化。报告指出,“应将应用知识的过程,置于掌握学习和探究学习之间,这样就明确知识技能的掌握和应用、应用与探究的思考方式、活动之间的关系,并能顺应儿童的发展规律,更好地促进其成长”。由此可以看到,“应用”是连接“掌握”和“探究”之间的桥梁。

另外,该课程分会于2007年9月28日发表的“教育课程分会关于全部审议结果的总结报告”〔1〕中提出,学力要素包括:一是基础知识与基本技能的掌握;二是应用知识和技能解决问题所需的思考能力、判断能力、表现能力等;三是学习意愿。这种提法的根据是修改后的《学校教育法》(2007年6月27日)第30条(教育目标)第2款。〔2〕 这意味着,以法律法规的形式规定了学力要素。

文部科学省在新一轮的《学习指导要领》修订方案中,强调此次《学习指导要领》修订是根据修改后的日本《教育基本法》确定的教育方针,继承现行《学习指

〔1〕 该报告奠定了2008年修订的《学习指导要领》的基本思路,并被收入中央教育审议会报告[2008-01-17]。

〔2〕《学校教育法》的该项条文规定:“必须培养学生未来一生所需的学习基础,让学生掌握基础知识和技能,同时培养学生灵活应用知识解决问题所需的必要的思考能力、判断能力、表现能力及其他各方面的能力,特别是培育学生自主的学习态度。”

导要领》的基本理念,努力培养学生的“生存能力”。

修订方案首先对什么是“生存能力”进行了具体的阐述——切实掌握基础知识和基本技能,无论社会如何变幻,自己发现问题,独立判断、积极行动、圆满解决问题的自治和能力;学会自律,学会与他人协作、共事,具有关心他人的爱心、感动等丰富的人性特点(人情味);具有强壮生命力所必需的健康与体力。

日本政府和日本国民对日本社会的现状充满危机感:认为如果日本再放任自流地发展下去必将成为亚洲的“老小国”。因此必须进行全面改革。而一切改革的基础是人才,所以教育改革是重中之重。教育培养人的智利、体力和品格、修养,人才是日本唯一的资源。教育改革作为国家的基本发展战略。国际社会进入智力竞争的年代,各国都将国家的命运寄希望于推进教育改革。

任何一个国家、社会对课程改革和课程标准的控制是必然的,课程内容体现出统治阶级的意识形态和社会文化。第二次世界大战后,日本中小学课程随着国际国内形势的发展、社会与科技进步和新教育思想的出现,先后进行了 6 次改革,平均 10 年一次。20 世纪 80 年代后,日本社会的急剧变化和教育在数量上的扩大,给教育及课程带来了很大影响,产生了各种各样的问题。其中日本经济的高速发展,使教育在数量上得到很大发展,同时也进一步助长了偏重学历的风气。考试竞争愈演愈烈,学校、教师、学生都被卷入了偏重偏差值、偏重知识的教育中去了,从而忽视了发展学生多样化的个性。

第五次课程改革就是在这样的背景下展开的。改革的主导思想是:面向 21 世纪,立足于培育在国际社会中生存的日本人的观点,重视作为国民所必须的基础和基本知识,充分发展个性的教育。同时,谋求培养具有自我学习的欲望,能够独立地适应社会的变化,具有丰富的心灵和茁壮成长的人。日本的经验告诉我们:每一次课程改革的动机和目的,都是有一定道理的,但要把握合适的“度”,影响“度”的因素包括本国的制度、文化、社会、经济等,要进行综合考虑。

第五章

日本中小学教科书制度

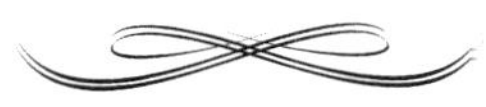

日本中小学校的教科书制度由来已久,早在近代学校创建之初的明治时期,日本就曾经实施过小学教科书申报制度、小学教科书检定制度等小学校教科书管理相关措施。明治37年(1904年)开始,日本的小学教科书实行国选制度,由政府组织编写和指定中小学教科书。

第二次世界大战后,日本颁布战后《宪法》,其26条规定国民的受教育权利以及义务教育无偿提供的基本教育制度,日本据此进行学制改革。而当时的小学教科书,曾同时实行认定和审定两种制度,在1962年以后曾一度采用"国定制度"[1],而中学教科书则基本上采用审定制度。1947年,日本颁布学校教育法,明确规定中小学教科书均采用审定制度,一直延续至今。在长期实施的过程中,日本教科书制度不断修改和完善,建立了从编写、审定到选用、发行等一整套比较完备的教科书制度。

第一节 日本中小学教科书的使用制度

日本于1948年制定《教科书发行临时措施法》[2],将教科书定位于中小学、高中、中等教育学校以及同等程度学校,根据教育课程结构组织编制的学科教学主要教材,在学生学习过程中发挥重要作用。

因此,教科书审定制是日本学校教育制度的重要组成部分,其目的在于通过对教科书编写、审定以及发行的国家干预,调整教育内容,确保教育均衡,实现教育目标。日本的教科书制度以法律法规的形式,确定教科书作为学校教育主要教材的地位,规定基础教育各级各类学校使用审定教科书的义务,明确教科书由

〔1〕 日本的国定制度相当于我国的统编教材。

〔2〕 教科書の発行に関する臨時措置法(昭和23年7月10日法律第132号)。

国家无偿提供的基本措施，建立教科书审定程序，为确保教科书从编撰、出版、发行到有效使用，建立一整套法律保障体系。

一、中小学教科书的使用义务

日本基础教育阶段教科书包括小学、初中、高口以及相当于以上各学段的所有学校（包括特别支援教育学校、一贯制中等教育学校），作为教育课程序列内各学科主要教材的学生用教科图书，经过文部科学大臣授权审定，或者拥有文部科学省著作权——文部科学省编撰的教科用图书（《发行法》第2条）[1]。作为中央集权制国家，日本要求所有中小学生必须使用教科书作为主要学习工具，日本《学校教育法》第34条明确规定，所有小学校必须使用经文部科学大臣授权审定的，或者文部科学省拥有著作权的教科书，作为保障教育机会均等，维持全国统一教育水平的基本措施。使用国家审定教科书的学校包括所有小学、初口、高中、一贯制中等教育学校以及特别支援教育学校[2]。日本学校教育的课程标准是文部科学省制定的学习指导要领，教科书则是按照学习指导要领规定的学科、科目和教学内容编制的学校教育主要教材，因此，为了实现教育目标，基础教育阶段的各级各类学校使用国家审定教科书（或文部科学省编撰教科书）即成了法定义务。同时，学校教育法也允许高中、一贯制中等教育学校和特别支援教育学校，以及特别支援教育班级在没有适合的审定教科书的情况下，适当选用审定教科书之外的一般图书作为教材使用。

日本现行的教科书基本都是民间的教科书发行机构组织编写，经过文部科学省大臣审核认定后发行的审定教科书。据日本文部科学省统计，此类民间编撰的审定教科书占日本目前发行的教科书总量的80%以上。之所以采取“民编官审”制度，是希望通过将教科书编写工作委托给民间出版公司，充分发挥编撰者的聪敏才智，再经过文部科学省的统一审定，将最能体现作者创意、最符合教育目的要求的教科书呈现给中小学生（表5-1）。

---

〔1〕 教科書制度の概要.[WB/OL].文部科学省初等中等教育局，平成25年7月.http://www.mext.go.jp/a_menu/shotou/kyoukasho/gaiyou/04060901.htm.

〔2〕《学校教育法》第34条、第49条、第62条，平成19.6.27法律第26号，必携学校小六法2009年版，协同出版，2009，东京杉原诚四郎监修。

表 5-1 日本 2010 年教科书分类发行统计[1]

	文部科学省审定教科书	文部科学省编撰高中教科书	文部科学省编撰特别支援学校教科书
发行种类	958 种	50 种	21 种
发行本数	1 286 本	57 本	183 本
需要数量	约 10 615 万册	约 14 万册	约 5 万册
发行机构	55 家	5 家	7 家

除审定教科书之外,目前日本的中小学校也使用文部科学省拥有著作权的文部科学省编教科书,包括部分高中教科书中的家庭、农业、工业、水产、护理等特殊学科的教科书。

此外,特别支援教育学校所用教科书由于种类多、发行数量很小、编写难度大等多种原因,无法委托给民间教科书机构,由文部科学省组织编写和统一发行。此类有文部科学省编写的"国编教科书"作为指定教科书,不必参加审定程序。根据《学校教育法》第 107 条的规定,高中、一贯制中学的高中课程、特别支援学校以及普通学校的特别支援班级,在没有适合的国编或国家审定教科书的情况下,允许使用其他图书(表 5-2)。

表 5-2 日本 2010 年各学段教科书发行统计[2]

	小学校用	中学校用	高等学校用	特别支援学校用
发行种类	51 种	75 种	884 种	21 种
发行本类	293 本	134 本	915 本	183 本
需要数量	约 7 078 万册	约 3 533 万册	约 3 101 万册	约 5 万册
发行机构	14 家	16 家	42 家	7 家

注:1. 发行种类指学科、课程种类,例如小学语文教科书从 1—6 年级的一个系列为 1 种。
2. 发行本数指各学科、各学期用书的卷别,例如,上、下 2 册为 2 本。

二、中小学教科书的免费原则

1951 年日本开始实行教科书部分无偿提供。无偿提供的对象仅限于当年

[1][2] 文部科学省 HP 教科书制度概要,Q&A. http://www.mext.go.jp/a_menu/shotou/kyoukasho/010301.htm.

入学的小学一年级新生，无偿提供的教科书种类为国语和算数教科书，无偿发放所需费用由国家和地方政府对半分担。而私立学校的小学生被排除在无偿提供对象之外，成为当时的教科书免费制度的一大问题。1952 年，颁布《新入学儿童教科书提供的相关法律》，教科书经费由国家全额负担，提供对象包括私立学校学生。然而，该法律仅实施一年就被废止了。1954 年以后无偿教科书的提供对象仅限于处于最低生活保障标准以下的低收入家庭子女。

后来，随着义务教育阶段教科书应该无偿提供的呼声越来越高，1962 年日本正式出台《义务教育各学校教科用图书无偿提供的相关法律》，表明“义务教育各学校教科用图书无偿提供”的教科书无偿使用的原则。1963 年 4 月 1 日便开始在全国小学实行一年级新生教科书免费提供，当年政府出资的教科书购买费为 7 亿日元。之后随着学年的提高免费提供范围逐渐扩大，到 1969 年完成所有中小学各学年的教科书无偿提供，至今已走过 50 年的历程，2013 年度的日本政府预算中，义务教育教科书购买费约 412 亿日元[1]。

日本从 1967 年开始，将教科书无偿提供的意义印在纸袋的背面，各学校在发新书的时候，统一用这种纸袋装上教科书发到每个学生手里。同时，还要求各学校在集会等适当场合，向学生说明教科书无偿提供的重要意义。2007 年，日本在小学高年级教科书的最后一页印上这样一段话：这本教科书饱含了对建设未来日本社会的各位同学的殷切希望，由纳税人税金支付供大家无偿使用，请珍惜！[2] 温馨之余，让人感到了学习的责任和回馈社会的义务。

教科书免费制度不仅发达国家率先实施，作为一种发展趋势在其他国家也逐渐实施(表 5-3)。但是由于各国国情以及对教科书的定义不同，在已经实施教科书无偿提供的国家中，既有借用制，也有给付制。无论哪种形式都不需要使用者承担费用。日本根据《义务教育各学校教科用图书无偿提供的相关法律》[3] 规定，

〔1〕 文部科学省初等中等教育局，教科书制度概要，12 章教科書無償給与制度. http://www.mext.go.jp/a_menu/shotou/kyoukasho/gaiyou/04060901/__icsFiles/afieldfile/2013/12/04/1235098_1.pdf.

〔2〕 文部科学省初等中等教育局，義務教育教科書無償給与制度が始まって今年で50 年. http://www.mext.go.jp/a_menu/shotou/kyoukasho/gaiyou/04060901/__icsFiles/afieldfile/2013/12/04/1235098_1.pdf.

〔3〕 昭和 38 年 12 月 21 日法律第 182 号，最终改正：平成 25 年 6 月 14 日法律第 44 号。

作为日本义务教育免费制度的重要组成部分，日本义务教育阶段的所有国、公、私立各级各类学校（小学、初中、一贯制中等教育学校初中阶段，以及特别支援教育学校的小学部、初中部）的教科书由国家——文部科学省专项预算免费提供给每一名中小学生。然而，和所有图书的出版发行一样，销售量与成本价成反比，需求量很小的专业图书定价会很高，编写出版成本相同的图书发行量的大小，是影响图书定价的决定因素。由于教科书专项预算由国库划拨，因此文部科学省为了在预算额度内保证教科书免费提供必须压低教科书定价。这样，就必须通过教科书审定适当控制教科书发行种类，以保证相同版本的大范围采用维持一定的发行量。

表 5-3 各国中小学教科书免费程度比较〔1〕

国家	小学教科书		中学教科书		备注
	无偿	有偿	无偿	有偿	
英国	○		○	○	
德国	○		○		
法国	○		○	○	高中教科书仅有部分地区有偿
瑞典	○		○		
芬兰	○		○		
挪威	○		○	○	高中教科书有偿
美国	○		○		
加拿大	○		○		
新西兰	○		○		
澳大利亚	○	○	○	○	各学校不同
俄罗斯		○		○	
印度尼西亚	○				初中教科书各学校不同
马来西亚	○	○	○	○	低收入家庭子女免费
泰国	○			○	
新加坡		○		○	
韩国	○				高中教科书有偿
中国	○		○		高中教科书有偿
日本	○		○		高中教科书有偿

〔1〕 根据文部科学省教科书制度概要相关内容编制.-諸外国における初等中等教育教科書無償制度の概要（平成 21 年 3 月の（財）教科書研究センター調査研究報告より）文部科学省初等中等教育局，2013 年 7 月. [2014 - 02 - 17]. http://www.mext.go.jp/a_menu/shotou/kyoukasho/gaiyou/04060901/001.htm.

日本目前的教科书能够维持几百日元一册的低廉定价与教科书审定制度不无关系。由于教科书的出版发行在一定程度上受价格因素影响，从而导致日本教科书市场的寡头垄断局面，使得教科书的研发与创新受到“无偿提供”制度的制约。

三、中小学教科书的选用权限

教科书的选择是指确定在学校教学活动中使用的教科书版本。日本的教科书采取无偿使用制，所以每年由国家根据《义务教育阶段教科用书无偿提供的相关法律》[1]规定，各学校所选教材先由政府采购，再通过中小学校长发放给所有学生。

日本将义务教育阶段的公立中小学校的教科书选择权限，赋予公立学校的办学主管单位——都道府县以及市、町、村各级行政机构的教育委员会。例如，市立中小学校的教材选择权在市一级教育委员会，县立中学的教材选择权限归属于县级的教育委员会。

日本对高中阶段的教科书选择权限没有法律上的明文规定，一般根据各学校具体情况而定，公立高中的教科书选择由拥有选择权的主管的教育委员会决定。各都道府县管辖的义务教育阶段公立学校在选择教科书之前，先听取由校长、教师、家长以及相关教育行政人员组成的教科书选择委员会的意见，为每一种类教科书选择一个版本供本地区学校使用。

出版单位将下一年度即将发行的审定教科书目录、适用年级、书名、作者名等相关信息提交文部科学省。文部科学大臣将各出版单位提交的数目汇集成册，通过各都道府县教育委员会发给各学校和市町村教育委员会，供各地从中选择教科书。文部科学省对新增教科书为了便于选择，将出版单位的编写目的和说明一并提供给各国立、公立、私立学校校长和各级教育委员会。

教科书的选择权限，如前所述归属于相关教育委员会和学校校长。但是，为

〔1〕 義務教育諸学校の教科用図書の無償措置に関する法律，最终改正：平成25年6月14日法律第44号。

了确保教科书选择更加准确、合理,各都道府县教育委员会可组织教科书选择代表,对征订教科书进行调查研究,以指导和帮助教科书选择。在进行此类调查研究时,都道府县教育委员会设立由有经验的校长、教师、教委有关人员以及专家学者组成的教科书审议会,审议会要进行庞大的专项调查,因此一般按学科委托若干名调查员进行深入研究。都道府县教育委员会根据审议会的调查研究结果,制定教科书选择资料,发放给有选择权的代表,以帮助做出正确的选择。都道府县教育委员会每年6—7月间,在教科书中心设立教科书常设展台,以便于审议会、教师、校长,以及家长、各界人士研究了解教科书。教科书选择者可根据使用情况、调研报告,以及自己的了解和研究,在每一类别教科书当中选出一个版本推荐给本地区或本学校使用,义务教育阶段教科书每四年征订一次。

日本市町村立中小学校的教科书选择权限,归属于市町村教育委员会。根据相关法律规定,以市或者郡为单位,允许这些地区联合选择,区域内的中小学校可使用相同版本的教科书。联合选择的地区,一般适合使用相同版本教科书。都道府县教育委员会通过对自然条件、经济情况以及文化条件,在综合判断的基础上,作出教科书选择决定。

日本义务教育阶段教科书的选择结果的提交,最晚不超过新教科书启用前一年的8月31日,将所需数量和选择种类版本上报文部科学省。高中阶段的教科书选择期限没有明确的法律条文规定,一般参照义务教育阶段执行。日本文部科学省认为教科书的选择,应尽量向学生和家长公开,并要求各地教育委员会将选择结果及时通知给学生家长并向社会公布。相关国家教科书选用制度比较见表5-4。

表5-4 相关国家教科书选用制度比较〔1〕

国家	小学教科书选择权限	初中教科书选择权限	高中教科书选择权限	备　注
日本	教委	教委	教委	法律规定了必须使用教科书的义务。 国立、私立学校由校长负责选择教科书

〔1〕 国立教育政策研究所　第3期科学技術基本計画のフォローアップ「理数教育部分」に係る調查研究Ⅱ.教科書制度と教育事情,2009-03. http://www.nier.go.jp/seika_kaihatsu_2/risu-2-200_seido.pdf.

续表

美国	学校	学校	学校	由学校从各州和学区从教科书认定目录中选择教科书
加拿大	学校 教委	学校 教委	学校 教委	义务教育年限根据年龄确定,各州不同,一般从5(或6)—16岁为止
英国	教师	教师	教师	私立学校即便是义务教育阶段也收费
法国	教师	教师	教师	初中阶段的教科书费用国家负担,小学和高中阶段的教科书事实上基本实现全国免费,但是没有全国统一的教科书费用负担标准,地区有很大差异
德国	学校	学校	学校	原则上无偿借用,教科书无偿制度各州有所不同,除无偿借用外,个别地区规定父母承担额度的限额借用,另有根据父母经济收入以及就学儿童的数量实行有偿、部分有偿或者无偿借用的多种形式
芬兰	学校 教师	学校 教师	学校 教师	小学初中阶段学习用书无偿供给,高中阶段教科书借用,但一般都选择个人购买
韩国	学校	学校	学校	法律规定学校有义务使用教科书,小学教科书全部国定,初中国语、国史、高中国语、国史以及部分专业教科书国定
中国	省、市教育行政部门	省、市级教育行政部门	省市级教育行政部门	法律规定学校有义务使用教科书,教育部指定机构(民间、大学出版社、行政机构)可申请教科书审定。义务教育阶段教科书免费提供

第二节　日本中小学教科书的审定制度

一、教科书审定的制度确立

日本的教科书审定制度,是指由文部科学大臣对民间编写和编集的图书,是否可以作为教科书使用的审查认定制度。日本的教科书审定制度由来已久，早在二战后的现代学校教育制度建立之前，小学校教科书申请制度和教科书审定制度就已经延续了一百多年。自明治 37 年(1904 年)以来，日本的小学教科书一直沿用国家审定制度，日本近代的初中教科书也基本采用国家审定制。

第二次世界大战结束之后，日本于 1947 年颁布了《学校教育法》，明确规定小学、初中、高中阶段的所有教科书一律实行审定制以维持全国统一的教育质量和教育水平，确保教育机会均等。日本战后的教科书编写和编集工作委托给非官方的民间机构，以便给作者留有思考和创作空间，充分发挥作者的创新意识和创造力，编写出高质量、高水平的教育图书。在委托民间编写的基础上，由文部科学省统一实行国家审定制度，以确保教科书内容和知识程度符合不同年龄段学生的身心发展的需要，满足学校教育基本目标和《学习指导要领》的具体要求。教科书审定制度的必要性还在于国家可通过教科书的审定控制教学内容，在基础教育阶段充分保证全体国民享有公平均质的公共教育服务，使公民的受教育权利得到实质性保障。

日本教科书审定制度的主要法律依据是《学校教育法》的相关规定〔1〕。文部科学省据此设立教科图书检定调查审议会，作为文部科学大臣的咨询机构。审议会成员主要来至于大学教授、中小学以及高中的一线教师，另有部分临时委员和专职委员组成。审议会根据《学习指导要领》以及教课图书审定标准，另参照委员实际调查的结果，对文部科学省专职教科书调查官、专职委员对送审教科书的评审调查报告的结果进行公平、公正的审议，给出是否符合教科书审定标准的判断，向文部科学大臣提交咨询报告。文部科学大臣根据审议会的咨询报告，决定送审图书是否通过教科书审定，并将审定结果通知给申请者。如果教科图书检定调查审议会经过对送审图书的调查审核，认为有必要修改后再次送审的，暂时保留审查结果并将修改意见通知给送审者，送审者按照审查意见修改后再次提交，经审议会再次评审并给出是否合格的最终判断。

〔1〕 依据法律条文为:《学校教育法》第 34 条、第 49 条、第 62 条、第 70 条、第 82 条文部科学省設置法第 4 条第 10 号，教科書検定の申請　教科用図書検定規則第 4 条. [2014-02-17]. http://www.mext.go.jp/a_menu/shotou/kyoukasho/gaiyou/04060901/001.htm.

教科书制度与学校教育制度紧密相关。因此，欧美以及亚太相关国家由于教育制度和国情不同，对教科书审定过程中的国家干预程度和方式有很大差别。有的采取国家制定教科书制度，有的国家则完全放开，甚至没有审定制度，一些联邦国家的各州之间在教科书制度上也各有差异(表5-5)。

表5-5　各国教科书审定制度比较[1]

国家		小学阶段				中学高中阶段			
		发行者		审定	认定	发行者		审定	认定
		国家	民间			国家	民间		
欧美国家	1. 英国		○				○		
	2. 德国		○	○			○	○⑭	
	3. 法国		○				○		
	4. 俄罗斯		○	○	○	○	○		○
	5. 瑞典		○				○		
	6. 芬兰		○				○		
	7. 挪威		○	○			○	○	
	8. 美国		○		○(1)		○		○①
	9. 加拿大		○	○			○	○	
亚太国家	1. 中国		○②				○	○	
	2. 日本		○⑮	○			○	○	
	3. 韩国	○③	○				○④	○	
	4. 泰国	○				○⑤	○⑥	○	
	5. 马来西亚	○				○	○⑦	○	
	6. 新加坡	○⑧	○⑨		○	○⑩	○⑪		○
	7. 印度尼西亚	○	○	○			○	○	
	8. 澳大利亚		○				○		
	9. 新西兰	○	○			○	○		

注：① 认定的方法和程序各州不同。

② 1986年颁布《义务教育法》之后实行教育部统一审定制。

---

〔1〕 根据文部科学省初等中等教育局，諸外国における教科書制度の概要，2013.[2014-02-17]. http://www.mext.go.jp/a_menu/shotou/kyoukasho/gaiyou/04060901/001.htm.

③ 国定教科书为语文、社会(道德)、生活、数学。

④ 初中阶段语文、社会(道德)等几乎所有学科教科书,高中阶段语文、数学、英语、社会等主要学科教科书。

⑤ 初中阶段教科书以及高中阶段语文、国史、道德教科书。

⑥ 高中阶段教科书(语文、国史、道德之外的教科书)。

⑦ 语文、伊斯兰教教育、道德教育、历史、阿拉伯语的教科书。

⑧ 社会科、公民(道德)以及母语(汉语、马来语、塔米尔语)的教科书。

⑨ 社会、公民(道德)、母语以外的教科书。

⑩ 社会科、新加坡史、公民(道德)以及母语(汉语、马来语、塔米尔语)的教科书。

⑪ 社会科、新加坡史、公民(道德)、母语以外的教科书。

⑫道德、语文、数学、理科、社会的教科书。

⑬ 上述⑫以外的教科书。

⑭ 高中阶段教科书各州情况不同,有的地区对于部分学科教科书没有实行审定义务制,制度有的地区对所有学科的教科书实行统一认定制。

⑮ 仅针对审定教科书的发行不被认可的科目,由文部科学省编撰发行相应的教科书。

通过比较可以看出,表中所列国家的教科书做法虽然各不相同,但教科书的编写等工作均委托民间完成。在期待编著者发挥创造性的同时,通过不同级别的审定以确保教科书质量。多数国家没有直接针对教科书编著、刊行的法规,只有日本依据学校教育法等相关法律法规,成立了国家级的教学用图书调查审议会,制定了比较详细的教科书审定制度和程序。

二、教科书审定的基本程序

日本的教科书审定一般以四年为一个周期(图 5-1)。文部科学大臣在教科书审定的前一年,发布可申请审定的图书种类以及送审期限。文部科学省为了保证教科书的审定结果客观公正,并且真正出于满足学生身心健康的教育需求,依据“教科图书审定标准”,经过教科图书审定调查审议会的审议,进行教科书审定。

日本中小学校的教科书从编撰到使用,要经过发行机构的组织编写、送审、审定、采用等多道程序,才能从发行机构到达学生的手中。首先,在著作和编集环节,目前的教科书制度基本采取以民间教科书发行机构自行编写、编集为主的形式。所有教科书发行机构要根据学习指导要领、教科图书审定标准,加上各自的创意加工后编写新的教科书后向文部科学省教科书审定委员会提交教科书审定申请。

送审教科书经过文部科学大臣的审定(授权教科书审定委员会)后才能获得作为教科书进入学校的资格。发行机构提交的送审教科书是否适合作为教科书

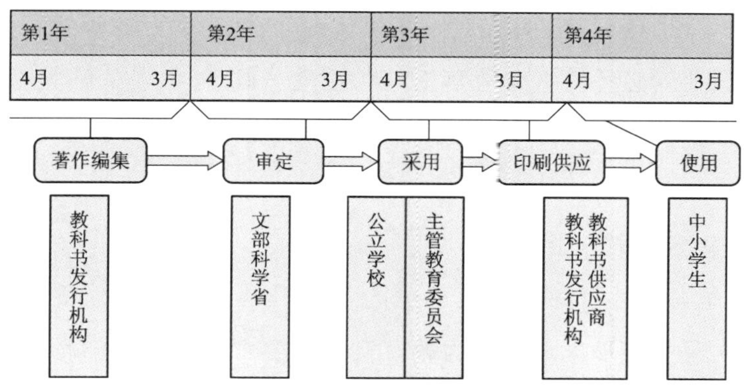

图 5-1 教科书从编到用基本流程[1]

允许学校使用,要经过文部科学大臣的咨询机构——教科用图书审定调查委员会组织咨询,同时还要经过文部科学省教科书调查官的调查后,才能提交教科书审议会接受专业性、学术性的论证与审议。文部科学大臣根据审议报告的结果,对所有送审教科书进行审定。日本教科用图书审定调查委员会依据“教科用图书审定标准”对教科书是否适合进入学校进行审核。

日本文部科学省设立了作为文部科学大臣的咨询机构检定审查的教科图书检定调查审议会,该审议会负责根据教科书审定标准对申请教科书审定的教育图书进行专业的、学术性的审议调查,检定审查送检图书是否适合作为教科书使用,并将咨询报告提交给文部科学大臣,最后有文部科学大臣根据审议结果做出审定合格或者不合格的决定并公开发布[2]。

教科书发行者一般同时编制一套与教科书配套的教师指导手册——红本。之所以称为红本,是源于日本中小学教师的一种备课习惯,教师们在备课时候习惯将课堂教学的重点、难点、注意事项等相关内容.用红色的笔迹标注在教科书上,写满红色笔迹的教科书一般是教师用的,所以红本就专指教师指导手册。现

〔1〕 根据文部科学省初等中等教育局教科书制度概要编制. http://www.mext.go.jp/a_menu/shotou/kyoukasho/gaiyou/04060901.htm.

〔2〕 依据的法律法规:教科書検定の基準、教科用図書検定規則第3条、義務教育諸学校教科用図書検定基準、高等学校教科用図書検定基準、教科書検定の組織-学校教育法第34条第3項、学校教育法施行令第41条、文部科学省組織令第85条、第87条、教科用図書検定調査審議会令、文部科学省組織規則第22条、教科用図書検定規則第11条。

在不仅仅是手册,还配有CD光盘等多媒体课件,包含大量的课堂教学重要参考信息,成为教师的必备的重要教学工具和手段。但是,由于价格太贵,据说按照日本中小学的财政预算,每个学校只能购买一套类似的教师参考资料。

三、教科书审定的统一标准

教科书是按照教育课程结构编制的主要教材,因此,教科书审定的基本原则,是满足实现教育基本法规定的教育目标的要求。日本文部科学省根据预先制定的义务教育各级各类学校教科图书审定标准,并向社会公布。对于送审的所有教育图书按照统一标准进行公平、公正的评审。

教科书审定标准,由作为检定审查基本方针的总则、各学科共同的基本条件、以及各学科特有条件等级部分组成。基本条件部分的审查要点,可归纳整理成"选择、处理及结构、排列""正确性及表述、表现"等不同观点(具体可参照义务教育各类学校教科用图书审定标准[1])。

根据日本教科图书审定标准的规定,审定内容包括:全面满足学习指导要领的各项学习内容,不得包含与学习指导要领要求不一致、不利于学生学习的内容,不含有片面的、考虑不周全的见解;总体内容、知识排列以及关联性合理,不得有错误、不正确和相互矛盾的内容;表述合理、统一等相关事项和内容。

日本教科书审定标准包括3项绝对条件、10项必要条件和实质性标准。3项绝对条件是:一是是否符合《教育基本法》第一条规定的教育目的、第二条规定的学校教育目标的要求;与《教育基本法》第五条规定的义务教育目的、《学校教育法》第21条规定的目标以及各学段的学校教育目标保持一致;二是是否与教育课程国家标准——《学习指导要领》所表述的教育方针、各学科的教育目标保持一致,根据《学习指导要领》的学科教学目标、教学内容要求编制相应教科书内容,不得涉及与学习指导要领无关的内容;三是教科书内容的编制是否适合中小学生身心发展的阶段性特点,是否有利于学生身心健康、健全的发展以及健康情

〔1〕 義務教育諸学校教科用図書検定基準(平成21年3月4日文部科学省告示第33号). http://www.mext.go.jp/a_menu/shotou/kyoukasho/kentei/021202.htm.

操的培育。

10项必要条件，则是在教科书的内容和制本上规定的审查标准，包括内容及其范围、正确性、程度、组织、分量、表述、使用上的方便、地区差别、制本、创意创新等内容、方法。实质性标准是针对具体某学科的教科书而言，即某学科的学习指导要领就是教科书审定的实质性标准。

即便是在审定后，如果发现有误记、误植等客观性原因导致内容明显错误，影响学习的情况而需要再版订正的，可随时取得文部科学大臣的许可进行修订。审定合格的教科书一般是某一种类(教科书按学科的分类，例如：小学国语1—6年级、中学社会之地理、高中数学Ⅰ等)有多种版本，因此，必须在"一纲多本"之间选取一种版本，作为在学校使用的教科书。

对教科书编制和审定过程中容易引起争议的发展性知识内容的处理，要保证教科书内容的具有整体性、系统性、前瞻性，知识结构合理，具有内在的关联性。根据学生不同和理解能力和知识掌握的熟练程度，可安排和编制超出学习指导要领规定标准的超标内容——发展性学习内容，以满足不同理解能力的学生的学习需求。然而对于发展性学习内容要注意与《学习指导要领》规定内的标准内容的密切关联，不能脱离《学习指导要领》规定的教育方针、教育目标和内容要求，同时，发展性学习内容在教科书上要明确标记。

是否与《教育基本法》《学校教育法》的教育目标保持一致，是教科书审定的基本原则。是否有利于儿童身心发展的阶段性特点，是教科书编写和审定过程中要考虑到的重要内容。与此同时，教科书内容的审定还要对照《教育基本法》第14条政治教育、第15条宗教教育的相关规定，不得歧视、偏袒，或指责特定政党和特定宗教派别，做到保持中立，公正公平。

四、教科书审定的问题分析

日本教科书审定过度地受到国家政治的影响，导致其客观性、公正性受到质疑。例如，忠于史实的东京教育大学家永三郎教授编写的《新日本史》，被审定为"不合格"，成为诉讼时间最长的行政诉讼案，从提出诉讼到三审裁决耗时32年，创下了民事诉讼时间最长的吉尼斯世界纪录。

1962年,由三省堂送检、家永三郎教授执笔编写的高中历史教科书《新日本史》在文部省教科书审定过程中,以对战争的表现过于灰暗等原因被审定为不合格,1963年再次送审以附带条件合格通过审定。家永三郎于1965年6月针对1962年、1963年文部大臣的教科书审定措施使自己受到精神伤害一案,向东京地方法院提出国家赔偿的诉讼请求。直至1997年8月,日本最高法院最终裁定家永三郎在《新日本史》中关于南京大屠杀、日军在中国的罪行,以及731部队的相关表述符合事实,文部省的相关审定措施为违法行为,命令向原告支付40万日元的国家赔偿金。而由新历史教科书编撰会编写、扶桑社送审的歪曲历史、美化侵略战争的初中历史教科书,却在2006年4月第二次顺利通过合格审定。

此外,日本教科书审定标准过于烦杂、面面俱到,又过于刚性和机械,缺少应有的弹性和灵活性,成为禁锢教科书发挥独创性、张扬个性的"瓶颈"。教科书审定过程过于烦琐,且必须按照文部省的"修正意见"进行修改,不能拒绝或反对。

另外,教科书审定资料和记录不公开,缺乏必要的透明度。因此,日本将重新修订现行的审定标准,废除或简化有关编辑技术、格式等具体细节,重点放在教科书的妥适性、内容的正确性和基础性、立场的公正性和公平性、水准的高低等项目上,尤其需要减少教科书审定的政治色彩,从综合、公正、客观、学术的立场去判定是否合格。同时,应改变教科书审定最重要的修正权与裁决权都归文部大臣所有的现状,提高民主性、专业性和开放性。公开申报及审定意见,增加审查资料公开展示的场所,提高审定的可信度、透明度,加强教科书审定的社会监督机制。

第三节　日本教科书制度改革趋势

教科书是执行和落实课程标准的主要教材,因此日本的教科书改革基本与基础教育课程改革,特别是《学习指导要领》的修订同步进行。20 世纪 90 年代初期,为了落实宽松教育的指导理念,日本于 1991 年进行了《学习指导要领》的修订,大幅度削减中小学教育课程内容,引发教科书精简的改革。1998 年为迎接即将到来的 21 世纪,在着手新一轮《学习指导要领》修订的同时,将课程改革的结果体现在教科书改革当中。

此外,由于教科书首先要同《教育基本法》和《学校教育法》的教育目的、教育方针保持一致,因此,2007 年重新修改《教育基本法》《学校教育法》之后,日本新一轮的教科书改革正在加紧实施。2013 年 11 月日本文部科学省发布了由教学用图书调查审议会提出的"教科书改革实施计划[1]",作为日本未来教科书改革综合政策的一揽子计划,今后日本文部科学省将按照这一计划推进新一轮教科书制度改革。

一、强化中央集权的审定制度改革

20 世纪 80 年代末,日本政府大幅度修改了教科书审定制度。1989 年 4 月,文部省全面修改教科用图书审定规则、教科用图书审定标准,新的教科书审定制度从 1990 年以后正式开始使用。

新的教科书审定程序规定:一是简化审查手续,废除原来的初次审查、修改后审查的种类,取消了三阶段审查(初稿审查、内阅本审查、样本审查)程序;二是废除有条件的合格条款,原制度规定对相关送审教科书可以判定其合格,但必须附加一定条件,待修改后再最后判定其是否合格,新教科书审定制度取消了该项,教科书审定调查审议会只对教科书提出修改意见,对修改后的记述进行再次审查,最后才给出是否合格的审定意见;三是公开审定结果;四是延长审定周期,将教科书审定周期由原来的 3 年一次改为 4 年一次[2]。

此次教科书制度改革,除改革教科书审定程序外,日本政府还对教科书的

〔1〕 文部科学省,「教科書改革実行プラン」の発表について平成 25 年 11 月 15 日.[2014-02-18]. http://www.mext.go.jp/component/a_menu/education/detail/__icsFiles/afieldfile/2014/01/14/1343252_01.pdf..

〔2〕 教科書採択の在り方の改善について[EB/OL].文部科学省初等中等教育局.[2014-02-15]. http://www.mext.go.jp/a_menu/shotou/kyoukasho/kaizen.htm.

选用程序进行了改革。1990年3月，文部省下设的教科书选择方式调查研究协力者会议提交关于教科书选择的方式(报告)[1]，提出以下具体的改革意见：其一，选择地区在选择教科书时，要参考都道府县教育委员会制定的选择标准、选择资料；其二，向各选择地区派遣不同课程的适当数量的调查人员，以充实调查研究体制；其三，改变教职员投票决定教科书的选择手续；其四，聘请学生家长代表担任教科书选定审议会、选择地区协议会的委员；其五，公布选择结果及理由、教科书选定审议会及选择地区协议会的委员名单；其六，为配合教科书审定周期的延长将教科书选用周期同时延长至4年。文部省接受改审议会的改善建议，部分修改义务教育诸学校教科用图书无偿措施法施行令[2]，并要求各都道府县教育委员会从1991年起，研究并切实改善教科书选择方式。

改革后的教科书审定制度，表面看来是更加简化、民主化、公开化，而实际上则是向着日本政府进一步控制教科书的方向发展。第一，名为简化手续，实则通过限制修改时间，使编写者不得不按照文部省的意图修改。原制度规定的修改时间为4～5个月，新制度则规定提交第一次修改表的期限为35天、第二次修改表的期限为35天，合计不足3个月。而且，对第一次修改表的反馈意见在1周至10天以后，而制作第二次修改表需要2周时间，因此，用于修改的时间实际上仅有20天。在如此短的时间内，编写方无法充分召开编辑会议，只能按照文部省的指示进行修改。第二，原制度中规定的有条件的合格一项，是以合格为前提提出修改、改善意见，因为该教科书已经被判定为合格，所以编写者对修改意见的执行便会有一定的余地，而新制度是基于第二次修改结果才判定教科书是否合格，于是编写者为了获得通过，便不得不无条件地服从文部省的修改意见。第三，新设立文部大臣的劝告修改权，即对已经被审查合格的教科书，如果文部大臣认为其中有妨碍学习的表述，便有权劝告其自行修改，即便文部省迫于压力通过了如实表述侵略战争的教科书，也可以在事后以妨碍学习

[1] 教科書採択の在り方について(報告) 教科書採択の在り方に関する調査研究協力者会議. [2014-02-18]. http://www.mext.go.jp/a_menu/shotou/kyoukasho/kaizen.htm#betten.

[2] 昭和39年文部省政令14号，最终修改改正平成20年政令224号(施行＝平20年7月16日). [2014-02-20]. http://www.houko.com/00/02/S39/014.HTM.

为由下令予以修改。此举大大强化了文部省在非审定时期干预教科书的权限。第四,新审定标准中原来只规定遵循学习指导要领的目标与内容,而新编准添加了是否遵循学习指导要领的教学内容,文部省可将其希望教授给学生的内容列入学习要领的教学内容,而教科书编写者也不得不将学习指导要领规定的教学内容给写入教科书。由此可见,文部省秉承的教科书审定原则,包括加强都道府县和市町村各级教育委员会的发言权,改变了由教师投票选择教科书的民主方式。

二、注重信息公开的选用程序改革

为了迎接21世纪的到来,1998年4月,日本的教学用书审定调查审议会依据教育课程审议会和行政改革委员会的意见,开始专题研讨今后的教科书问题和审定基准、审定手续的改善等。对如何使教科书更加符合新课程的要求等方面提出改善意见。基本对策是为了编出符合课程标准的高质量教材,必须考虑包括协调出版发行在内的改革措施,建立更加开放的、能够适应社会变化的教科书制度。要求教科书的编著者自觉地发挥主观能动性和创造力,明确其责任,提高教科书的可信度。

受到20世纪80年代后期倡导"宽松教育"的影响,在教科书审定基准方面,要求严格精选最基础、最基本的内容,让学生既能够学习,又有时间玩耍,减轻负担,尽量为学生营造出宽松的教育环境。在送审手续方面要求更加简单、快捷,审定意见则要书面化和进一步公开化。自1991年起,文部省为了回应日本国民对教科书的关心、提高教科书的可信度,同时也为了使他们深入理解教科书审定的意义,开始实施教科书审定申报制及审定意见公开化的措施。同时,为了便于教师、校长以及学生家长全面了解审定教科书的种类和内容,新修订的教科书选用规则中新增加了教科书公开展示的环节。由地方教育委员会专设向社会公开展示的场所,陈列所有检定合格教科书以便于选择。原来的展示场所只有东京1处,1994年在全国增加到6处,1998年增加到8处,还将报纸上登载的审定事例编成小册子——《教科书审定Q & A》在群众中广泛散发。1999年,又将东京公开展示的时间由原来的两个月延长到一年,即形成常设公开展示场所。另外，还从1997年开始在文部省网站上公布“教科书审定概要”，提供信息服务，让关心教科书审定结果的国民随时可以获得有关信息。

三、培养扎实学力的教材内容改革

进入21世纪以来，日本教科书及其审定制度几经变革，2002年时任日本文部科学大臣远山墩子发表了一篇题为“劝学”[1]的著名讲话，否定了日本一段时间倡导的宽松教育，提出“不要宽松要学力”的新主张。1998—2003年一轮的《学习指导要领》的修订，以及扎实的学力观的确定，促进了与学校教育目标紧密相连的教科书审定制度的改革。此后，文部科学省修订教科用图书审定标准，允许教科书编写出版单位在教科书中增加发展性学习内容。为了实现发展性学习，文部科学省修改了教科书审定标准，使发展性学习内容得以增加到教科书中。然而，根据各种调查结果和教科书出版商的要求，不仅要将发展性学习内容增列到教科书内容当中，还应该允许列入补充学习、反复学习等相关内容，呼吁修改教科书审定标准的要求越来越强烈。日本内阁政府的咨询机构——教育再生恳谈会于2008年12月提交扩充教科书内容的政策建议，其内容包括：教科书的内容表述应该详细到可以自学、自习的程度，增加练习题、文章的数量，增加发展性学习、补充学习的适当内容。

2002年2月，文部科学省要求教科书审定调查审议会从审定与选择两方面探讨修改教科书制度，该审议会于同年7月提出修改建议。2002年8月，文部科学省根据审议会的建议，部分修改了教科书审定标准，规定从加深学生理解、根据兴趣与爱好扩大学习的观点，教科书中也可以记述学习指导要领中未做规定的发展性的学习内容。并要求教科书在内容上要更加协调，以消除学生在理解学习内容上的障碍。2003年，文部科学省根据新教科书审定标准，审定了中小学及高中的教科书，通过新审定标准的教科书从2005年度起在日本全国中小学校开始使用。

---

〔1〕 小泉内閣メールマガジン第30号、「学びのススメ」、遠山大臣寄稿. [2014-02-20]. http://www.mext.go.jp/b_menu/soshiki/daijin/020703.htm.

至于何谓发展性的学习内容,文部科学省教育白皮书中有关教科书制度一节并未详加解释。一般可理解为一定范围内与《学习指导要领》要求的教学内容相关的、超标内容。根据 20 世纪 80 年代以来日本政府确立的基本教育发展方针,发展性学习内容既包括知识程度上的拔高创新,也包括学习指导要领明文规定的教学内容范围外的学习内容,终身学习、国际化、信息化等均当属此列。而 2005 年 12 月修改的《教育基本法》中新规定的爱国心,也应属于发展性的学习内容。

如果这一推定成立,日本政府便在教科书审定标准改善的前提下,既将适应时代发展潮流的国际化、信息化等内容充实到教科书中,另一方面也可以继续在教科书中加强爱国心、价值观教育的内容。事实上,从 2015 年开始,日本中小学校学习指导要领中的“道德学习时间”将正式改为“道德课”。

战后日本政府加强爱国心教育的惯用手法之一,便是尽量压缩历史教科书中的对日本历史的负面描述,如侵略、慰安妇、劳工等相关表述,另一方面也开始允许美化侵略战争的教科书,如通过审定由新历史教科书编撰会编写,扶桑社出版的《新日本史》教科书(2006 年)。

日本政府通过修改教科书的审定标准与审定程序、教科书的选择方式等,不断加强国家对教科书的行政干预,从而缩减民间进步力量的发言权。日本政府加强对教科书的控制权,其目的是将教育内容置于其教育政策之下。日本的教育政策是为其政治、经济、社会乃至军事发展服务的,它要求教育培养出来的日本人既具有经济发展所需的各种知识与技能,同时也要热爱自己的国家,拥护、最起码是不反对日本政府的各项内外政策。这两方面的教育目的似乎均无可厚非,但问题是,日本政府为了培养出爱国的国民,屡屡运用其不断加强的教科书审定权,删除历史教科书中妨碍爱国心培养的对外侵略的历史,甚至纵容美化侵略战争的日本右翼文人组织编写的历史教科书。日本政坛右翼势力的扭曲历史观给日本的教科书审定带来一定的负面影响,成为频频制造出“历史教科书问题”的制度基础。

第六章

日本基础教育师资水平

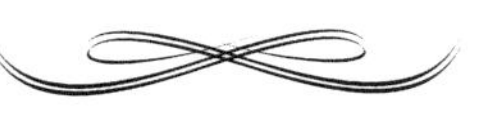

教师是学校教育的直接承担者，教师的资质能力和指导水平，同学校教育的质量提高，有很大的关系。特别是21世纪社会急剧变化的时代，学校教师承担着如何培养学生养成主动学习、独立思考、自主判断、积极行动的优秀品质，走向自立、自强、服务社会的艰巨使命。因此，培养和造就一大批热爱教育事业，具有专业的指导能力和崇高人格魅力的优秀教师队伍，是包括日本在内的许多国家面临的共同课题。

教师究竟应该具有哪些资质和能力，这是任何时代的教师教育和教师专业发展都要面对和解决的重要课题。

早在1762年，让·雅克·卢梭(1712—1778年)就通过一个虚构的学生爱弥儿的成长经历，阐述教师的素质和能力[1]。日本于明治6年(1873年)发布"小学教师心得"，成为最早关于教师资质的政府公文。其中规定："凡教师者不应仅传授学文算笔，辅以父兄之教训，用心引导其起居饮食，故学生中如有学术不长进，平日品行不端者，皆可视为教师之失职"。明确要求教师不仅要提高授课能力，还要负责培养学生的正确价值观和优秀道德品质。

21世纪的今天，为应对全球化的激烈竞争，满足社会转型对人才培养和教育需求，日本政府再一次将教师资质提高和教师学习列入重要议事日程。

第一节 日本基础教育教师制度

日本在第二次世界大战之前，就在全国建立以东京高师(筑波大学前身)、广岛高师(广岛大学前身)为代表的国立教师教育专业机构。同时，在各地建立师范学校以及"教师培养专门学校"等专门机构，以培养大量的初等教育教师。中

[1] 卢梭.爱弥儿-论教育，下卷[M].李平沤，译.北京：人民教育出版社，1987:2.

等教育以上的教师由大学或者高等师范学校培养，比较注重相关的学科知识；初等教育的教师由师范学校来培养，侧重于实施教学所需的实践能力[1]。

日本战前的教师培养注重实践技能培养，开展实务培训，注重于教学内容相关的学科知识与技能的传授和掌握，以及实施教育所需要的实践能力，形成专业化、封闭式的教师培训体系。其严谨完整的师范教育体系，为战后日本教师教育以及教育政策法规的制定，奠定了基础。

一、教师教育制度改革

为了保证教育质量，日本对教师的职前培养、录用，以及职后的专业发展，采取严格的准入制度和完善的资格认定体系，确保教师队伍的整体素质和水平。为此，培养和造就一支热爱教育事业、具有成为教育专家的能力素质、具备综合能力和人格魅力的教师队伍，是日本21世纪义务教育改革的重要课题，也是提高教育质量的基本保障。

在战后初期的1946年，日本就成立教育改革委员会，及早确立战后教育改革的基本方向；对战前的教师教育体系进行深刻的反思与颠覆性的改革。这些措施对战后日本教育的发展，带来巨大的影响，以至于被日本教育史称为“四六改革”。

当时的教育改革委员会认为，日本战前师范学校里培养的教师，仅仅只是“师范型”教师。即，教师对所教授的内容没有深刻的理解，只是一味地追求教学技巧的“教书匠”；这样的教师在教学工作中容易随波逐流、被动屈从，既缺乏学术探究性，亦缺乏高尚的职业道德和品格素养的追求。正因为战前的“师范型”教师培养模式，才导致战前师范教育仅以培养授课教师为目的，师范生在校期间没有经过广阔视野的训练和熏陶，毕业从教后，往往以知识灌输为主要教育方法。

为此，战后教师教育改革的首要目标，是将多种职业的人才吸引到教师队伍

---

[1] 船寄俊雄，《近代日本教师形象与教师培养的展开》，《近代日本中学教师培养争论史论——“大学教师培养”原则的历史研究》，学文社，1998：251-266。

中来。通过大学教育培养教师,实现从学者,或者从艺术家当中产生教师的理想目标,而这种教师教育的新理念得到当时日本社会的广泛赞同和支持。因此,二战后日本的教师培养主要在普通大学以开放性模式完成。“大学培养”和“开放制”成为战后日本教师教育制度的两大基本特征。[1]

所谓“开放制”,是指不以培养教师为唯一目的的综合大学,只要达到规定的标准,就能够设置教师教育课程、能够授予教师资格许可证书的教师培养与专业发展制度。基于这两项基本原则,教师教育的课程既包括广泛的基础学科知识,也涵盖教师教学过程中所需要的专业学科知识,使教师的学习与专业发展,建立在深入学习两方面课程的基础之上,使教师的专业发展更加系统和完善。

随着日本战后教育法律法规体系的确立,1947 年开始陆续出台《教育基本法》《学校教育法》以及《教育公务员特例法》,开始正式实行教师许可证制度。对教师的职前培养、任职资格、任用程序以及教师的职后学习与专业发展,都做出了明确的规定,形成对教师学习与专业发展的强有力的制度保障。

二战后的日本,根据“开放制”的原则,只要达到文部科学省制定的教师课程的标准,无论哪一所大学都可以开设教师教育课程、授予教师资格许可证书。因为日本经过战后教育改革,将义务教育年限延长至 9 年,同时普及义务教育,提高入学率和升学率,由此带来对教师需求量的激增。要解决这一现实问题,必须采取相应的措施。

1949 年制定的《教师许可证法》中提出,“各都道府县必须设置培养教师和与教师职业相关的学部或者学院”。根据这一规定,国立的教育大学以及国立大学的教育学部,在各都道府县中迅速配套建立起来,由此奠定了日本教师教育制度的基础。同一时期,原为旧帝国大学的国立大学、私立大学以及私立短期大学(即大专)也都纷纷加入到了培养教师的行列中。这样,不仅所有的大学都逐渐开放教师教育课程,而且因为开办了专门负责培养教师的大学或学部,所以即使在教师需求量增加的时期,也保证了较稳定的供求平衡。

---

〔1〕 此处的“开放制”是指“资格证书的开放制”,具体参见:大学における教員養成の史的展開——前後教育学部史研究,文学社,2001:405-410。

近年来，为应对和满足社会经济发展的需要，日本教师教育政策有了非常明显的方向性转变，提出以“提高教师的素质能力”为目标的政策主张。教师培养审议会的咨询报告《面向新时代改革教师教育的方针和策略》(1997 年 7 月)中提出，应在职前教师教育阶段培养教师“基本素质”的同时，还要培养有特长、个性丰富的教师；同时还要顺应时代变化不断更新教师素质。提倡以教师资格许可证书制度的弹性化改革，进一步促进根据需要，自主聘用社会人士作为校长的政策实施。以此为契机，战后教师教育的模式发生了重大变化。《关于今后教师教育类大学和学部的发展模式座谈会》的报告指出，教师的职前教育阶段以形成“基本素质”为目的，同时要组织制定示范性的教师教育课程。按照这一思路，日本教育大学协会启动了“以‘教师教育核心科目’为基础的课程编制方案”，提出“教师教育核心课程”。目前，日本各大学都根据这一方案，编制和开发出具有自主创造性的教师教育课程。

二、教师教育的内容改革

从第二次大战结束后不久到经济高速增长期，教师的需求量一直处于上升阶段，这一体制对保障教师的供给发挥了重要作用。特别是小学教师的培养，几乎全部由国立师范类大学或者学部承担了。但是，在 20 世纪 80 年代，由于教师的需要量下降，文部科学省又开始控制教师专业的入学人数。在国立师范类大学或学部里，开设了与获取教师资格许可证书(毕业的必要条件)无关的课程(即所谓的“新课程”)。

日本幼儿园、小学、初中、高中的教师专业课由四类构成：即教学科目、教育科目、教育教学科目、文部科学省规定的科目。这意味着既要培养教师的学科专业能力，也要使教师具备与少年儿童身心健康成长以及学校课程相关的知识与能力。所谓“文部科学省规定的科目”，是包括日本国宪法、体育、外语交流以及计算机操作等，是社会成员都应该具备的基本素养。

2001 年 11 月，在《关于今后教师教育类大学和学部的发展模式座谈会》的报告中，提出将大学分类，2004 年实施国立大学法人化。此外，为了使教育能够成为国际贸易服务的一部分，特别是在国际化程度较高的高等教育阶段，应采用国际统一标准来评定通过学习所获得的知识、能力[1]，教师教育也不例外。高等教育的总体发展趋势和提升教师素质能力的诉求结合在一起，产生了2004年"教师教育课程模式"[2]的基本理念。

这份报告指出，教师教育的课程模式要在"大学教师教育"原则的指导下，基于大学自治和学术自由，由各学校自主制定教师教育课程，并且提出旨在培养"实践指导能力"的教师教育模式和课程的基本框架。并指出，"实践指导能力"的核心是"对教育实践具有科学的、研究的反省能力，即自我反思能力"。

该报告将"学科教学课程"和"教育理论课程"合在一起，构成"教师教育核心课程"，将教师亲身体验教学过程的"教育实践体验"、捕捉教学现象能力的"实践开发实习"以及"教育实习"系统地安排在各个年级中。该报告还指出，把体验与反思组合在一起，并不是单纯地反复体验，再根据理论去判断体验到的东西，而是要在考察体验中获取新的知识。在这种"教师教育课程模式"中，课堂教学的体验就成了教师教育课程体系中的一部分，在经验与反思之间不断循环，实现实践与理论的往复运动，就能在不断的实践学习中培养教师。

这种以教育理论和学科教学两点为中心的"教师教育课程模式"，既不是培养"学科理论教师"，也不是培养"教学方法教师"，而是创造出一个以培养"有教育学知识的教师"和"掌握教学方法的教师"为综合目标的"教师教育核心课程"。

近年来，各类课程在教师专业课程中所占比重也有变化。其中"教育类的课程"比例越来越大，教育实习的时间逐渐延长。从1997年开始，日本启动了大学生与社区孩子互动的"志愿者活动"，有些大学把类似活动作为教师教育的一部分编入课程。之所以如此，是因为新时代的教师教育不仅要培养未来教师的学科专业知识，而且还要培养他们的"实践指导力"和作为教师的"使命感"。由此可见，日本对持有普通教师资格许可证书的教师，现在越来越强调提高他们的"实践指导力"和"素质能力"，以提高教师指导能力，提供满足学生个性发展需求的个性化学习指导，应对日本学校教育面临的一系列新的挑战。

---

[1] 福田誠治，《全球主义与学习能力的国际战略》，《教育学研究》第75卷第2号，2008，6：192-203。

[2] 教大协的咨询报告《关于教师教育的"示范性核心课程"的研讨——以"教师教育核心科目"为基础的课程编制方案》。(2004-03)

如前所述,近年来日本的教师学习与教师教育政策的基本方向是以提高教师的"素质能力"为主要目标。为配合教师综合能力素质的提高,日本放宽教师聘用工作的政策限制,大力推进吸引多样性人才进入教师队伍的制度改革。而承担着教师教育与培养工作的高等教育机构本身,也面临着制度放宽带来的机会和改革的挑战。

2001 年日本中央教育审议会在《关于今后教师教育类大学和学部的发展模式座谈会》的报告中指出,要进行大学分类,要在 2004 年全面进行国立大学法人化改革,要在全球化不断发展的国际环境中,改革高等教育,采用国际统一标准来评定学习所获得的能力。[1] 该报告将当前世界范围内的高等教育改革的总体趋势和日本提升教师素质能力的政策观点结合在一起,提出了"教师教育课程模式"方案,并于 2004 年正式出台,提出的改善教师学习内容的基本框架包括改善教师学习内容的基本框架与具体改革措施。该报告提出的教师学习与专业发展的主要观点包括"基于全球视野的活动能力素质""应对时代变化的社会成员所应具备的能力素质""教师必备的能力素质"等三项基本内容。

首先,教师教育与教师学习的内容,要围绕如何培养教师具备基于全球视野的活动能力与资质。21 世纪瞬息万变,世界每一个角落发生的任何一件事情,都会迅速穿越国界给教育带来意想不到的影响。教师的学习与专业发展,要解决将日本的孩子们培养成 21 世纪世界公民所需要的资质能力。立志成为教师的每一个人,要学会尊重人格、尊重人权;要理解地球和环境,理解本民族和其他民族的文化,理解民族对立、区域战争、难民粮食问题,以及男女平等等世界共同关注的问题,以及老龄化、低出生率、社会福利、家庭角色变迁等日本特有的社会问题;要研究如何根据学生身心发展规律,将上述相关内容有效地传授给学生。具有公共精神和崇高的道德情操的教师,才能承担培养青少年人格养成的重任。因此,公共道德和志愿奉献的精神,是教师教育和教师学习必不可少的重要内容,并且在教学实践中有效组织和开展校外活动,培养学

〔1〕 日本教育大学协会咨询报告,教員養成の"モデルコア.カリキュラム"の検討;"教員"要請コア科目群を軸としたカリキュラム作りの提案、2004 年.

生的志愿奉献精神。

其次,教师教育与教师学习的内容,要突出如何培养教师具备应对时代变化的能力素质。教师是从事教育活动的专业人士,直接担任学生教育与培养工作。其职业性质决定教师对学生的人格养成具有很大影响。因此具备一个社会成员所必需的优秀品质,是教职人员的先决条件。而现代公民的必备的首要素质是作为创造能力、应用能力基础的理解问题和解决问题的能力,以及终身提高自身能力的自我教育能力。所以教师教育与学习的内容要解决准确判断各种情况,灵活处理教学活动中各种问题的能力素质问题。要将教师教育课程设置和专业学习的重点放在提高自身的解决问题能力,具备必要的创造力、实践和应用能力方面,同时研究和掌握教育内容和有效的教学方法。而作为应对国际化、信息化的实际能力,需要教师具备一定的外语能力和计算机应用能力。不管是否具有相应的资格等级水平,教师必须通过自身的学习掌握一定的外语水平和计算机使用能力。

最后,教师教育与教师学习的内容,要体现如何提高教师实践性指导能力相关的能力素质。教师教育课程和教师学习内容要解决正确理解少年儿童成长与发展的学生观、教育观的根本问题。对于日本学校教育存在的“倚强凌弱”、拒绝上学、校园暴力等一系列深刻问题,更加需要教师对学生、对日本的学校教育具有正确的认识和深刻的思考。同时通过教育实践和自选科目的学习,对于确保残障儿童等有特别教育需求的群体的平等接受相应的教育机会有正确的认识和充分的心理准备,增强作为教师的责任感和使命感。

三、教师能力素质的养成

教师应该具有哪些资质和能力,这不仅是一个永恒的话题,而且无论在任何时代都是教师教育和教师专业发展所要面临的重要课题。

教师所应具备的素质与能力分为基本素质、时代素质和岗位素质。

教师的基本素质包括:第一,作为教育者的使命感;第二,对人的成长发展具有世界视野的认识和理解;第三,对幼儿及学生怀有教育热情;第四,具有学科专业知识;第五,具有广博的知识和丰富的修养;第六,在上述条件基础上具备实践指导能力。

教师的时代素质——随着时代的发展和进步教师的专业能力素质标准也不断发生新的变化，作为21世纪合格教师所应具备的资质能力包括：一是全球视野下的行动能力和基本素养（对于地球、国家、人有深入的理解，丰富的人性与品德）；二是社会转型期人们所应具备的基本能力（解决问题能力，处理人与人关系的资质能力，适应社会变化需求的知识和技能）；三是教师专业岗位必备的资质能力（准确掌握幼儿、学生的教育现状，对教师工作的热爱、执着、自豪感和连带感，学科指导、学生知道的知识技能与态度）[1]。

20世纪90年代，由于国内外社会环境的急剧变化，日本学校教育面临许多急需改革的重大课题。而学校教育的成功与否，主要取决于担负着培养青少年成长的教师的素质和能力。而面向新世纪的日本教师究竟要具备怎样的能力素质是决定教师培养与教师学习重要前提。

日本中央教育审议会教育职员养成分会在“面向新时代的教师教育改革的方针政策”[2]（1997年7月）提出了面向新时代，提高教师能力素质的教育课程和教师学习改革的基本目标。该报告从全球化、时代性以及实践性视角，全面分析了21世纪教师应该具有的能力素质，并设定了教师培养和教师学习的基本目标。

教师的学习与专业发展旨在提高教师的能力和素质。1987年日本文部省临时教育审议会的审议报告中指出：教师的能力素质是通过培养、任用、在职进修等各个阶段逐渐形成的。提高教师能力素质的措施，必须贯穿上述各个环节综合推进。符合教师岗位职责的能力素质，不仅要通过教师培养，还要通过教师生涯逐渐形成。因此，教师的能力素质提高的过程是包括教师教育在内的整个教育生涯不断学习和提高的过程。特别是要明确大学对于教师培养的主要职责的同时，进一步细化教师培养、教师任用、在职进修等各个阶段对于教师基本能

---

〔1〕 教育職員養成審議会「新たな時代に向けた教員養成の改善方策について（第一次答申）」[1987-07-28]. http://www.mext.go.jp/b_menu/shingi/chukyo/chukyo0/toushin/06071910.htm.

〔2〕 新たな時代に向けた教員養成の改善方策について教育職員養成審議会・第1次答申 1997、7. http://www.mext.go.jp/b_menu/shingi/12/yousei/toushin/970703.htm#06.

力素质形成的不同影响与职能，见表 6-1。

2005 年(平成 17 年)10 月，日本中央教育审议会在《创造新时代的义务教育》的审议报告中指出，教师素质的提高极为重要，作为优秀教师要具备三项基本条件：第一，热爱教育工作，表现在教师对工作的使命感、自豪感、对学生的关爱与责任感，坚持学习的上进心。第二，作为教育专家的扎实能力，表现在学生理解能力、学生指导能力、集体指导能力、班级管理能力、学习指导与组织教学能力、教材解释能力等。第三，综合能力，主要指人性、社会性、常识与修养、礼仪习惯等构建人际关系的能力，交流能力等人格资质和修养，还有具备良好的团队协作能力。

表 6-1 日本教师学习内容与过程〔1〕

培养阶段	在主修与本专业相关学科课程的同时，通过选修教师许可资格规定的必修课程所需学分，掌握教师必备最低限度的学科指导、学生管理等资质能力(从担任教师工作开始，一边担任授课和班主任工作，一边熟悉和掌握学科指导、学生管理的经验和能力以顺利进行教学实践)的过程
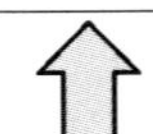 	
录用阶段	以开放制背景下教师资格证获得者结构的多元化为前提，办学机构对于具有优秀教师资质能力的人进行选拔、任用的过程

在职阶段	办学单位根据工作需要和本人要求，根据任职年限、职务、任课学科、管理分工等实际情况，对教师进行研修培训，提高教师专业能力素质的过程。在此期间，新任教师研修主要是在实践中从参加工作起就要担任班级管理和学科教学工作，将培养阶段掌握的“教师必备最低限度资质能力”提高到能够得心应手地履行教师岗位职责的水平。在职研修除以上的狭义研修之外，还包括教师团体的自主研修、教师本身的刻苦钻研，以及通过教育实践的日积月累逐步形成教师能力素质的过程。此外，作为研修内容不仅包括与教师岗位直接相关的内容，还包括以开阔视野为目的的社会体验性研修

〔1〕 根据日本中央教育审议会教育职员养成分会・第 1 次咨询报告第Ⅱ部分“教师培养的课程改善”相关内容整理制作. http://www.mext.go.jp/b_menu/shingi/12/yousei/toushin/970703.htm#06.

第二节 日本基础教育教师资格

对所有教师实行资格认证(颁发许可证)是日本教师教育的又一基本原则。众所周知,日本教师资格许可证分为三种,即“专修许可证”“一种许可证”和“二种许可证”。其中,“专修许可证”要求具备硕士毕业程度;“一种许可证”要求具备大学本科毕业程度;“二种许可证”要求具备短期大学(相当于我国的专科)毕业程度。在取得教师资格许可证之后,经过地方教育委员会举行的公开甄选考试,合格后就被正式录用为中小学教师。

日本的教师资格证书制度,虽然为日本培养了大量合格的教师,但是,经过半个多世纪,这种教师教育证书化的体制也产生了一些问题。造成日本除了个别医科、齿科大学外,几乎所有的大学都有教师资格课程(现在,有855所大学和短期大学在培养教师,并颁发教师资格证书,其中四年制本科大学就有570所以上),每年取得教师资格证书的人数往往是实际需要的数倍甚至十几倍,从而产生大量并不从事教育工作的“证书教师”。[1] 教师录用考试尽管竞争激烈,但是仅通过书面考试以及一两次面试,很难对每个应聘者的素质进行全面的考查,让一些持有教师资格证、考试成绩优良,但并无从事教师职业心理准备的人,或者并不适合当教师的人进入了教师队伍。

一、教师资格许可证制度

日本基础教育阶段的各级各类学校教师都统一实行“教育职员许可证”——教师资格许可证制度。日本教师许可证法规定的教育职员,即法定教师,是指按

---

〔1〕 门胁厚司,《日本的教育改革与教师的职能成长》,《第一届东亚教师教育研究国际研讨会大会要旨集》.[2009-04-04]. http://www.ja-xbyx.edu.sh.cn/WebStyle/XBYX/RedirectContent.aspx? SubjectID=545&ContentID=2703.

照《学校教育法》第一条规定的幼儿园、小学、初中、高中、中等教育学校以及特别支援学校的骨干教师、指导教师、一般教师、助教、保健教师、保健助教、营养教师以及讲师(以下简称“教职员”)。教职员必须是持有依许可证法的规定,由授权者授予各相应资格许可证的人。骨干教师(从事保健及营养的指导及管理的骨干教师除外)及指导教师需任用持有各相应学校教师资格许可证的人,从事保健的骨干教师需任用持有保健教师资格许可证的人,从事营养指导及管理的骨干教师需任用持有营养教师资格许可证的人,讲师需任用持有各相应学校教师资格许可证的人[1]。为了保持和提高教师的能力和素质,日本在战后教育法律法规体系中制定了《教育职员许可法》——《教师许可证法》,该法律于1949年颁布,对教师资格做出了基本规定,1984年国会通过了对《教师许可证法》的部分修订后一直延续到2005年。

2006年,日本全面修改了《教育基本法》,与其相关的下位“教育三法”(《学校教育法》《教育职员特例法》及《教师许可证法》《地方教育委员会行政运营法》)也先后做出相应修改。因此,日本现行的《教师许可证法》于2008年进行了最近一次修订。该法律规定了教师的身份,取得许可证的资格以及许可证的级别和种类,是日本保证教师资质的专项法律文件。

日本《教育职员特例法》规定,只有取得教师资格许可证,才能够参加国家和地方每年组织的教师录用考试。而根据教师本人受教育程度和学历情况,中小学和高中教师,根据任教学校的教育阶段,其专业职务(职称)分为小学教谕、中学教谕、高中教谕以及与各教育阶段相对应的特殊教育学校教谕。而教师资格许可证一般指具有在相应教育阶段的学校任教的普通资格许可证书。

二、教师资格许可证类别等级

日本教师资格许可证分为普通资格许可证、特别资格许可证及临时资格许可证三个类别(表6-2)。普通资格许可证是按照学校类型(不包括中等教育学校)而授予的教师资格许可证、保健教师资格许可证以及营养教师资格许可证。

---

〔1〕《教育职员许可法》,平成20年6月18日,法律第73号,第一章第2条。

表 6-2 日本中小学教师资格许可证种类与级别比例〔1〕

类别	总计	普通许可证级别			特例①	临时许可证②	特别许可证	无相应许可③
		专修	一级	二级				
小学教谕	100.0%	3.2%	80.2%	14.7%	……	0.2%	0.0%	1.7%
中学教谕	100.0%	5.4%	89.4%	4.8%	……	0.2%	0.0%	0.2%
高中教谕	100.0%	24.2%	74.9%	0.3%	0.0%	0.4%	0.1%	0.1%

注:① “特例”是指按照《教育支援特例法》实施规则第 61 条规定,担任柔道、剑道、信息技术、建筑、装潢、设计以及信息处理等实际操作和事务性工作人员中,具有“高中教谕”资格的教职人员。

② 养护教谕、养护助理教谕资格许可证,分别作为该学校的普通许可证、临时许可证计算。

③ 是指根据《学校教育法》实施条例第 8 条、第 9 条、第 10 条,以及《教育职员许可证法》16 条 5 款之规定,不具备相关学科许可证的教师可根据需要,短时间代理该学科课程(一年以内),按无相应许可证计算。

教师资格许可证按其级别可分为专修资格许可证(硕士学位以上)、一级资格许可证(学士学位以上学历)、二级资格许可证(短期大学毕业,获得准学士学位)。二级资格许可证一般只适用于幼儿园教育阶段,中小学均以一级为起点,高中教师资格许可证只有专修和一级两种。

特别资格许可证是按照学校类型(不包括幼儿园和中等教育学校)而授予的教师资格许可证。即中学教师或小学教师。

临时资格许可证是按照学校类型(不包括中等教育学校)而授予的助教资格许可证及护理助教资格许可证。

根据教师许可证法的规定:幼儿园、小学、初中、高中、特殊教育学校的教师,必须持有与各自学校类别相对应的资格许可证。完成大学教师专业的相应课程,即可获得教师资格许可证,这类许可证为“普通许可证”。此外,还有硕士课程毕业可以获得的“专修许可证”。普通许可证又可以分为学士课程毕业的一级许可证、专科等准学士课程毕业的二级许可证。初中和高中教师还要有所担任学科的学科许可证,而二级教师许可证不包括学科资格,因此持有二级教师许可证的人不能任初中和高中教师,即持有二级普通许可证的短期大学(大专)毕业生原则上不能担任初中及以上学段的教师工作。

〔1〕 文部科学省.平成 21 年学校教員統計調查.http://www.mext.go.jp/b_menu/toukei/chousa01/kyouin/kekka/k_detail/.

初中和高中教师的普通资格许可证及临时资格许可证，按照表 6-3 所列各教学科目授予。

表 6-3 中学、高中教师普通许可证学科与等级分类〔1〕

公立中学		公立高中			
许可学科	占教师总数	许可学科	占教师总数	许可学科	占教师总数
国语一级	12.8%	国语专修	3.3%	信息专修	0.3%
二级	1.5%	一级	10.2%	一级	4.4%
社会一级	13.4%	地理历史专修	3.3%	农业专修	0.0%
二级	1.1%	一级	10.3%	一级	0.0%
数学一级	14.4%	公民专修	3.1%	农业实习专修	0.7%
二级	1.1%	一级	9.9%	一级	2.3%
理科一级	12.8%	数学专修	3.9%	工业专修	0.0%
二级	0.3%	一级	9.4%	一级	0.2%
音乐一级	4.8%	理科专修	4.0%	工业实习专修	2.9%
二级	0.6%	一级	8.9%	一级	5.2%
美术一级	4.0%	音乐专修	0.4%	商业专修	0.0%
二级	0.6%	一级	1.2%	一级	0.5%
体育保健一级	12.3%	美术专修	0.5%	水产专修	0.1%
二级	0.8%	一级		一级	0.2%
保健一级	1.3%	工艺专修	0.0%	福祉专修	0.0%
二级	1.5%	一级	0.4%	一级	0.5%
技术一级	4.4%	书道专修	0.2%	商船专修	0.1%
二级	0.4%	一级	1.3%	一级	0.1%
家庭一级	2.8%	保健体育专修	2.3%	英语专修	3.2%
二级	0.9%	一级	9.5%	一级	11.6%
职业一级	0.2%	保健专修	0.0%	德语专修	0.0%
二级	0.0%	一级	0.9%	一级	0.1%
职业指导一级	0.0%	看护专修	0.0%	法语专修	0.0%
二级	0.1%	一级	0.2%	一级	0.1%
英语一级	12.9%	家庭专修	0.7%	其他外语专修	0.0%
二级	1.0%	一级	3.5%	一级	0.2%
其他外语一级	0.1%				
二级	0.0%				

〔1〕 文部科学省. 平成 21 年学校教員統計調査. http://www mext. go. jp/b_menu/toukei/chousa01/kyouin/kekka/k_detail/.

在普通许可证以外，还有特别许可证和临时许可证。特别许可证是经各都道府县的教育委员会教师资格审查合格后颁发的，只能在本区域内使用，有效期限为10年。临时许可证与特别许可证一样，也是由都道府县的教育委员会颁发的，有效期限为3年。如此，教师都必须持有教师资格许可证书，而且是有一定任用期限的，这一制度一直被严格执行。后来，随着日本基础教育体制改革的不断深入，在20世纪90年代后期，逐渐放宽了制度限制。

根据日本"平成22年度文部科学统计要览"统计结果，截至2009年3月31日，日本中小学和高中教师的学历层次中本科毕业比例为80%以上，其中小学教师为84.1%，中学教师为88.0%，高中教师为85.5%。研究生毕业比例也逐渐提高，其中小学教师为3.0%，中学教师为5.8%，高中教师为12.3%。与2006年相比，小学、中学高中教师的研究生毕业比例分别提高了0.4%，1.3%，1.2%（表6-4）。

表6-4 日本中小学教师学历结构比例〔1〕

	年度	总计	研究生	本科	专科	其他
小学	1998	100.0%	1.5%	81.6%	16.4%	0.5%
	2001	100.0%	2.0%	82.5%	15.2%	0.4%
	2004	100.0%	2.6%	83.1%	13.7%	0.5%
	2007	100.0%	3.0%	84.1%	12.5%	0.4%
中学	1998	100.0%	3.2%	88.5%	8.0%	0.3%
	2001	100.0%	4.1%	88.3%	7.4%	0.2%
	2004	100.0%	4.5	88.8%	6.4%	0.3%
	2007	100.0%	5.8%	88.0%	6.0%	0.3%
高中	1998	100.0%	3.1%	88.5%	8.0%	0.3%
	2001	100.0%	10.8%	87.0%	1.5%	0.6%
	2004	100.0%	11.1%	86.7%	1.5%	0.8%
	2007	100.0%	12.3%	85.5%	1.5%	0.7%

〔1〕文部科学省.平成21年学校教員統計調查. http://www.mext.go.jp/b_menu/toukei/chousa01/kyouin/kekka/k_detail/.

三、教师录用及准入机制

根据日本教师制度的规定，要成为一名真正的中小学或幼儿园教师，不仅要取得教师资格证书，而且还必须通过教师任用考试。只有通过了都道府县或者计划单列市教育委员会组织的教师任用考试，才可在该地区获得教师任用资格。公立学校的教师任用考试一般要进行两种类型的考试，即学科专业素养和教育专业素养的笔试、面试或者模拟教学。对于实用技术类的教学科目和小学，要加上实际技能考试。私立学校的教师任用考试，则由各学校单独进行自主招聘。

《教师资格许可证法》规定，申请教育职员资格许可证者，必须拥学士以上学位，或短期大学毕业并获得准学士学位，由文部科学大臣认定的拥有与上述学历者同等以上资格的人员，教育专业硕士以上学位获得者可直接申请专修资格证书，申请者每年参加规定科目的资格考试，考试合格后由都道府县(省级)教育委员会颁发教师资格许可证。在取得资格许可证之后，持证人可参加各都道府县教育委员会实施的教师录用考试，合格者可在该教育委员会所属区域内得到或等待教师工作岗位。日本的中小学教师的准入机制相对严格，对保障和提高教师能力素质起到了积极的推动作用。

教师录用考试制度是非常严格的。虽说经过校长定夺后被聘用的兼职教师人数比较多，但是如果他们在教育委员会组织的录用考试中不合格，也是不能被正式录用的。因此，有很多人一直都是以兼职教师的身份任教。无论公立还是私立学校，录用考试的竞争都很激烈，在教师的需求量下降的 20 世纪 90 年代，一般录用人数比例都在 10%以下。进入 2000 年后，虽然部分大城市的教师录用考试的竞争激烈程度有所下降，但从整体上看，参加竞争的人数仍然高居不下。

另外，20 世纪 90 年代以来，录用考试的方式变得多样化了。例如，为了能使教师以外的从事其他职业的人有机会参加教师录用考试，有的地方政府提高或取消了以对 35 岁以上的人不能参加考试的限制，而且，凡获得博士学位的人可以部分免考，有些城市开始实行独自录用制度，甚至还有地方开始实行免考的招聘制。

1997 年 7 月《面向新时代改革教师教育的方针和策略》中，提出教师资格证书制度弹性化的问题，并提出为了促进录用社会人员，学校可以自主决定录用那些没有取得资格证书的兼职教师。1998 年“民间人士校长”制度开始实施，即各都道府县教育委员会可以自主决定，可以录用那些没有教师证书、而且所从事的工作与教师职业完全无关的人担任校长或教导主任(表 6-5)。总之，一方面总体上还是要严格聘任，但另一方面也采用了多种途径的招聘方式。

表 6-5 日本教师资格许可证的基本学历要求和教育科目学分要求[1]

证书种类	所需资格	基本资格	要求在大学取得的最低学分			
			有关教科的科目	有关教职的科目	有关教科或者教职的科目	有关特别支援教育的科目
幼儿园教师	专修资格许可证	拥有硕士学位	六	三五	三四	
	一级资格许可证	拥有学士学位	六	三五	一〇	
	二级资格许可证	拥有短期大学士学位	四	二七		
小学教师	专修资格许可证	拥有硕士学位	八	四一	三四	
	一级资格许可证	拥有学士学位	八	四一	一〇	
	二级资格许可证	拥有短期大学士学位	四	三一	二	
初中教师	专修资格许可证	拥有硕士学位	二〇	三一	三二	
	一级资格许可证	拥有学士学位	二〇	三一	八	
	二级资格许可证	拥有短期大学士学位	一〇	二一	四	
高中教师	专修资格许可证	拥有硕士学位	二〇	二三	四〇	
	一级资格许可证	拥有学士学位	二〇	二三	一六	

〔1〕 根据教师资格许可证法编制. 法務省法令データ提供システム,《教育職員免許法》(平成 20 年 6 月 18 日改正). [2013-02-18]. http://law.e-gov.go.jp/cgi-bin/idxsearch.cgi.

续表

特别支援学校教师	专修资格许可证	拥有硕士学位及小学、初中、高中或幼儿园教师的普通资格许可证				五〇
	一级资格许可证	拥有学士学位及小学、初中、高中或幼儿园教师的普通资格许可证				二六
	二级资格许可证	拥有小学、初中、高中或幼儿园教师的普通资格许可证				一六

日本的教师任用过程中，严格把握了三个主要环节：培养环节、录用环节以及在岗教学环节。而评价教师学习的主要方式是纳入教师的人事管理与人士评价。而评价内容则与上述学习过程相吻合。日本中小学以及高中教师的录用考试一般由地方教育行政机构（都道府县教育委员会）统一组织。地方教育委员会在实施教师录用考试时，不单纯注重应考者的学力考试成绩，还要通过面试、技能测试、放宽报考年龄界限、社会经验加权评价等一系列综合措施，使教师录用考试逐渐向以人事评价为主的方向发展。同时，文部科学省积极促进各地方教育委员会适当采用新任教师的有条件录用制度，以便准确考核新录用人员作为教师的适应性。

所谓有条件采用主要是指对录用考试合格者进行定岗试用，以确认教师适应性的录取制度。作为地方公务员，考核期一般为 6 个月，在此期间如果取得良好的实际工作成绩将被征用。

四、教师许可证更新制度

日本教师教育的改革趋势——教师资格证书更新制，是目前日本教师教育改革最热门的话题之一。

2006年7月,日本中央教育审议会在《关于今后教师培养与资格证书制度的方式》报告中,进一步明确在教师培养阶段,应注重的基本素质与能力的养成:作为教师的使命感与责任感、对教育的热情、班级管理和学科教学的能力、学生指导与教学指导的实践能力与素质。同时提出,为使教师能保持各个时代所要求的素质与能力,应建立教师资格证书更新制度。

过去,日本中小学教师一旦取得普通资格证书,将终身有效。2007年6月起实施的修订后的《教师资格证书法》规定,教师资格证书每10年必须更新一次,更新前的两年左右时间内,最少要参加30个小时的证书更新讲习班的学习。

2009年4月以后授予的教师普通许可证与特别许可证的有效期限,为获得该等级许可证资格之日起10年后的年底为止。有效期限的更新,由许可证管理机构(教师任教的学校所属的都道府县教育委员会)认证,具备以下条件者可得到更新。

第一,在大学等指定教育机构开设的,以掌握最新知识技能为目的的,许可证更新讲习班修满30课时以上,并获得结业证书者。

第二,由许可证管理机构认定具有必要的知识技能,不必参加更新讲座者(免修对象)。

经确认,在许可证有效期满时已参加必要的讲座或讲习班,掌握了最新的知识和技能,其拥有的所有许可证便可得到更新。相反,如果许可证有效期满时没有参加进修,则所有许可证将全部失效。但是,许可证失效后不必到大学重修学分,而是参加更新讲座就可重新获得教师许可证。

对于2009年3月31日以前取得的教师许可证(旧许可证),在实行更新制度之后也不会设定有效期限。同时,旧许可证拥有者在实行许可证更新制度后取得的其他许可证也不规定有效期限(老人老办法,新人新办法),但是,持有旧许可证的新任教职员也应该随着时代的发展掌握最新的知识。所以,持有旧许可证的现职教师每10年必须参加30小时以上的许可证更新讲座。

许可证更新要参加相关的培训。为确保现职教师,或者预计成为教师者的听课进修机会,对有可能成为教师的人将放宽听课范围,除现职教师中接受指导能力改善辅导者(对于指导能力不足的教师的业务辅导)之外,对现任教师、已经确定录用为教师的人、以及以前曾经做过教师的人,都可作为更新讲座的听课对象。如果教师(指导能力不足的教师)正在接受改善教学指导的辅导,或者由于符合文部科学省所规定的不得以事由,在许可证有效期满(旧许可证持有者的进修结业确认期限)之前无法结束现进修或训练者,许可证管理机构可适当延长有效期(进修结业确认期限)。文部科学省规定的不得以事由包括:休职(休产假、休育儿假)、海外派遣、灾害等情况。一般可延长(延期)到这些情况解除之后的两年以内。此外,取得许可证之后经过一段时间才被录用,从当上教师之日算起,到许可证有效期满的时间不超过两年的场合,而不能保证进修所需要的两年时间,作为不得以理由可申请延长进修时间。

更新讲习的具体内容将根据中央教育审议会的报告,由文部省政令规定。参加培训者根据本人的专业和课题意识,从开设教育课程的大学开办的讲习班中选取必要的相关内容接受讲习,包括:有关教育最新发展的相关事项(12 小时);有关学科指导、学生指导以及其他教育内容的相关事项(18 小时)。同时,讲习班主办者首先要确定并公布授课的主要对象和具体内容后方可开课,所开设讲习的内容以一览表的形式提供给文部科学省网站,以便于选择。

讲习班的开设时间一般以较长的假期和双休日为主,同时也可采取通信、网络、广播电视等形式进行,努力创造易于接受讲习的进修环境。

经许可证管理机构认定的掌握足够的知识技能而没有必要接受许可证更新讲习的教师,可免除接受更新讲习。具体包括优秀教师表彰的获奖者以及对于一般教谕(日本中小学正式教师的职称)进行培训和指导的教师。

日本的中小学教师经过层层选拔获得入职资格之后,还要面对繁重的教学负担和超额的工作任务,随着教育课程改革的不断深入,日本中小学教师的工作与学习压力越来越大。由于日本中小学教师中女教师比例较大,因此,任职年限短、工作强度大、加班时间长、学习压力大是需要面对的主要问题。

根据日本文部科学省 2009 年学校教师基本情况调查,截至 2008 年 10 月 1 日,日本小学、中学、高中、中专、特殊教育学校、幼儿园以及各类专科学校教师平均工作年限基本在20年以下。[1] 而不同学校教师的平均工作年限也有所不同，工作年限最长的是小学教师，为20.2年，工作年限最短的是专科学校教师，为9.6年。与2004年度调查结果相比，中学、高中和一贯制中学教师的工作年限延长了0.6～0.7年。

表6-6 日本中小学教师平均工作年限[2] 单位:年

区分	小学	中学	高中	一贯制中学	特殊学校	幼儿园	专科学校	技校中专
1998年	18.2	16.3	18.0	……	15.7	10.1	9.9	15.6
2001年	19.7	17.5	18.6	12.2	16.7	10.6	10.4	16.0
2004年	20.2	18.5	18.7	13.6	17.4	10.5	10.0	15.8
2007年	20.2	19.1	19.4	14.2	18.0	10.5	9.6	14.7
国立学校	15.8	17.1	21.0	19.3	16.7	17.0	16.2	……
公立学校	20.3	19.5	20.2	16.2	18.1	17.7	9.3	13.0
私立学校	14.0	14.1	16.9	10.3	11.6	8.7	9.3	13.0

日本中小学教师的工作内容相对较多，而且由于日本小学一般采取教师包班制，由班主任一人担任除体育、音乐、美术之外的所有课程，其主要工作包括：上课、补习指导、学生指导、学校活动、课外活动、俱乐部活动等；备课、上成绩、检查家长联系册、制作本学年或班级通讯等；会议、协商、事务性工作以及工作报告、研修、其他校务工作等；联系家长和PTA协议会、联系社区、联系与接待行政机构与关系单位等。

由于教师工作任务繁重，工作量较大，所以教师加班现象普遍存在，而且加班时间呈逐渐增加趋势。根据日本文部科学省调查，2006年日本教师每年的月平均加班时间为34小时(实际调查结果)，而1966年日本中小学教师平均8小时/月(推算结果)[3] (表6-7)。

---

〔1〕 学校教員統計調査-平成19年度結果の概要. http://www.mext.go.jp/b_menu/toukei/chousa01/kyouin/kekka/k_detail/1278608.htm.

〔2〕 文部科学省. 平成21年学校教員統計調査. http://www.mext.go.jp/b_menu/toukei/chousa01/kyouin/kekka/k_detail/.

〔3〕 日本文部科学省《2008年教育调查报告》。

表 6-7 日本中小学教师平均每天工作时间(2005 年小学、中学平均值)[1]

分类	第 1 期(7 月)	第 2 期(8 月)暑假期间	第 3 期(9 月)	第 4 期(10 月)	第 5 期(11 月)	第 6 期(12 月)
1. 与学生指导直接相关工作时间	6 小时 27 分	2 小时 17 分	7 小时 06 分	6 小时 55 分	6 小时 48 分	6 小时 25 分
2. 与学生指导间接相关工作时间	2 小时 24 分	1 小时 23 分	1 小时 55 分	2 小时 07 分	2 小时 00 分	2 小时 27 分
3. 与学校管理及其他相关工作时间	1 小时 43 分	4 小时 24 分	1 小时 31 分	1 小时 37 分	1 小时 48 分	1 小时 36 分
4. 对外应酬时间	0 小时 22 分	0 小时 10 分	0 小时 06 分	0 小时 08 分	0 小时 10 分	0 小时 16 分
合计	10 小时 58 分	8 小时 17 分	10 小时 39 分	10 小时 48 分	10 小时 47 分	10 小时 45 分
加班时间	2 小时 09 分	0 小时 26 分	1 小时 56 分	1 小时 57 分	1 小时 56 分	1 小时 53 分
休息时间	0 小时 09 分	0 小时 44 分	0 小时 10 分	0 小时 07 分	0 小时 07 分	0 小时 06 分

而长期的超负荷工作不仅给教师的身心健康带来一定的影响,同时占用了大量本应属于教师个人的自主学习和专业发展的课余时间。使得大部分日本中小学教师不得不利用寒暑假时间自费参加各种集体培训,以提高专业能力并获取相关教育委员会制定培训机构的学习培训经历记录(表 6-8)。

表 6-8 日本中小学教师平均每月加班时间(小学、中学平均值)[2]

	第 1 期(7 月)	第 2 期(8 月)暑假期间	第 3 期(9 月)	第 4 期(10 月)	第 5 期(11 月)	第 6 期(12 月)
1 天×20 天	43 小时	8 小时 40 分	38 小时 40 分	39 小时	38 小时 40 分	37 小时 40 分

[1] [2] 日本文部科学省《2008 年教育调查报告》。

第三节 日本基础教育教师培训

为了促进教师综合素质的不断提高，文部科学省根据日本中央教育审议会2006年提出的《关于今后教师培养、资格制度的发展方向》的咨询报告，制订了一系列旨在提高教师质量的方针和政策，从职前培养、录用、职后提高等各个阶段采取有效措施积极促进教师资质、能力的有效提高。

一、新任教师的入职培训制度

教师入职初期，是大学的知识养成与学校的教学实践相结合的关键时期。在此阶段首先要提高对教师工作和教师职责的认识，奠定独立完成教育教学活动的基本素质，因此，这一阶段要进行有组织、有计划的教师岗位研修培训。日本于1988年根据《教育公务员特例法》以及“实施条例”，建立了新任教师研修制度。1989年首先在全日本的小学开始实施，每年按不同学段逐年提高到中学、高中以及各类特殊教育学校。并且于1992年开始在全国所有中小学校实施新任教师入职培训计划。

新任教师研修学习主要是为了提高新教师的独立工作能力，同时达到以下几项目标：

(1) 为了帮助新任教师迅速成长提高，建立校内协作机制，使全体教师有机会相互学习，积极开展校内教研活动。

(2) 为指导教师创造机会进一步提高自身的指导能力。

公立小学教师的任命机构(市、区级教育委员会)要对新任教师从录用之日起，进行为期一年的在职实践培训，以掌握履行教师职责必要的知识技能，称为初任者研修。教师的批准任命机构在新任教师所属学校的副校长、教导主任、骨干教师中，任命一名新任教师的指导教师。由指导教师对新任教师进行业务指导，以帮助新任教师掌握履行教师职责所必要的知识技能。

九州大学以新任教师为对象进行的新任教师在岗培训意向调查显示，新任教师普遍认为所在学校对新任教师的在岗培训比较适合，基本能够满足专业发展的需求。尤其是在岗培训的组织、实施、管理体制比较合理，有助于提高教学能力和指导能力。特别是"和自己的指导教师以及其他教师之间除了保持教学指导关系之外，也能够就其他所有问题相互沟通，保持良好的同侪关系"等，对人际关系方面的支持和帮助非常大，得到一致的好评。此外，对于"哪些教职员对新任教师的影响最大"的调查题目，90％以上的新任教师都认为是"那些资深教师、年级组长、学科主任"[1]。

然而，在日本中央教育审议会教育职员养成分会1999年12月10日发表的第三次咨询报告中指出，新任教师的在岗培训，"增强了初任者作为教师的使命感和自觉性"，新任教师通过老教师的传帮带，能够从"授课方法、班级管理、与学生的交流方法等多方面，学到很多实用的经验与有效方法"。同时，能够增加"多方面的体验和实践机会"，可以调动新任教师主动参加研修培训的积极性，实现新任教师素质和能力的提高。

而另一方面，也存在以下一些问题：第一，新任教师校内培训研修基本遵循通体模式，内容千篇一律，缺乏针对具体教师和具体情况的指导措施，个性化不强；第二，对新任教师上课前后的指导时间不足，难以帮助新任教师制定有效的教学计划以及充分的教学评价和课程研究，影响教学指导效果；第三，新任教师校内培训没有与校外学习紧密结合，业务培训比较容易受到学校条件、经验积累和研究方向的限制，不利于新任教师掌握全面应对各种问题的能力，全面提高班级管理学生管理和教学能力；第四，缺乏将新任教师分配到指导体系完善的学校在岗培养的通盘考虑。

如上所述，该咨询报告对新任教师在岗培训进行了比较全面的评价，既包括肯定的一面，也指出新任教师培训中亟待改进的一些问题。

---

[1] 资料来源：八尾坂修学校改善マネジメントと教師の力量形成、第一法規、2004:209-217.

同时强调今后新任教师培训和研修要注意以下几个方面：第一，是否注意按照每个新任教师的个人经验和能力设定培训内容，培训是否符合本校现状以及有助于解决本校现有的问题；第二，是否确保指导者有充分的时间对新任教师进行日常指导，包括教案的编写和准备、板书的书写格式、对学生的提问方法等日常教学工作的具体指导；第三，是否确保新任教师的校内培训指导与校外学习紧密结合；第四，是否确保新任教师根据自身的问题意识自由选择校外学习内容；第五，培训过程是否包括参与性、体验性、课题研究性培训内容；第六，是否确保新任教师的校外学习安排在指定的新任教师研修基地学校，或者将基地学校的指导教师派遣到新任教师所在学校进行实践指导；第七，新任教师的工作安排是否考虑到允许他们短期外出学习而适当减少一些课时；第八，为了使指导教师能够专心指导，是否采取相应的管理和考核措施。

二、骨干教师的脱产进修制度

根据日本《教育公务员特例法》的规定，中小学、高中以及各类特殊教育学校的教师，具有一类或特殊教师资格证书，并满足以下几个条件的公立学校优秀骨干教师和指导教师，可经过上级主管部门许可，以一年为单位，最长不超过 3 年，到国内外的大学研究生院(不包括短期大学)攻读研究生课程，或者进修专业课程为目的的在职脱产学习，离职期限不得超过 3 年，这种情况称为“学习休假”。

第一，骨干教师以取得《教育职员许可证法》规定的“专修许可证(基本条件为研究生毕业)”为目的的在职学习。

第二，骨干教师必须具备取得“专修许可证”的基本资格——持有“一级许可证”。

第三，骨干教师必须达到取得“专修许可证”要求的基础许可证资格的任职年限。

第四，带有附加条件的录用者、临时录用者，以及尚未结束“初任者”在岗培训的教师除外。

骨干教师向主管教育委员会提出在编脱产学习申请时，要明确列出所要取得的“专修许可证”种类、准备就读的大学的研究生课程设置，以及希望就读和脱产学习的起止时间。

在编脱产学习期间的骨干教师，仍然拥有教育公务员身份，但是不履行教师职务。

骨干教师在职脱产学习期间由于不承担教学工作，所以不享受工资待遇。

如果骨干教师在研究生院脱产学习期间，受到停职或开除处分，则处分优先，允许其在职脱产学习休假随即取消(不保留教育公务员身份)。同时教育委员会在确认骨干教师在职脱产学习期间从规定的研究生课程退学，或者出现其他政令规定的情况，可取消在制脱产学习的许可。正在进行脱产学习的教师不再计入在职教师职数，学校可另外申请录用正式教师顶替脱产学习教师的教学岗位。

这项制度可以使在职教师根据自己的研究计划和课题意识，主动到国内外的大学和研究机构脱产学习，并可实现以下目标：可以使教师在一段时间内离开教学岗位，以便充分反思教学经历，更新教学观念；通过学习掌握高度专业化的心理咨询技术，提高解决和应对学校和学生中出现的病理性、心因性问题的能力。同时，通过学习和掌握与本学科相连的边缘性、综合性学科知识，提高横向性、综合性课题的指导能力，并且通过学科教学等重点选修科目的学习和研究大幅度提高教学指导能力。外语教师通过到国外的大学攻读学位或进修学习，提高外语交流能力和水平，而理工科系列的教师通过到高等教育和研究机构脱产学习，能够接触到最先进的科学技术，提高教学和科研能力。

三、资深教师的研修提高制度

根据日本《教育公务员特例法》第 24 条、《教育公务员特例法施行条例》第 3 条、第 4 条、第 5 条之规定，日本从 2003 年度开始在全国实行对于具有 10 年以上教学经验的资深教师进行进一步提高教学能力的研修培训——“10 年教龄者”研修。当年参加该项研修的教师共有 2 万多人。这项研修是以提高中小学教师的自制能力为目的，要求国立、公立小学的设立者和主管部门，在教师连续教龄满 10 年以上的一定时间内，有义务根据各自的能力和适应性，送出去参加“10 年教龄者”研修培训。

教育公务员特例法要求公立小学教师的上级主管机构(市、区级教育委员会)对于所管辖的学区的具有10年以上教学经验(一般以10年为期限,如有特别规定,则为达到规定年限)的资深教师,要在达到规定期限后的一定时间内,安排组织资深教师——"10年经验者"进修学习,根据各自的能力特点和适应性,进行提高教师质量的相关培训学习。

在实施"10年经验者"研修学习时,首先要对接受培训的"10年经验者"资深教师的能力、适应性进行评价,根据评估结果为每一个接受培训的"10年经验者"教师分别制定具体的进修计划书。

教师的上级主管机构制定的"初任者"以及"10年经验者"进修计划的实施,要紧密结合教师的实际工作经验和相适应性,从而形成教师专业发展系统研修的重要一环。

资深教师教师培训的主要特点是校长要亲自制定研修计划,并认真听取本校的教导主任以及教育委员会学科教研员的参考意见。突出特点是在制定评价标准和研修计划时,注意听取教师本人的自我评价,使教师能够客观、准确地重新认识自身的优势、弱势、适应性、擅长学科和面临的课题,唤起资深教师的研修积极性。研修内容要尽量适合教师的需求。而通过资深教师提高研修,所要达到的真正目的在于能够主动提高研修以及学术道德,构建作为评价者的学校校长和被评价对象的教师之间相互信赖的和谐关系,使研修成为高层次业务交流的平台。与此同时,校长通过与教师对话,准确掌握并合理利用每一位教师的优点与专长,充分交流,积极鼓励,营造和谐融洽的工作氛围,扩展资深教师研修的作用与功能。

资深教师的研修内容的具体特征,是根据资深教师每个人的优势学科和专业发展的需要,制定切合实际的研修内容、研修形式、研修时间和地点。

首先在暑假和寒假期间,由各都道府县教育中心或委托市级教育研究所等机构统一进行校外研修,一般研修期限为20天左右,可根据具体情况增加或减少(下限为15天),幼儿教师的研修期限为7～10天。此类研修也可以与教育中心既有的业务进修同时开展,还可以选在教学时间内进行,场所不限。资深教师要将寒暑假或授课期内参加20天左右的校外集中培训所学到和掌握的知识与经验,充分运用于接下来的校内研修过程中。

四、薄弱教师的“改善指导”制度

教师的教育指导对于身心都处于发育阶段的孩子将带来很大的影响，因此要杜绝指导能力不足或者由于身心健康等原因不适于教学和指导的教师上岗的现象发生。对于教学与学习指导能力不足的教师，有针对性地组织有关教师参加“改善教学指导”培训，及时帮着他们提高学习指导能力和教学水平。

日本《地方公务员法》第27条、28条规定，为了维持和保证公务员履行职责的能力和水平，教师由于某种原因不能充分履行职责，不管本人是否同意，任命机关都可以单方面对不合格教师进行免职、降职、停职、降薪等分级处分。然而，这种处分与违反法令、违反职务规定以及不适合作为公务人员的行为所受到的处罚具有本质上的区别。

分级处分的理由由法令所规定，包括：工作成绩不佳、由于身心障碍不便履行岗位职责或无法承受本职工作、不具本职工作所必要的其他适应性、由于职位本身或职数的改变和废除、预算减少等原因造成的岗位减少等情况。

另据业内人士估算，目前在日本中小学校任职的教师中，虽然没有达到受处分的程度，但是由于指导能力不足而影响学校整体教学质量的教师人数大约占日本教师总数的4%左右[1]。应对教师指导能力不足已经成为日本学校教育所面临的一个主要课题。为了整体提高教师质量，首先要有计划、有组织地支援和帮助那些缺乏指导能力的教师提高教学指导能力。

为此，日本政府要求各都道府县、计划单列城市教育委员会，要建立健全对指导能力不足以及不适于教学与指导的教师，进行持续性培训和改进的研修体制。同时，文部科学省允许地方教育行政机构，根据教师的具体情况使用免职处理权限。这是文部科学省近年提出并积极倡导的确保教师队伍整体水平的人事制度管理措施。

对于指导能力不足教师的界定，目前日本文部科学省以及学校内外并没有明确的定义。日本各都道府县教育委员会根据本地区具体情况，有些地方认为指导能力不足的教师是指有必要采取研修措施、人事管理特别措施的教师，有些

---

〔1〕 八尾坂修.「学校改善マネジメントと教師の力量形成」，第一法規株式会社，2004:127。

地区则分类界定。大阪府教育委员会对于指导能力不足的教师提出了以下几项认定条件。

(1) 因疾病以外的理由而不适合指导学生的教师要暂时离开教学岗位,专心参加相关的研究培训。

(2) 因疾病意外的原因,明显不适宜进行学生指导的教师因无法继续履行岗位职责,要采取特别人事处理措施。

(3) 在学科学习指导、学生指导以及学校管理过程中不能发挥应有的指导能力,无法完成教育学生的岗位职责(包括不能与学生家长、社区居民、学校同僚融洽相处影响教育活动)的教师。

教育委员会根据“教育委员会规则”,在做出以上认定时,必须广泛听取具有教育学、医学、心理学以及其他具有专门知识的儿童指导专家以及该教师所属社区学生家长的意见。对于“改善指导”的基本原则是经市、区级以上的教育委员会鉴定确认为不适于担任教学和学生指导工作的教师,要根据每个人的具体能力和适应性,组织强制性的、以改善和提高指导能力为目的的业务研修,一般称为“改善教学指导研修”。教学指导改善研修的时间一般不得超过一年,但是如果教育委员认定为有必要的特殊性,可延长至两年以内。

教育委员会要根据每一个参加改善教学指导研究的教师的能力和适应性,制定出具体的研修计划。在进修结束时,教育委员会要为参加指导改善进修的每一个教师的指导能力改善程度做出评价和认定。

地方教育委员会对经过上述改善教学指导研修后,教学指导能力仍没有得到充分改善而不适合担任教学和学生指导的教师,要采取免职等其他必要的处理措施。然而,为了提高教师队伍整体的社会信赖度,维持全国教育水平,要公正和准确掌握处理不适于教学和指导的教师的人事管理制度。

五、日本教师学习的实施机制

日本教育公务员特例法规定,教师为了顺利履行业务职责,必须不断加强研究和提高修养。教育公务员的任命与管理机构必须提供教师进修必要的设备设施,制定必要的研修奖励与相关计划,并切实执行(图 6-1)。

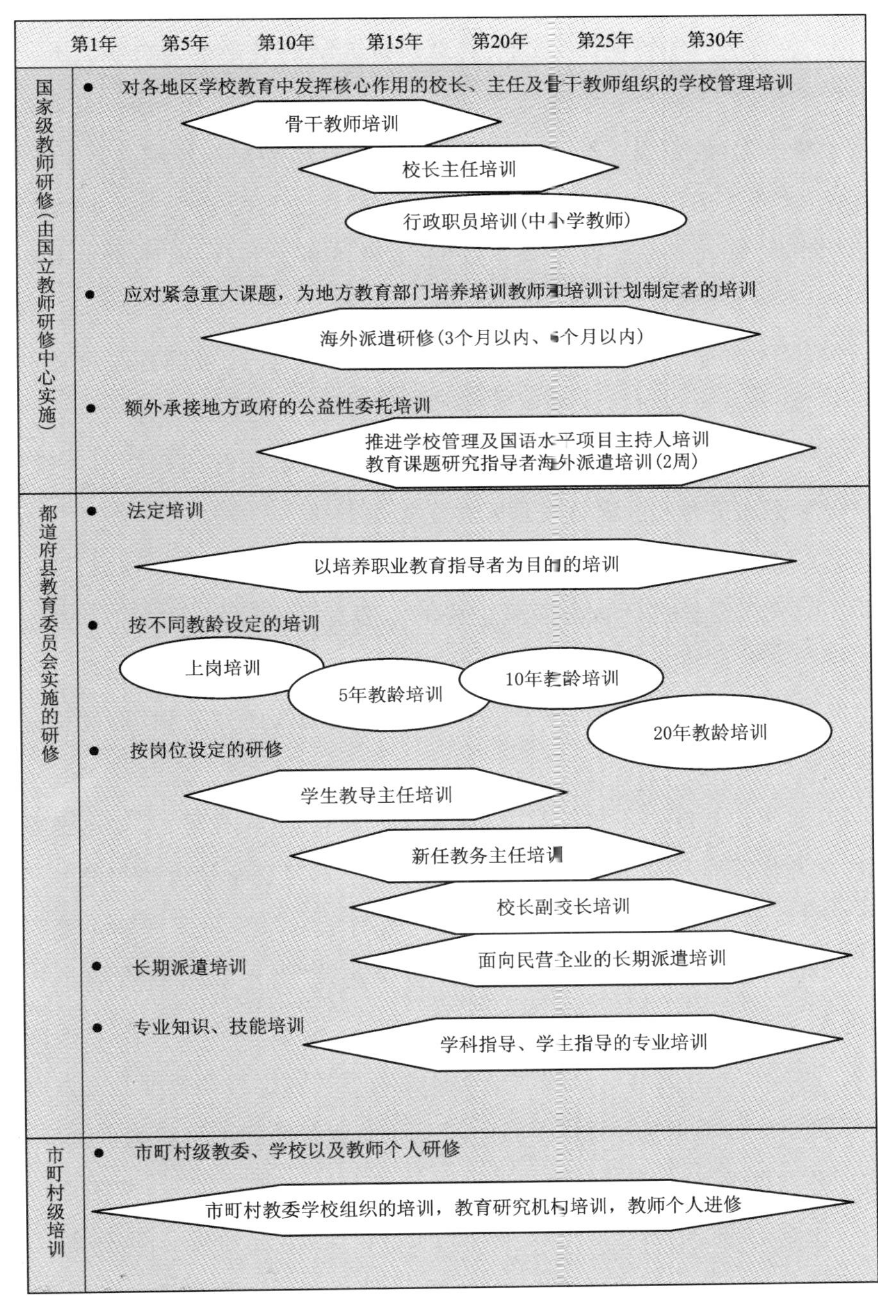

图 6-1　日本教师进修实施体系[1]

---

〔1〕文部科学省"教員の免許、採用、人事、研修". http://www.mext.go.jp/a_menu/shotou/koushin/004/1258028.htm.

根据《教育公务员特例法》规定，必须保证教师的进修学习机会。教师在不影响教学的情况下，经所在学校同意，可到校外参加进修学习。现任在职教师经过教育主管部门(教育委员会)批准，可到指定教育机构在职长期进修学习。

首先，教师任用机构(地方公立学校由市町村教育委员会负责)，要对接受“10年教龄者”培训的资深教师的能力、适应性进行客观评价，根据评价和诊断结果，制定个性化的研修提高计划。各中小学校长要在广泛听取副校长、教导主任、教研员以及其他骨干教师的意见建议的基础上，认真制定资深教师进修计划。同时，在制定教师研修计划和教师评价时，还要首先听取教师本人的自我评价，视角是充分认识到自身的优势与亟待解决的问题，唤起研修学习的积极性，实验修内容更加适合个人专业发展和能力提高。

其次，教师任用以及学校的主管机构所制定的资深教师研修计划，要作为根据教师实际工作经验进行系统提高进修的主要环节。2003年以前日本个地方教育委员会基本都制定了教师研究总体研修计划，要将“10年教龄者”研修、初任者定岗研修以及两者之间的研修统一纳入整体教师研修计划，形成相互关联的新的教师研修体系。

此外，对于指导能力不足的教师，不管是否具有10年教龄，都要迅速掌握情况，立即展开提高指导能力的援助和研修行动，不必等到常规进修年限。

日本以教师资格许可证更新，作为促进教师学习与专业发展的主要促进机制。2007年6月日本国会第166次通常会议通过“关于修改教育职员许可证法”的决议，2009年4月开始在全国实施教师许可证更新制度。使教师的职前培养、职后培训、在岗提高以及教师资格证更新等教师学习和教师专业发展体系进一步完善，成为终身学习背景下教师学习和专业发展的一个新的里程碑。

学校教育的充实与质量保障与教师质量有极其密切的关系，准确评价教师的能力与业绩，并将评价结果与教师的工作岗位配置、进修机会的获得、工资待遇的提高等挂钩，将会有效调动教师的积极性并且有利于教师的合理利用。

日本文部科学省从2003年开始委托各都道府县教育委员会进行教师评价的委托研究，以促进新的教师评价体系的开发与利用(图6-2)。截至2006年底，已经有90%以上的都道府县以及计划单列城市的教育委员会采取了新评价体系。

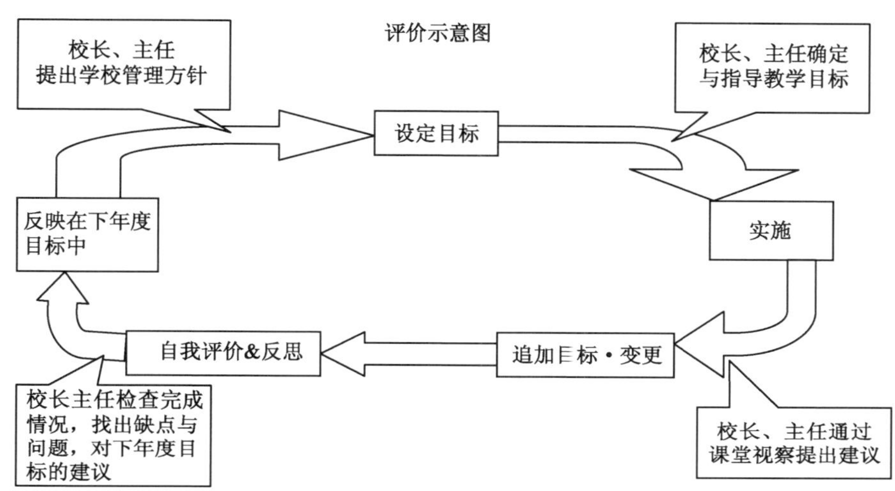

图 6-2 日本教师学习评价流程〔1〕

对于具有较高指导能力和取得优秀业绩的教师，进行准确评价将会刺激和调动教师的工作热情，有助于教师质量提高。因此，日本于 2007 年开始实行中小学教师表彰制度，截至 2008 年底已有 83%以上的都道府县以及计划单列城市教育委员会实施优秀教师表彰计划。

教师的培养、录用、考核以及职后进修和专业发展等一系列方针整合和有效措施，构成日本基础教育阶段教师准入制度的完整体系。

此外，近年来日本教师教育领域对教师培养课程的模式也进行了各种探索。其中比较有代表性的方案是日本教育大学协会在 2004 年 3 月提出的“教师教育核心课程模式”。其主要特点是将“学科教学课程”与“教育理论课程”以及“实践实习课程”统合成一个整体，在该核心课程中交叉进行。以此为参考蓝本，目前日本各大学都在开发具有自身特色的新型教师教育课程。

2005 年 6 月，日本中央教育审议会提出增设专门培养教师的“专业学位研究生院”建议，目的是培养优秀的高学历水平的教师和学校管理者。日本从

〔1〕 根据文部科学省教员免许制度资料编制. http://www.mext.go.jp/a_menu/shotou/koushin/001/__icsFiles/afieldfile/2014/01/09/1236009_01.pdf.

2008 年 4 月起开始建立教师专业学位研究生院制度，在 12 年内修满 45 个学分，可获得“教职硕士”专业学位，目前已有 24 所大学设置了教师专业学位研究生院。

进入 21 世纪以来，日本还加大了对中小学教师的考核力度，特别是引进了对“优秀教师”的表彰机制和对“能力不足”教师的认定机制。同时，日本要求中小学教师在一定区域内的学校间定期流动，这是解决基础教育阶段教育公平问题的一项有效机制。日本中小学教师的轮岗制度对保证偏远地区学校的师资力量发挥了很好的体制保障作用，而新任教师要具有到偏远地区学校任教的经历，不仅磨练了年轻教师，而且使偏远地区学校充满活力。对拟升任学校管理岗位的教师提出到偏远地区学校任教的经历要求，则发挥了对优秀教师到偏远地区学校任教的激励作用。

为了解决中小学教师到偏远地区学校任教的实际困难，日本政府还通过立法手段，从法律上、财政上保障在偏远地区学校任教教师必要的工作生活条件，如设立偏远地区任教专项津贴、中央政府对偏远地方政府解决教师住房予以资助、采用专项资助的办法保障偏远地区任教教师的在职进修机会等做法也值得借鉴。

近年来日本实行的教师资格证书更新制度与定期培训制度(新任教师；任教 5 年、10 年、15 年、20 年的教师)对促进教师不断学习、更新知识技术日新月异的当今时代，建立符合具体国情的教师定期在职培训制度，都是值得世界各国学习的。

第七章

日本基础教育学校评价

学校评价，是为了使学生享受更好的教育，检验学校教育活动成果，改善学校管理促进学校教育发展的一项有效措施。学校评价，是将有限的时间、有限的人力集中于必要性和紧迫性最高的、教育效果最大的教育活动上，进一步促进学校教育活动的精选化和重点化，而《学校教育法》的规定成为学校评价制度化的法律依据。

日本现行的学校教育质量评价是以《学校教育法》所规定的各级、各类学校办学目标为依据，对各级、各类教育机构完成教育使命、实现教育目标、彰显教育成果、满足社会教育需求的程度与水平的检定。日本《学校教育法》规定，各级各类学校必须定期进行学校教育评价。

2005年日本中央教育审议发公布题为"创造新时代的义务教育"的咨询报告，指明日本义务教育改革的基本方向[1]，提出将"明确教育目标，检定教育结果，确保教育质量"作为日本保证和提高教育质量国家战略的首要措施。为了设定和实现义务教育目标，由国家负责基础设施的整备；扩大和加强市町村在实施教育过程中的权限和责任，强化学校管理的自主性、自律性；由国家承担设立检查义务教育成果的专门机构，实现教育体制的转变以保证教育质量的提高。

为了进一步推进学校评价的全面实施，2007年修订的《学校教育法》将学校评价列入法律体系，其中第42条、第43条要求学校根据文部科学大臣的规定，对本校的教育活动，以及其他学校运营状况进行评估，并根据评估结果改善学校运营，采取必要措施努力提高教育质量水平。

就小学来说，为了不断加深与本校相关的监护人、本社区居民和其他相关人员的相互理解，不断推进学校与社会的密切协作，应积极提供本学校教育活动以及其他运营情况的相关信息。幼儿园、中学、高中、中等教育学校、特别支援学校、专修学校以及各种学校参照执行。

所谓文部科学大臣的要求，就是同年10月日本文部科学省颁布的《学校教育法实施规则》的文部科学省令，规定每个学校要进行"自我评价、学校相关者评

---

〔1〕 中央教育審議会.新しい時代の義務教育を創造する(答申)[2005-10-26]. http://www.mext.go.jp/b_menu/shingi/chukyo/chukyo0/toushin/05102601.htm.

价,并广开信息,将评价结果报告给学校举办者(教育行政主管部门)”。至此,学校评价已成为日本学校教育活动和教育结果检定的重要手段,改善学校管理的法定程序。

第一节　学校评价的原则

日本《学校教育法》规定,各级各类学校必须定期进行学校教育评价。文部科学省 2007 年 7 月 31 日发布的“关于修改学校教育法的通知”的政令中指出,“幼儿园、小学、中学、高中以及中等教育学校和特别支援学校,需根据文部科学大臣之规定,将本学校的教育活动以及其他学校运营情况进行评价,根据评价结果改善学校管理,采取必要措施努力提高教育水平”。因此,实施学校教育评价是日本各级各类学校必须遵守的教育质量监控与改进的法律程序。

2008 年 1 月,文部科学省制定“学校评价指南”,2010 年 3 月“关于制订学校第三者评价指南的调查协力者会议”提出第三者评价指南相关事项的报告,明确将第三者评价结果应用于学校教育改善的基本目标。根据学校教育法的规定,2006 年 3 月日本文部科学省制定以市町村公立义务教育学校(小学、初中、一贯制中学初中部、特别支援学校小学、初中部)为对象的“义务教育阶段各学校评价指南”,以供各学校和办学者(教育行政主管部门)参考使用。

一、学校评价的目的意义

学校评价的目的在于放宽学校自主权,在提高学校管理的自主性、自律性的基础上,对学校进行教育成果检验;通过提供必要的支持和学校管理改善,使学生能够享有更好的教育,保证教育质量,提高教育水平。同时,随着学生家长(监护人)对学校管理质量的关注度日益提高,学校更应该向社会履行说明义务,就学校运营和管理取得社会的理解与支持,通过相互协作促进学校教育改善。同时,学校评价的机构有必要向学生家长和社会广泛公开。

实施学校评价,改善学校管理,使学生受到更好的教育是学校评价的总体目标,在此基础上进一步分为三个主要目标,并根据三项目标组织安排评价活动。

第一,各学校首先对自身的教育活动,以及其他学校运营和教育管理,设定预期目标,检查、把握目标的完成情况,检查实现目标的措施是否合理、可行,从学校层面组织起学校管理的系统性、持续性的改善。

第二,各学校通过实施和公开自我评价、家长及学校相关者评价的结果,履行信息公开和说明义务,取得社区居民和家长对学校管理的理解和积极参与,构建学校、家庭、社区联合协同共进的开放性学校管理体制。

第三,各学校的主管机构和举办者根据学校评价的结果,通过调整和加强对学校硬件设施的支援和装备改善,保证学校教育水平和教育质量的不断提高。

文部科学省颁布的《学校教育法实施规则》第66条、67条以及68条对学校评价的实施、结果的公开以及使用做出具体的规定:学校要将本校的教育活动以及其他学校运营管理状况进行自我评价,公开评价结果。在进行上述评价时,学校应根据具体情况设立相关评价项目。学校要根据上述自我评价的结果,组织接受该学校学生家长等学校相关者(该校教职员除外)的评价,努力公开学校相关者评价结果。学校要将自我评价结果(如果实施了学校相关者评价,则联合相关者评价结果)上报给办学机构(教育行政主管部门)。

根据上述法律规定,学校评价的实施原则可归纳为:一是组织学校教职员进行自我评价并公开评价结果;二是努力开展学生家长等学校相关者的评价,同时公开评价结果;三是将自我评价结果和学校相关者评价结果,上报给办学机构(教育行政主管部门)。

学校评价的内容与标准取决于学校教育目标的设定。因此对学校教育活动的评价首先要明确什么是学校教育目标。而日本的学校教育评价遵循的主要原则就是以完成和实现教育目标作为学校评价指标设定的基准——基于目标的评价。

是否完成和实现了学校教育目标是检验学校教育活动成果和学校教育职能

的基本标准，而学校的教育活动是教育实施的基本途径，是教育过程中可控的教育质量影响因素。因此，学校评价是改善学校教育，提高教育质量，促进教育公平的有效措施。

根据中央教育审议会在《创造新时代的义务教育》咨询报告中提出的方针，加强学校和地方自治团体的自主性、自律性，评价各学校和地方自治团体教育管理成果，回应倍受社会和家长关注的教育质量提高等，显得越来越重要。

2005 年 6 月，日本内阁会议决定并通过《2005 年经济财政运营与机构改革基本方针》。其中指出，“2005 年中期要制定义务教育学校外部评价的实施与结果公开的指导方针”。同时，中央教育审议会 2005 年向文部科学省提交的审议报告《创造新时代的义务教育》中指出，“今后，为了促进学校评价的实施，要制定学校评价指南，以供学校和地方教育行政部门参考”。

根据上述决定，日本文部科学省于 2006 年 3 月 27 日发表《义务教育学校评价指南》，该指南是日本所有公立义务教育阶段的小学和初中，以及所有特殊教育学校进行自我评价的统一标准。

二、学校评价的指导方针

学校评价最早出现在 2002 年修订的小学设定基准中，提出各学校应努力实施自我评价并将评价结果公布于众。2006 年 3 月，文部科学省以市町村公立义务教育学校（小学、初中、一贯制中等教育学校初中部、特别支援学校小学、初中部）为对象，制定“义务教育阶段的学校评价指南”，提供给各学校和学校举办者（教育行政主管部门）参照使用。此后经过 2008 年、2010 年两次修订，形成现在统一的学校评价指南。学校评价指南是文部科学省为指导各学校顺利有效开展学校评价而提出的评价形式、评价程序、评价内容、评价结果使用等的指导范例。

2007 年《学校教育法》的修订，以及文部科学省学校教育法实施规则的修改，新增设学校要开展自我评价、相关者评价并公开评价结果，同时要将评价结果想学校举办者（教育行政主管部门）汇报并据此改善学校教育活动的条款。

为此，文部科学省将原来的学校评价指南根据性法律法令的规定，以及“推进学校评价调查研究协力者会议”的建议，全面修改了原有评价指南，并将原来没有包括在内的高中阶段列入评价对象，重新制定成“学校评价指南”。在此基础上，文部科学省还参考了制定“学校第三者评价实施指南调查研究协力者会议”的报告观点，于2010年对学校评价指南进行再一次修订，充实和强化第三者评价的要求和评价规则，成为现行的《学校评价指南(2010年修订版)》，使学校评价制度日趋完善。修订版的学校评价指南在以市町村公立中小学为主要对象的同时，提出高中、特别支援学校要根据其学校性质和特点，开展学校评价，灵活运用学校评价指南的注意事项和指导意见。

文部科学省对于学校评价指南的功能定位做出了如下的解释：学校评价指南在法律规定的基础上选取先进事例、结合专家意见，给出提高学校评价实施效果的组织措施的指导方针，并对具有代表性的典型事例进行具体说明。各学校以及学校举办者(教育行政主管部门)可在发挥自主性开展学校评价过程中，合理引入本指南所列内容，进一步努力改善学校评价，提高评价效果[1]。

该评价指南参考了各都道府县、计划单列市教育行政机构现有的评价指南、评价标准、评价手册，集中了很多地区共同的观点、先进的理念以及先行试点地区的实践经验，提出自律性、持续性改善与加强学校管理的评价目标。通过学校评价促进社区居民和家长积极参与学校管理，通过评价结果的公开使学校举办者全面了解和掌握学校发展情况，及时向学校提供设施、设备和办学条件的改善，保障全国教育水平和教育质量的均衡提高。

文部科学省为了达到这一目标，制定了具体统一的评价内容标准。但同时强调，制定学校评价指南的目的是为了给学校和学校举办者在开展学校评价过程中提供参考，列出作为参考指标的指导性评价事项，而学校评价指南本身并不具有强制性功能。因此，日本文部科学省要求各学校在评价指南地执行过程中，各学校以及学校举办者可根据学校具体情况以及现有评价基础，将评价指南中所列内容融入和运用到本校的自我评价项目中，逐步提高和改善学校评价的质量。

---

〔1〕 文部科学省. 学校評価ガイドライン(平成22年改訂)，平成22年7月20日. http://www.mext.go.jp/a_menu/shotou/gakko-hyoka/index.htm.

三、学校评价的实施准则

按照学校教育法实施规则等相关法律法令的规定，文部科学省提出学校评价的实施方法的三种形式。

一是各学校组织本校教师自主开展的“自我评价”；二是以学生家长、社区居民等与相关人员组成评价委员会，对学校的自我评价结果进行认定、审核、评估的“学校相关者评价”；三是由学校和办学机构实施，聘请外部的学校管理专家，在“自我评价”和“学校相关者评价”的基础上，从专业视角对学校的教育活动和学校经营及管理进行的“第三者评价”。

1. 自我评价

自我评价——是学校评价的基本程序。由校长组织全体教职员根据学校预先制定的目标和具体实施计划，检查与评价目标实现情况和措施的有效性。

学校在进行自我评价时，向学生、家长以及社区居民为对象发放调查问卷的方式获取对学校的评价，通过召开学生家长座谈会等方式，听取家长对于课堂教学难易程度以及学校教育活动等方面的意见和建议，准确掌握学生和家长的学习需求和愿望十分重要。

2. 学校相关者评价

学校相关者评价——由家长、学校评议员、社区居民、青少年保护团体代表、上级学校教师以及其他学校有关人员组成评价委员会，通过观察学校教育活动和深入调查，重点对学校的自我评价结果及其合理性进行评估。教职员进行的自我评价和学校相关者评价是改善学校管理不可或缺的重要环节。

以前曾经推荐过通过发放调查问卷、召开座谈会等形式开展“外部评价”的实践案例，现在，随着学校教育法实施规则的颁布，学校评价的范围不仅仅停留在外部评价程度，法律还要求各学校必需实施由家长和社区居民等相关人员参加的“学校相关者评价”，而问卷调查等相关事项应作为学校自我评价的环节对于设定评价目标、检查目标实现情况、推进措施等是否合理进行评价的一种形式和手段，不能以问卷调查代替学校相关者评价。

学校要组织开展学校相关者评价，旨在对本校教职员开展的自我评价以及以学生家长和社区居民为对象的外部问卷调查及其结果进行评价，并公布评价结果,这是学校评价的基本程序。

3. 第三者评价

第三者评价——由学校及办学机构实施,以外部专家为主,结合自我评价和学校相关者评价的实施情况,对学校的教育活动以及管理进行专业性评估。第三者评价由学校和办学机构根据需要自主判断实施,法令法规不作硬性规定。

在此基础上学校还要积极引入"第三者评价"有效促进学校评价的全面开展。在开展学校评价过程中,只要不违反法律规定,也可以采取将将两种以上评价要素合而为一的评价方式。例如,可以设立一个由本校教师、本地居民、学生家长组成的综合组织对学校教育活动进行全方位的综合评价,同时,也可以设立由学生家长、本地居民、其他大学教师等其他成员组成的专家组,开展深入的专业评价。

日本文部科学省在学校评价指南中,就如何利用评价结果进行了具体说明。要求各学校结合学校评价的结果自主进行管理改善的同时,更要将评价结果上报给学校的举办者或教育行政主管部门并提高双方共同的问题意识。根据学校和主管部门的双方共识,学校举办者或教育行政主管部门应该根据评价结果,给予学校经费预算、人事管理、教研员派遣等方面的支持和援助。

通过学校关系者评价,实现教师与学生家长和社区居民的意见交流和相互沟通,对学校目前情况达成共识,加深相互理解。使学校评价成为学校联系学生家长、本地居民和所在社区的沟通工具,提高学生家长和本地居民参与学校管理的主动意识,在相互理解的基础上构建学校与社区相互信赖相互支持的新型关系。此外,通过第三方评价准确和客观掌握学校现状,通过专业的分析和专家的指点有效实践,明确学校面临的问题以及解决方案,制定学校教育活动与管理的有效措施。通过上述学校评价结果的有效利用,促进学校建设的活性化,提高学校的社会公信度,创办更有吸引力的学校教育。

学校评价是改善学校管理提高教育水平的有效手段。因此,开展学校评价本身并不是目的,文部科学省要求各学校不要把学校评价本身作为目的,而是要根据本地区本学校的具体情况,开展有实效的学校评价。

第二节　学校评价的程序

日本文部科学省规定了学校评价要建立PDCA循环改进模式,即设定目标(Plan)、实施计划(Do)、评价检查(Check)、改善行动(Action)四个基本程序。

设定目标阶段要求明确和具体设定中期目标和年度目标。

实施计划阶段要以学生智德体全面发展为目标开展教育活动,经常性、制度性地收集和整理教育活动所需要的信息资料。

评价检查阶段要充分利用学生家长和社区居民提交的意见愿望和问卷调查结果,根据收集到的案例和预设指标,对照检查目标的实现程度,为实现目标所采取的推进措施并进行评价(自我评价)。将自我评价的结果汇总成自我评价报告,通过学校快报、学校主页等途径公开等在履行说明和信息公开责任。学校举办者(教育行政主管部门)负责设立学校外部评价委员会,外部评价委员负责对学校的自我评价进行检查,对自我评价报告是否详实、准确提出评价意见(外部评价)。

改善行动阶段根据评价结果给出的改进方案,学校积极进行教育活动的改革与改善,与此同时,学校举办者(教育行政主管单位)根据评价结果提供的学校基本情况,向学校提供必要的援助和设施装备等办学条件的改善。

在制定计划和改进行动环节,需要注意的是准确掌握本校学生状况以及学生家长和本地居民的愿望与意见,并准确反映到学校目标制定和整改计划中。在实施计划和评价环节,要注意及时准确地信息公开。

一、组织"自我评价"

学校的自我评价,是在校长的领导下,有全校教职员工参加,对照事先制定的目标和具体计划，对自己的对策措施进行评价。同时，以儿童、家长和社区居民为对象的问卷调查，以前一直被认为就是外部评价，其实这只不过是学校为了收集用于自我评价必要信息的一项措施。

1. 设定具体明确的发展目标

学校的自我评价，根据PDCA循环改进程序，首先要设定明确的发展目标。一般包括教育基本法提出的基本教育目标和学校教育法规定的学校教育目标，以及通过学校教育管理实现上述目标的办学理念等普遍性和抽象性的概念指标。因此，还必须制定为了实现教育目标的校本具体目标和发展计划。因此，通常会根据学校教育目标的总体方向，结合校长和全体教师为之奋斗的愿景和学校的具体情况，制定出学校中期发展目标。

根据中期目标的指导方针，确定学校短期内重点工作、主要成果形式、凸显的特色，以及具体实施计划。根据上一年度学校评价结果，制定改进方案确定改进计划目标，对学生、家长以及社区居民的调查问卷，所反映的问题分解成具体的教育计划和年度重点工作目标。作为重点工作的目标要得到全校教师的共同理解和支持，因此要精选突出学校特色、有利于学校发展的重点课题。

2. 制定自我评价的项目指标

将实现短期（或者中期）重点目标的具体措施设定为评价项目，设定具体评价指标以掌握评价项目的完成情况、具体措施状况，根据需要也可以设定相关的评价标准。

在设定评价项目和评价指标时，要选择衡量重点工作完成情况的明确指标，以及全体教师积极参与的重点项目。同时，为了充分争取家长和社区居民的理解和支持，指标选取要简明易懂，避免过细、过于专业化的表述形式。具体的评价项目、评价指标的确定，要根据各学校的具体情况自主决定，或者同一个学校举办者（同一个教育行政主管部门）也可以指定统一的评价项目和评价指标。

3. 成果目标与过程目标

评价项目和评价指标的实现，可分为结果目标和过程目标。教育的根本目的是学生的人格养成，因此学校评价目标中有关学生发展的项目应着眼于实现程度，设定重视结果的评价项目和指标。而对学校以及家校区联合机制的建立，和学校教育活动的开展，应着眼于相互协作关系的建立、责任的分担、推进措施等实施过程，应设立相应的过程目标。

4. 实施自我评价

学校自我评价实施阶段，最重要的是在校长的直接领导下，全体教师积极参与。根据需要也可以在校内成立学校评价委员会。根据前文提到的评价项目和评价指标，总结整理学校为实现发展目标采取的各项措施的成效和目标实现情况。根据评价结果给出今后的整改方针。

在自我评价的基础上，向学生、学生家长、本地区居民发放调查问卷，就学校管理和教育质量、教育课程实施，征求意见、了解需求并有效利用外部调查结果。学校的自我评价根据本学校、本地区实际情况至少每年开展一次。还可以通过中期评价及时调整重点目标、评价项目和评价指标，使其更加合理可行，学校还可以将中期评价结果提供给学校举办者和教育行政主管部门以得到必要的援助和支持。

5. 自我评价的注意事项

在日常教育活动中，发现重大问题应及时处理和改进学校管理，不应坐等评价。学校教育活动的成果不仅要反映在学校教育改善方面，还应该给家庭和社区工作带来积极影响。为了客观把握现状，采取适当量化评价要简便易行，但更应该将注意力集中在非量化指标的设定和完成。应该注意，偏重于某些特定评价项目或指标，或者过分追求指标的提升，会使评价偏离基本目标，过分追求熟知的变化，会失去评价的真正意义和价值。

6. 撰写自我报告书

学校自我评价的结果要以报告书的形式呈现。自我报告应包括重点目标、完成情况，以及学校的推进措施是否合理可行等，并要有分析。学校在撰写自我报告时，应注意保护学生个人隐私等相关事宜。

要避免将学校的自我评价，变成“以撰写学校评价结果报告为最终目的，为评价而评价”，而是要真正发挥评价的诊断作用，努力改进和提高学校教育质量。

二、充实“相关者评价”

学校评价过程中的相关者评价，是指由学校聘请学生家长、本地区居民代表、学校评议员、青少年教育机构相关人员，以及相邻的上一学段(与小学相邻的上一学段为初中)的学校教师组成的学校相关者评价委员会，针对学校自我评价结果作出的评价。

学校相关者评价的目的是对学校自我评价的结论和结果进行评估，提高自我评价的客观性和透明度；使学校、家庭和社区对学校教育面临的问题与挑战形成共识；建立合作机制促进学校改善教育。评价委员会在作评价时，要实地观察和调研学校教育活动，与教师进行意见交流，然后才做出对学校自我评价结果是否认同的结论性评价。

由于受到学校相关者评价委员整体的专业性和时间上的限制，在没有任何参照和依据的情况下，对学校管理展开独自的调查、研究和结果判断，相对来说较困难。因此，文部科学省提出将基于学校自我评价结果的评价，作为学校相关者评价的基本形式。为此，学校要向相关者评价委员提供足够的资料和公开相关信息，以便评价委员了解和掌握学校情况、学校为实现发展目标所做出的努力。学校相关者评价委员向学校提出整改意见的同时，还应该成为改善学校管理，构建家、校、区联合教育机制的促进者。

学校评价中的外部调查问卷，不可能起到学校与家庭、社会之间的沟通桥梁和纽带作用。因此，不能以外部调查问卷作为相关者的评价。

实施学校相关者评价，首先由学校向评价委员介绍学校教育活动的重点目标、自我评价情况以及改进措施。评价委员会根据不同评价项目，提出具体的评价意见和整改要求等相关内容。相关者评价应尽量提出独立的、有间接的评价意见，不要成为对学校自我评价结果的说明和解释。

不能仅仅依靠学校提交的评价报告，而是要先行到学校调查设施设备的使用情况、听课、与学生和教师广泛交流意见，促进评价委员与学校的相互理解。在此基础上，对学校自我评价的结果，以及学校制定的改进方案进行评价。

具体应包括：学校自我评价结果是否准确合理、学校根据评价结果指定的改进措施是否可行、学校设定的重点目标和评价项目是否准确、学校在改进管理方面的努力是否有效等。

学校相关者评价委员会将包含上述相关内容的简明扼要的评价结果撰写成报告书，提交给学校。各学校根据学校相关者评价和自我评价结果，制定出今后的改进方案并通过校报、校刊和学校主页，向学生家长和本地区居民公开发布。

与此同时，学校还要将相关者评价结果，以及学校根据自我评价和相关者评价结果制定的学校教育活动改进方案，提交给学校的举办者或者本地的教育行政主管部门。

评价结果及其改进计划，不仅要向家长和本地区居民公开，还要成为获得学生家庭和社会对学校工作认同、理解的有效途径。因此，要根据信息公开的受众群体，以简明易懂的语言明确表达学校评价结果和改进计划。学校不仅仅是公布结果，而是要根据 PDCA 的评价改进程序，将自我评价的结果和措施统一作为"学校自我评价的结果"，将学校相关者评价的结果以及据此提出的改进措施统一作为"学校相关者评价结果"公开发布。

三、引入"第三者评价"

第三者评价作为学校教育法规定的学校评价的重要一环，以学校和学校举办者（教育行政主管部门）为实施主体，由学校管理人员以外的专家为主组成评价组，对学校教育活动以及整体运营管理，从专业的角度进行评价。

根据文部科学省制定的学校评价指南要求，第三者评价主要以公立中小学为主要实施目标，将为市町村教育委员会的行动措施提供参考。文部科学省对第三者评价的实施机制、评价原则、评价者的身份等相关事项作了具体规定，并写入修订版学校评价指南。

是否实施第三者评价，由学校和举办者根据自身情况自主判断。当学校和举办者认为有必要实施第三者评价时，便可自主组织实施。文部科学省在法令上不规定实施第三者评价的义务，也不作硬性要求。

实施第三者评价，首先应由广泛掌握评价者信息和资料的国家以及都道府县，出面联系评价专家，并负责提供相关信息，采取积极必要的支援措施。对于具体的评价实施机制，可根据学校和本地区实际情况采取灵活的方式。基本原则是聘请校外专家，组成评价小组开展学校第三者评价。

在评价小组的构成上，可在学生家长、社区居民代表等学校相关者评价委员中，加入外部聘请的学校管理专家，开展兼备学校关系者评价和第三者评价双重功能的学校评价。也可以采取以学区为单位的，若干所学校联合协作，共同开展第三者评价，学校教师可互相作为对方学校第三者评价校组的成员。

在第三者评价的实施环节，首先要确保足够的评价专家，要成立处理日常事务的办事机构。实际参与评价的评价组成员，不仅工作量大，而且责任重，要合理设定评价项目和评价内容，适当减轻评价专家负担，提高评价效率。

开展第三者评价时，要征得学校的充分理解，确保评价结果的有效利用。为了减轻评价负担，在必要的时候，可在不同办学主体之间联合实施第三者评价，可在若干学校联合实施，也可以争取都道府县的支持。

评价小组应设立一名组长，负责掌管和主导评价过程，汇总评价结果。参与第三者评价的外部专家不仅要参与评价过程，而且要对学校的自我评价、学校相关者评价的有效实施提出建议，对学校评价程序的改进发挥积极作用。为了确保外部评价专家，学校、举办者和教育行政主管机构要负责收集、整理和提供外部专家信息资料，发挥优势作用。

在联合开展的第三者评价过程中，由于很多评价组成员是相互评价的关系，应避开人情评价，力争在评价中发现新的问题，组织者应该发挥必要的管理作用。可邀请同一学区内的上一学段的教师加入评价组，相邻学段之间的不同学校相互协作，共同推进本地区的学校评价。

文部科学省对学校评价的三种形式有不同的要求和规定，实施自我评价是法令明文规定的义务，实施学校关系者评价是法令规定的努力目标，在此基础上引入第三者评价，是要加强和充实学校的评价。第三者评价毕竟只是改善学校管理的一个手段，有必要综合考虑和衡量第三者评价的实施效果和带给学校的负担，以最小的负担开展最有效的评价。

第三者评价的实施单位(学校或教育委员会等)，首先向评价小组提供被评价学校的背景材料，包括自我评价结果报告、学校相关者评价结果报告，上述资料要在评价小组内共享，并达成共识相互理解，才能有效开展评价活动。而第三者评价小组要从专业的角度评价学校整体的教学与管理工作，根据评价结果，向学校提出改善管理的方向性建议。评价小组要与学校取得联系，商定评价实施的具体日程和计划，

评价小组根据自我评价和相关者评价结果，结合课堂教学观摩，参加学校活动等多种途径，对学校的教育活动和其他整体运营管理提出专业的意见和建议。评价小组与被评价学校经过协商，确认评价报告中是否存在对学校情况的误解和误判，达成协议后，以组长为中心起草和撰写评价报告，必要时可加入专业的分析结果，向学校提出专业的指导意见。评价小组将第三者评价接轨汇报给被评价的学校，以及组织实施评价的教育行政部门，根据需要也可对所评价的学校进行事后访问和跟踪调查。

学校举办者根据评价结果，对问题明显的，要迅速研究和制定解决方案，并给予必要的支持和支援。

日本开展学校评价，使学校通过专家的分析与指导，明确未来发展方向，制定改善措施，使学校管理和教学科研活动更加具有活力，提高学校的社会公信度，保障教育质量的稳步提高。开展学校评价使各级政府的教育主管机构能够客观地把握本地区学校教育发展现状，根据评价结果，在人力、物力、财力上给予学校相应的支持，以改善办学条件从而实现提高教育质量的最终目标。

学校教育评价有利于将有限的人力、物力和财力集中用于最需要、最关键的教育环节，对于提高教育效率，保证教育质量，推进学校管理改革和重点发展有特色项目起到很好的促进作用。

第三节　学校评价的内容

学校评价的内容要根据学校教育目标具体设定。由于日本的教育评价采用

基于目标的评价原则，所以在学校评价过程中，首先根据文部科学省的实施程序的要求，设定明确学校教育活动和学校发展的年度或阶段性目标，基于各学校的规划目标，对实现目标的情况进行检查评价。

学校发展目标的设定首先要符合学校教育的基本目标——日本《教育基本法》规定的基本方针和基本目标：以完善人格为基本目的，培养具有和平民主国家和社会成员必备素质的、身心健康的国民。

因此，各学校在具体设定评价目标时，要依据《教育基本法》《学校教育法》规定的学校教育的目的和目标，设定本学校发展规划和评价指标。即评价内容是检查学校对本学校发展目标的实施程度，以及实现目标的行动措施，是否合理有效。

一、自我评价的指标体系

日本的《学校教育法》是《教育基本法》的方针、目的在学校教育中的具体体现。学校评价就是学校教育活动对学校教育目标的具体落实和执行情况的结果检定。因此，学校设定切实的发展目标和评价指标极为重要。为此，各学校需要在制定全校教育目标的同时，设定预期成果、以及实现预期计划的中期目标和年度目标。

文部科学省制定的学校评价指南提出学校评价的指标体系，这里所说的“评价指标”是泛指“为了衡量事物的尺度”的广义指标，不是仅指为了掌握目标实现程度的可量化指标，还包括表明学校态度与积极性的，无法以数值形式表述的定性指标，其中主要项目包括以下十项基本要素——学校评价十要素：教育课程与学习指导；学生指导与管理；职业规划与指导；特别支援教育；保健教育与管理；学校安全管理；学校组织管理；教师研修；家、校、社区三位一体；设备设施利用等。

学校评价指南要求各学校在自我评价阶段，应根据学校具体情况，设立二级、三级指标，并在二级、三级指标中增加和削减相关评价项目，以准确描述学校发展现状。作者将文部科学省 2010 年修订的学校评价指南规定的评价内容归纳为学校评价三级指标体系(表 7-1)。

表 7-1 日本学校评价指标体系[1]

评价项目	评价科目	评价指标例
教育课程与学科指导	课程编制与管理	• 教育课程的编制与学科指导计划实施情况 • 学科教学指导体制的建立与课时数 • 体验学习与学校例行活动管理与实施情况 • 图书馆的有效利用与读书活动推进情况 • 课外活动的管理与实施情况 • 学生学力调查(结果) • 学生运动、体力状况调查(结果) • 学业成就评价 • 学生成长情况不同视角的评价与评定
	学科教学与指导	• 教师掌握讲解、板书、提问等教学方法情况 • 视听教材与教学仪器以及教材教具使用情况 • 学生的自主、自发性学习情况 • 个别指导、活动指导以及个性化指导情况 • 计算机教学等信息化程度 • 利用当地资源开发校本教材、课程情况
生涯规划指导	生涯规划与心理咨询	• 生涯规划与发展指导体制的建立 • 劳动观、价值观、就业观与自立教育实施情况 • 发展咨询与指导实施情况 • 生涯规划的设施装备情况 • 职场体验与就业体验活动的开展情况
学生指导	学生指导现状	• 学生指导体制的建立 • 问题行为的防范与对策 • 突发事件防范设施和机制的建立 • 家、校、社区联合机制的建立 • 学生出席率、迟到早退情况
	学生品格发展指导	• 品格培养教育情况(主动性、独立性、自律性、责任心) • 家校联合培养良好行为习惯的实施情况 • 人际关系与社会交往的指导情况 • 生命与环境教育实施情况 • 社会责任意识与行为规范指导与养成情况 • 生活习惯的建立与人格养成情况(数字指标) • 学生问题行为统计

[1] 根据文部科学省 2010 年 7 月修订版《学校评价指南》相关内容整理编制. http://www.mext.go.jp/component/a_menu/education/detail/__icsFiles/afieldfile/2012/07/12/1323515_2.pdf.

续表

保健管理	建立学生健康保健咨询机制	• 麻醉药品与健康指导 • 法定学校保健计划的实施与环境卫生管理 • 学校健康检查、预防保健与健康管理措施 • 健康诊断的实施情况
安全管理	建立学校应急机制	• 学校与家庭、社区、相关团体相互沟通关系的建立 • 法定安全计划、放在计划的实施与落实情况 • 危机管理手册的制作和应用情况 • 安全检查与安全教育的实施情况
学校管理	校务管理	• 校长履职能力及被信赖程度 • 学校管理及岗位责任制度的建立 • 教职员代表大会制度的建立情况 • 学校财务管理情况 • 考勤、进修等人事管理 • 管理信息的公开程度
教师学习	建立学习机制	• 课程研究与教学改革实施情况 • 校内研修机制的建立 • 参加校内外进修情况 • 聘用制教师的资质管理 • 指导能力不足教师情况的掌握与应对
办学目标与学校评价	设定发展目标与实施自我评价情况	• 满足社会需求的教育目标的确立情况 • 根据学校定位设立中、短期发展计划 • 根据设定目标开展自我评价 • 利用自我评价结果调整下一年度发展目标情况
	实施学校关系者评价情况	• 每年一次实施学校关系者评价情况 • 学校关系者评价结果采用情况 • 学生、家长、社区代表对学校的满意度 • 学生、家长、社区代表对课程教学的意见反馈
信息公开	建立信息公开机制	• 提供学校相关信息 • 学校开放的实施情况 • 学生个人信息保护情况 • 学校自我评价、教育相关者评价结果公开 • 学校信息提供手段与渠道
设施条件利用	设施设备	• 设施设备利用(剩余教室、特别教室使用)情况 • 与办学主体联合实施校舍定期安全检查与管理情况 • 校舍安全维护情况(抗震、无甲醛处理) • 应对多样性学习内容和学习型态的校舍改扩建情况 • 与办学主体联合实现学校信息化程度
	教材教具	• 与办学主体联合装备图书、教材、教具情况 • 与办学主体联合改善学习与生活环境的措施

二、相关者评价的基本内容

学校相关者评价主要是通过对学校提供的自我评价结果的评估与确认，提高学校自我评价的客观性和透明度，使学校、家庭和社区之间建立起对学校教育的共同理解，通过家、校、区的联合协作改善学校管理，使学校关系者评价成为连接学校家庭和社区的纽带和桥梁。相关者评价的重要意义在于有相关者进行自助评价，独立评价，在问卷调查和学校自我评价的基础上做出基于自身理解的独立判断和评价。学校相关者评价的内容包括给予自我评价报告的文本评价、基于外部调查问卷统计汇总结果的社会公信度评价、基于现场调查的教育课程实施评价等相关事项。

为了加强和切实开展学校相关者评价，日本文部科学省委托（株式会社）野村综合研究所就学校相关者评价的实施状况进行全国调查，野村综合研究所在调查结果的基础上，提出了学校相关者评价的实施方案和推进措施〔1〕。这份报告指出，学校首先要将希望相关者评价委员会给予评价、提出建议和看法的项目、重点领域准确传达给每一位委员，向评价委员提供自我评价报告、相关数据等参考材料，但值得注意的是并不是信息渠道和信息量越多越好，而是要聚焦评价要点，汇集和提供有效的信息。与此同时，学校要提供评价委员进行学校考察调研以及与本校教师、学生以及家长交流和听取意见的机会。而学校相关者评价报告的内容不仅要包括对学校现存问题的指正和批评，还应包括对学校优势与长处的发现与肯定；不仅要包括学校整改措施，还要包括家、校、区联合机制建立的意见。

文部科学省在《学校评价指南（2010 年修订版）》中，就如何推进学校自我评价、相关者评价提出建议。相关者评价首先要对学校的重点目标设定、自我评价开展情况进行评价和说明，通过考察学校设施设备利用情况、日常听课、与校长交谈等形式对学校教育课程、例行活动的重点目标、中期评价结果进行确认和评估，在此基础上提出学校教育活动和学校管理改善建议。

由此可见，学校相关者评价主要是按照学校自我评价的各方面内容的真实度

〔1〕 学校関係者評価の充実・活用に関する調査研究報告書，平成 23 年 3 月，株式会社野村総合研究所. http://www.mext.go.jp/a_menu/shotou/gakko－hyoka/05111601/__icsFiles/afieldfile/2011/05/16/1305974_1.pdf.

进行确认和改进措施有效性的评估，评价的材料和内容主要依靠学校的主动的提供，在实施学校相关者评价过程中，应注意以下相关要素和评价要点(表 7-2)。

表 7-2 学校相关者评价的要素〔1〕

评价事项	评价要素	学校的对策与努力
学校履行说明责任情况	学校的信息提供情况	• 学校信息提供方面的努力情况(短信、校刊校报、社区动态、学校活动说明会、学校 HP 等形式) • 开展学校例行活动的努力情况(每年至少三次以上的周末开放日、发放公开教学的说明材料等) • 提供参考资料情况(为加深理解和促进相互理解的努力情况) • 邀请学校相关者评价委员参加关于学生管理与指导的教师会议
学校提供的信息量	创造评价机会 设定评价时间表	• 创造学生、家长和社区居民积极参与学校评价的机会 • 确定学校评价时间表，建立固定的评价机制
学校自我评价的客观性、准确性、透明度、认同度	评价委员会人员结构	• 确保委员不带偏见地听取各方面意见(保持不远不近的中间立场) • 确保评价委员中包括上一级学校教师(来自同行的、高一学段的客观评价)的评价
	评价项目 评价标准	• 在每一年度的年初，向评价委员提出本年度相关者评价的具体项目 • 同属于义务教育阶段的小学和初中，设定共同的评价项目，对于不同教育阶段的发展变化做出准确评价 • 对学校的自我评价结果的审定，以“是否认同”为基本标准进行评估(认可，或者不认可)
结果的差距	追究原因	• 检查学校自我评价和学校关系者评价结果的差距以及导致评价结果差异的真正原因 • 将自我评价与学校关系者评价的结果差异作为一个客观事实，寻找正确的解决问题和改善学校教育活动的有效措施
共同参与	协议制	• 由学校相关者评价委员和学校教师共同谈论学校自我评价并对其进行客观评价 • 建立相互理解、共同参与的主动意识和固定机制
评价结果应用	学校改善	• 探索以改善学校教育活动为目的的有效评价方法 • 建立迅速反应机制，将学校相关者评价意见切实应用于学校教育活动，改进学校管理

〔1〕 参照野村総合研究所 2011 年 3 月《促进和有效利用学校相关者评价调研报告》相关内容编制。

三、第三者评价的规定项目

日本文部科学省公布的《学校评价指南(2010年修订版)》,将学校评价的实施方式归纳为自我评价、学校相关者评价、第三者评价三个基本形式,在原有基础上新增了关于学校开展第三者评价的相关内容。为便于各学校遵照实施,文部科学省同时公布了由"关于制定第三者评价指南调查研究协力者会议"提交的第三者评价的相关内容、指标、范例[1],要求学校在实际评价过程中,从所列事项中选出重点指标,作为本校第三者评价的具体内容。

1. 运营管理

(1) 学校的组织管理状况——校长以及其他管理者是否得到教师的信赖;组织机构是否健全,校务主任制是否发挥应有作用;是否建立起教师考勤进修服务监督机制;相关人员是否了解危机管理、信息管理的方针措施。

(2) 学校与举办者协作关系——举办者是否根据教育方针对学校教育活动给予指导;举办者是否根据学校教育法确定学校办学目标并对学校管理进行指导;是否放宽学校自主权便于学校自我改善和提高;学校是否向举办者通报有关学生情况(学力状况、问题行为)、安全管理等情况;举办者是否理解并支持学校解决面临的问题;学校是否与举办者密切协作、充分有效地利用办学条件设施设备和教材。

(3) 目标设定和自我评价情况——是否根据学生和本校实际情况以及家长、本地居民的意见要求,设定自身发展的教育目标;是否根据学校具体情况制定中期、短期重点发展目标;学校的自我评价是否符合学校的重点发展目标;学校评价的结果是否应用于学校教育改善;学校是否有组织地开展自我评价;外部问卷调查是否匿名制发放。

(4) 学校相关者评价情况——相关者评价是否依据学校的自我评价结果;学校相关者评价机制的建设情况;相关者评价的接轨是否有效应用于学校教育改善。

---

[1] 学校の第三者評価のガイドラインに盛り込むべき事項等について(報告)学校の第三者評価のガイドラインの策定等に関する調査研究協力者会議. 平成22年3月31日. http://www.mext.go.jp/b_menu/shingi/chousa/shotou/059/shiryo/__icsFiles/afieldfile/2010/03/25/1291932_1.pdf.

2. 课程管理

(1) 课程实施状况——是否根据学校教育目标编制实施教育课程;是否了解和掌握学生学力、体力情况,并根据学生情况实施和改善教育课程;是否有计划利用学校图书馆推进读书活动;对体验活动和学校管理活动是否建立管理和实施机制;是否制定切实可行的各学科,包括道德、综合学习时间等特别活动的全年指导计划;是否有促进各学段之间顺利衔接的措施。

(2) 课堂教学状况——是否开展体验性学习、专题性学习等适合学生兴趣爱好、适合自主学习、自发学习的学习指导;教师是否合理运用提问、板书、回答问题等形式组织教学;是否根据学生个性化需求充分开展个别指导、按程度指导、补充学习和发展性学习;开展团队指导的教师分工是否合理;是否有效利用教育器材、终端等信息通讯网络开展教学;是否主动启用外部人士参与课程教材开发和学习指导;是否根据学生情况按程度进行个性化学习指导。

(3) 特别支援教育状况——是否建有校内特别支援教育机制;对于需要特别支援学生的指导计划是否适合学生的具体要求;是否建立特殊儿童与普通儿童相互交流的机制;对特殊儿童是否开展与校外医疗福利设施的联合指导。

(4) 教师研修状况——是否全员参与课程研究并持续改进课堂教学;是否设立的校内研修课题并坚持实施;教师是否积极参与校内研修;对兼职教师、临时教师是否有组织地进行校内培训;是否对能力薄弱教师开展必要的帮助和改进指导;校长和其他行政管理者是否定期听课并提出改进意见。

3. 学生指导与管理

(1) 学生指导状况——是否建立全体教师共同参与学生管理的机制;能否准确掌握学生问题行为进行有效处理;是否建立家校联合的学生管理机制;是否建立学校心理咨询机制开展学生的指导。

(2) 学生品格养成——是否开展学生品格养成教育,指导学生独立思考,拥有自主性、自律性行动能力,对自己言行负责;是否指导学生尊重对方人格、构建丰富的人际关系;是否根据学生适应性开展个性化指导;是否指导和培养学生的社会公共意识;是否通过家校联合培养学生的良好行为习惯;是否开展生命和环境教育。

(3) 保健管理状况——是否建立儿童保健管理机制，制定法定的学校保健管理制度和计划；是否实施学生健康保健咨询，提高学生健康管理和疾病预防能力；是否通过家校联合进行健康保健指导。

(4) 安全管理状况——是否制定应对校园事件、入侵者等紧急情况的危机防范和管理手册；是否依法实施校园安全管理条例，定期进行校园和通学线路等的安全检查以及提高教师和学生安全防卫能力的措施；是否制定与家庭社区联合保障学生安全的具体措施。

(5) 生涯规划状况——是否建立全体教师共同参与学生生涯指导机制，努力根据学生能力和适应性开展个性化生涯指导；是否收集相关资料以准确掌握学生的适应能力并给予正确的规划指导；是否建立学校的生涯规划指导和心理咨询机制，帮助学生树立正确的劳动关系、职业观以及面向社会的正确人生观价值判断；是否建立与社区家庭的协作关系指导学生职业规划。

(6) 课外活动状况——是否在当前机制下积极开展课外活动；课外活动是否得到教师的大力支持；是否建立起引进校外指导和联合本地区的课外活动机制。

4. 家校区联合状况

(1) 学生、家长以及社区居民的意见愿望——是否建立应对学生、家长以及社区居民意见愿望的机制；是否对学生家长，以及社区的意见能及时处理；学校评价时是否保证学生和家长可以匿名提出评价意见。

(5) 学校信息提供情况——是否提供足够明确的学校教育活动相关信息；是否正确处理保护个人隐私与信息公开的关系；是否通过发行班级简报等形式向家长提供学校活动信息；是否通过学校主页向社会和本地区居民公开学校相关信息以及定期更新主页；是否通过家长会、多媒体等各种首选向家长提供学校教育活动的相关信息。

(6) 家、校、区联合机制的建立情况——家长和社区居民是否积极参与学校活动；家长和社区居民是否有机会向学校反映意见和建议；对家长和社区居民的意见是否及时反馈；是否及时介绍学校开放日活动实施情况，充分利用本地区文化遗产等教学资源情况，与本地区居民和学生家长共同开发课程教材，引进外部人才情况等。

在实施学校评级和制定评价指标体系的过程中,值得注意的是学校评价本身并不是目的,因此要避免为了评价而评价,为了指标而建立指标体系。真正做到通过学校教育评价改善教学,监控质量,提高效率,以实现促进教育公平发展和提高教育质量的目的。

同时,我们还应注意到,学校评价只是日本学校教育质量保障体系和质量提高循环过程(PDCA)中的一个重要环节,其最终目的是为了根据学校评价的结果,促使各学校(大学)主动查找不足,积极采取措施改善教学管理,提高教育质量。

如何借鉴和有效利用别国成功经验,在完善的学校教育法律法规框架下,制定合理可行的教育质量评价指标体系和切实可行的实施程序,是建立教育质量国家标准体系,提高教育质量,促进教育公平的关键之所在。

第八章

日本基础教育学业成就

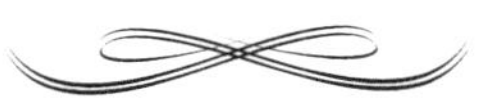

“教育立国”是日本长期坚持的基本国策，进入21世纪以来，日本为了进一步提高基础教育质量，提出培养学生具有扎实的学力、丰富的内心、健康的体魄为基础的生存能力为目标的基础教育改革方针，以应对经济发展方式转变及日益激烈的国际竞争。

但1998年的课程改革方案倡导“宽松教育”、减少课时等举措，使得人们对教育质量能否得到保证产生担忧。加之，由于2001年以后，多次国际学力评价中日本学生的排名连续下降，而日本国内学力调查的结果也反映出这一倾向。使得一段时间以来，日本各媒体都在围绕“学力下降”的问题大发议论，包括教育界在内的一些人认为，学力下降源于“宽松教育”。日本公共教育面临信任危机，而基础教育课程改革更成为人们的众矢之的。

为了构建21世纪更加完备的学校教育体系，2005年6月日本内阁决议“关于经济财政运营与体制改革基本方针2005”中提出要开展全国学力调查，以提高基础教育的扎实学力。同年10月，日本中央教育审议会在《创造新时代的义务教育》咨询报告中，从检验教育成果，保证教育质量的角度也提出“对中小学生的学业程度、理解程度应进行适当的全国学力调查”。并提出：设定基础教育目标，并由国家保证实现教育目标的基本条件设施；在教育过程向地方和学校简政放权；国家负责进行统一的教育结果检验等，作为基础教育体制改革的基本方向。

文部科学省接受了中央教育审议会的咨询建议，决定于2007年开始在全国普遍进行“全国学力、学习状况调查”。与此同时，日本继续参加由国际教育成就评价协会(IEA)发起和组织的国际学生数学和科学评价Trends(Third International Mathematics and Science Study)，以及由世界经济合作与发展组织(OECD)统筹的国际学生能力评估项目PISA(Programme for International Student Assessment)。另一方面，日本初中生参加TIMSS和PISA的调查结果表明，日本学生对数学和理科的重要性认识不足，将来愿意运用数学和理科知识从事工作的日本学生人数处于世界较低水平。这是PISA反映出的一个突出问题。

然而，知识、技能固然重要，但只有这些还远远不够，要掌握包括学习愿望、思考力、判断力、表现力在内的真正学力才是最重要的。为此，日本文部科学省认为，通过实施和参加上述调查，根据调查和检定的结果，进一步深化基础教育改革，使学生在掌握基础和基本知识技能的前提下，主动学习、独立思考，提高发现问题和解决问题能力，实现根据学生能力提供适合教育的改革目标。

第一节　实施全国学力和学习状况调查

21世纪的日本基础教育要培养学生的生存能力，而扎实的学力是生存能力的一个重要方面，那么日本基础教育的水准究竟如何，应当追求怎样的学力，怎样看待和评价学生的学力，怎样切实保障义务教育质量的不断提升？面对社会舆论的压力，政府必须做出令人信服的回答。正是在这样的背景下，日本中央教育审议会《创造新时代的义务教育》的咨询报告(2005年)中提出，为掌握学生的学习水平和理解水平，要在全国范围内实施学力、学习状况调查。实施全国学力学习状况调查的目的，是为维持义务教育机会均等和水平提高，掌握分析全国中小学生学力和学习状况，检验教育政策实施结果并不断改善；为进一步加强学校对学生教育指导、改善学生学习状况提供帮助；对学校教育活动进行持续不断地检验与改善，建立循环改善机制提高教育质量。

2007年4月开始，每年在全国开展一次以小学六年级、初中三年级学生为对象的"全国学力、学习状况调查"，全国范围内近60万中小学生参加了此次学力调查。由于学力调查给文部科学省切实把握学生的达成水平提供了比较完整的、可以信服的依据，因此在调查结果公布之后，文部科学省即于2008年的2月发布了新的《学习指导要领》。在以提高质量为导向的课程调整过程中，日本政府十分注重积极发挥学力评价在指导和改进教学中的作用。从2008年开始，每年4月在全国同时实施。调查的目的是为了保障义务教育机会均等和质量公平，切实把握各地区学生学习成就和与之相关的学习状况，验证国家教育及教育改革政策的成效，进而发现问题，有效改善学校教育。

一、调查形式与实施现状

全国学力学习状况调查以小学六年级、初中三年级学生为对象，每年实施一次。调查内容包括代表学业成就的学科调查试卷、教育课程实施状况和学生基本情况的问卷调查。

试卷的内容主要涉及国语、算数或数学两个学科，分为“知识”领域的相关问题和“应用”领域相关问题两大类。其中国语 A、算数或数学 A，主要是考察“知识”掌握程度的问题；而国语 B 和算数或数学 B，主要是考察知识技能的“应用”能力的问题。“知识”领域的问题侧重于基础知识和基本技能，如果不切实掌握就会影响到后续学习的内容，日常生活中必不可少且应该经常运用的知识技能；而“应用”领域的问题是侧重知识技能在现实生活中各种场合的实际应用能力，解决问题的思考力、行动力，评价改善的自我提高能力等。

问卷包括学生问卷和学校问卷两类。2013 年度的最近一次调查中将学生问卷编制成问卷 1、问卷 2、问卷 3 共三种题卷，其中包括相同的问题，也有不同问题。文部科学省要求各都道府县在实施学历调查过程中，以参加的学校为单位均衡分发给参与调查的学校。每所学校只回答其中一种题卷即可。但教育委员会是要注意尽量将三种题卷平均分发，而不要只偏重于某一种，以便更准确、更详细、更全面地了解掌握学校教育课程实施情况、学生学习态度和学力程度。

日本文部科学省要求的调查方式为全面调查，即所有都道府县的组织所有中小学参加调查，以 2013 年全国调查为例，小学的实际参与率已经达到了 99.2% ，但私立小学的参与度仅有 46.2%，表明私立学校对于实施学力调查的积极性并不太高，以至于半数以上的私立小学拒绝了这项调查(表 8-1)。

表 8-1 全国小学学力调查参与情况统计〔1〕

调查学校分类	调查对象学校	参与调查学校数(比例)	学生数
公立学校	20 458 所	20 418 所(99.8%)	1 108 272 人
国立学校	76 所	74 所(97.4%)	7 179 人
私立学校	212 所	98 所(46.2%)	5 713 人
合计	20 746 所	20 590 所(99.2%)	1 121 164 人

〔1〕 2013 年度 日本全国学力・学习状况调查，调查结果统计，2013 年 8 月. 文部科学省国立教育政策研究所，http://www.nier.go.jp/13chousakekkahoukoku/data/research－report/13－point.pd.

与小学参与学力调查的情况相比，初中的总体参与度为 95.1%，略低于小学的总体参与度，但国立和公立初中的参与度却低于小学阶段，私立初中的表现与小学阶段基本相同，参与度为 47.7%(表 8-2)。

表 8-2 全国初中学力调查参与情况统计[1]

调查学校分类	调查对象学校	参与调查学校数(比例)	学生数
公立学校	9 886 所	9 752 所(98.6%)	1 027 458 人
国立学校	81 所	77 所(95.1%)	10 218 人
私立学校	744 所	355 所(47.7%)	33 157 人
合计	10 711 所	10 184 所(95.1%)	1 070 833 人

从 2013 年开始，文部科学省在实施全体调查的同时，还以抽样的方式，从参加全体调查的国公私立学校中抽出小学六年级和初中三年级的部分学生进行“全国学力、学习状况调查 历年变化分析调查”。形式与全体调查相同，调查时间为 5 月 13 日到 6 月 28 日，学校只要在调查期间的任何一天调查即可。

调查事项和全体调查基本相同，试卷的科目仍然是国语、算数或数学。学生问卷的内容是关于学科学习情况的调查。

抽取调查对象时参照全体调查结果，从所有参加调查的国公私立学校中，选取信度在 95%(误差在正负 2.5%以内)区间的学校为调查对象。试卷每学科分为 2 本，抽样学校在一个答题时间之内只做一个学科的一本试卷(小学 40 分钟，初中 45 分钟)即可。

表 8-3 抽样调查情况统计[2]

试卷类型	抽样学生数	抽样学校	
小学	国语Ⅰ	2 936 人	55 所
	国语Ⅱ	2 960 人	55 所
	算数Ⅰ	2 845 人	55 所
	算数Ⅱ	3 036 人	55 所

[1] 2013 年度 日本全国学力·学习状况调查，调查结果统计，2013 年 8 月. 文部科学省国立教育政策研究所，http://www.nier.go.jp/13chousakekkahoukoku/data/research-report/13-point.pdf.

[2] 平成 25 年度全国学力·学習状況調査調査結果のポイント，平成 25 年 8 月. 文部科学省国立教育政策研究所，http://www.nier.go.jp/13chousakekkahoukoku/data/research－report/13－point.pdf.

续表

初中	国语Ⅰ	5 405 人	60 所
	国语Ⅱ	5 736 人	60 所
	数学Ⅰ	5 809 人	60 所
	数学Ⅱ	5 796 人	60 所

注:学校抽样率为 1.5%(小学校 1.1%,初中校 2.2%)。

在 2013 年度的调查中,第一次进行历年变化分析调查,以后每年的调查都会将取得的数据进行比较,获取数据。以后的每次调查也将选取相同的问题。对相同问题的历年解答情况进行比较与分析,在不公开试题内容的前提下,汇总分析解答概要(一经公开的题目下次不再使用),对教育课程实施状况和学生的学业成就情况进行历时性比较。

二、调查内容与调查目的

全国学力学习状况调查以小学六年级、初中三年级学生为对象,在参照 OECD 的 PISA 调查、IEA 的 TIMSS 测试等学力评价标准和方式的基础上,除对中小学五年级和八年级学生的语文、数学学力进行测试外,还采用问卷调查的方式,对学生的学校态度、兴趣以及相关背景进行了考察。

以 2013 年学力调查为例,调查内容主要包括试卷形式进行的学力测试,以问卷形式进行的学习情况调查。

2003 年度的小学国语 A,以调查了解小学生对国语学科的基本和基础知识技能掌握情况。结合学习指导要领的课程目标,在说、听、写、读以及对传统文化和国语学科基本性质的理解和认识几个方面,全面调查和了解学生学力情况。包括对成语意义的准确理解;以文字形式记录自己阅读的资料的内容;读广告,找出广告编辑的特点、特色;掌握演讲的表达方式等相关内容。

2013 年度小学国语 B,重点调查了解小学生对国语学科的基本和基础知识技能的应用能力。包括一边听对方说话一边捕捉对方的意图,与自己的意见相互比较提出意见和建议;根据目的和意图,将内容有机组合在一起并分析相互关联,编辑宣传文稿;对比阅读两份不同的推荐信,了解掌握所推荐的对象和理由,确认文章和书籍的不同阅读方法。重点评价角度为对国语学习的关心、热情和学习态度,以及听说读写的能力。问题的形式为选择式、简答式和记述式。

2013 年度的小学算术 A,以了解和检查小学生对学习指导要领规定的算术学科基本和基础知识技能的掌握情况。包括整数、小数、分数的四则运算,正确选择计算单位值大小的算式和对商的意义的解释,选择准确画出全等三角形的必要条件,按照基准量和划分比例,选出为比较量的数值。

2013 年度的小学算术 B,重点调查和了解小学生对基础和基本算数知识技能的掌握情况。根据提供的基本信息选择符合条件的事项,阐述选择理由和比例关系;根据图表提供的数据,说明两个数量之间不具备比例关系的事实,通过单位量的大小阐述数量之间的关系;通过基准量和划分比例的变化,判断比较值的大小并阐明理由。重点理解数值之间的相互关系和结算结果的意义。

2013 年度初中国语 A 的调查目的与小学国语基本相同,以初中生对学习指导要领规定的国语学科目标中规定的基本和基础知识技能的掌握为主要调查内容。包括选择作为掌握交谈和讨论方向的主持人的正确发言方式,树立和总结大家意见并写出决定的理由;选择初中生可以在提前一天预约申请的情况下就能够参加的讲座编号;从文章中选出类似“霞光”和“云”的描写。

2013 年度初中国语 B 则仍然以调查和掌握初中生对国语学科基本和基础知识技能的实际应用能力为主要内容。包括根据自己对“和歌纸牌”(KARUTA)的理解,具体写出你本人想就此进一步调查了解的内容和调查方法;阅读文章,写出具体的读后感和联想到的内容;结合汉字的特点和特征阐述和说明学习易混易错汉字时应该注意的事项以及学习技巧。

2013 年初中数学 A 的调查内容相对较多,用于了解初中数学基本和基础知识技能的理解和掌握等基本学力情况。包括数与计算公式,图形、函数等相关内容;正负数及其计算,以文字形式表述的应用题计算,解一元一次方程式;详细说明用于证明的几何图形与考察对象之间的可替代关系,从事项的叙述中列出一元一次方程式;选出对平均值的阐述和说明,计算事物发生的概率等。

而 2013 年的初中数学 B 则仍然以初中生对学习指导要领规定的基础和基本知识技能的实际应用能力为考察目标。从对数学的认识、学习热情和学习态度几个方面进行综合的评价，注重数学知识在日常生活中的使用等情感、态度、价值观方面的考察。例如，人的心率在安静时处于一定数值范围内，选择达到标准心率的变换方法并说明理由；利用题中已知条件的图表，计算出将水温提高到80℃所需要的时间并说明理由；根据自己重新总结的柱形图特点，说明和阐述本班同学认为很美的长方形基本特点和评价的理由；说明围棋的总目数可以通过$3(n-2)+3$的公式计算得出等。主要调查初中生对数学的关心、学习热情和态度，建立数学的思维方式和认识方法，理解数字、图形与公式之间的相互关联，提高综合的、扎实的基础学力。

三、结果分析与指导改善

文部科学省对2013年度全国学力学习情况调查的统计结果[1]表明，认为“在课堂上将自己的想法向其他人口头表达、或写成文章比较困难”的学生数量，比前一年有所下降；认为自己“在课堂上与同学进行很好的相互交流”的学生数量，从调查开始的2007年起呈逐渐上升趋势。与此同时，从2007年开始，在“国语”科的学习指导中加强书写训练的学校比例逐年增加。通过调查，也发现中小学学科教学中还存在一些明显的问题。

2013年度的小学国语调查结果表明，学生本应该在前一个学年掌握的基础和基本知识技能，掌握程度仍不稳定，需要在汉字书写、正确使用标点断句等方面加强指导。此外，经对比历年的调查结果，学生在分析包含若干个有关联内容的句子和文章，找出其相关性，并写出个人观点之类的问题，依然感到有很大的困难。在包含多个内容的句子中，准确掌握主语、谓语、接续词的作用与功能，分析句子，根据目的意图，将多个内容建立起关联并准确表达个人的见解。

在“说”和“听”方面，需要提高演讲表现力，在倾听和了解对方意图、提供个人意见和建议方面存在问题。在“书写”方面，根据目的选择阅读资料，通过自己阅读掌握的总体情况加以概括提炼的训练和指导亟待加强；根据目的和意图合

---

〔1〕 参照文部科学省2013年度全国学力、学习状况调查结果追加分析报告书. http://www.mext.go.jp/a_menu/shotou/gakuryoku-chousa/1324793.htm.

理使用相关材料，确定若干个内容之间的相互联系，表达个人见解的能力也有待提高。

在“阅读理解”方面，要准确把握“俳句”（以五、七、五，十七个音节组成的日本传统诗歌形式）的情景；在对比和阅读不同的推荐信的环节，找出推荐对象和理由，掌握不同文章和书籍的不同阅读方法的能力仍需进一步加强。而在汉字的读音方面，学生普遍掌握较好，而汉字的准确书写还存在一定问题。因此，学校要进一步加强根据对方的所处立场和现状，提供有效建议和帮助的指导，加强撰写表达意见和活动报告类相关文章的指导，加强阅读理解交流，掌握有效阅读方法的指导，加强对句子定义、结构等基础知识的指导。

2013 年小学算术的调查结果表明，观察图表，选择解决问题必要条件的能力仍待提高。为了求出柱体的侧面边长，从图中读懂必要的信息和条件，从若干个条件中找出完全符合要求的关键条件的训练仍需加强，尤其是根据场合和操作的意义，准确解读公式意义方面普遍需要加强指导；理解求出单位物体量大小的除法算式和商的意义，从计算平均值的算式中，对应找出计算结果的项目。在“数与计算”方面，准确理解和运用四舍五入的计算原则，在给出的三个处理方法中选出最适合的方式并说明理由仍有困难。在“数与测量”方面基本能够根据测量目的选取测量器具，在计算单位物体大小的除法运算中对“商”的理解仍有待加强；解释分割方法，用语言阐述面积全等的课题仍显薄弱。在“数与图形关系”方面，对于两个数字之间不存在比例关系的阐述能力有待加强，特别要加强主要参考数据的确定与描述。

根据调查结果，文部科学省要求进一步加强指数据的使用指导，加强在指定数值区域内的寻找概述几率的指导；进一步加强建立逻辑思维及过程反思的指导，加强将语言、数字、公式、图形、图表等表现形式综合思考的活动训练，重视制作全等图形等算数活动的指导；重视示意图、展开图的阅读理解方法指导。

2013 年度的初中国语调查结果表明，根据《学习指导要领》的课程目标，提高具体语言活动中，基础和基本知识技能的实际运用能力，是最重要的。如掌握会话与交谈的主动性，发挥引导作用，对文章结构与表现形式要有自己的理解，对解答的问题如何重新整理客观表达等方面，还存在很大问题；论点明确，清楚地表达所要传达的内容，在充分论证的基础上，表达自己观点等方面的国语应用能力也亟待提高。此外，处理图文关系、根据问题收集相关信息等方面的能力还比较欠缺，汉字的读音和准确书写已基本达到学习指导要领要求目标，但缺乏个性化的文章结构和表现形式。

根据上述问题，文部科学省建议，进一步加强语言应用能力指导，让学生理解主持人的功能，发挥主导作用，根据目的收集、整理、利用素材，根据调查具体表达个人的意愿，掌握文章特色，将对文章写作方法的理解运用到其他学习领域。

2013 年的初中数学调查的统计结果表明，初中生在用文字表述数字关系、多边形外角的意义等方面的知识理解还不扎实，将对后续学习产生不良的影响；对于数学性表现和实物的数学表达的理解能力有待进一步提高；以正负数表现日常生活中正反两方面事物，将一次函数表达数量关系的相关知识迁移到其他学习领域等方面存在较大问题。为此，文部科学省要求在学习指导中，重视正负数概念与现实生活场景的有机结合，以对称性为着眼点重新认识图表制作方法，确立证明方针并据此展开证明活动，理解函数意义、找出函数关系，加强对于事物的数学解释训练培养以数学方法解决问题的能力。

实施全国学力调查的目的是为了给学校和教育行政主管部门提供改进教学活动、改革教育政策的依据，对于提高和改善学生整体学习状况极其重要。

由于日本文部科学省公开发布各都道府县每年参加全国学力调查的排名，所以自 2007 年 10 月以来，日本各地的教育委员会都会组织各学校对照评价结果查找自身的优势与问题，并制定新的指导计划，对本地区学力结果做出反思，重点对改进各学段和语文、数学教学提出了具体的指导性意见。文部科学省认为各地教育委员会和学校有责任向家长和本地区居民就全国学力调查结果作出说明以及合理解释。为此，2013 年度开始，日本文部科学省允许各市町村教育委员会对本区域内的调查结果公开发布时，可以公开各学校名称，同时要特别注意不要引发排名、过度竞争等负面效果。文部科学省、教育委员会以及各学校应该充分掌握和深入分析调查结果，并根据调查结果制定教育政策和指导方法改革方案，促进教育质量全面提高。日本的全国学力和学习情况调查为基础教育改革，特别是课程改革提供了客观、准确的判断依据，使基础教育课程改革与提高学力促进质量公平紧密衔接。

第二节 参加 TIMSS 数学科学教育成就测评

国际教育成就协会（IEA）自 1960 年创立以来，在不同文化、社会、经济背景的国家和地区之间进行教育的实证性调查和比较研究，以确定各国家和地区的教育成就与所有教育要素之间的相关性。自 1995 年起，每隔 4 年举行一次国际数学理科教育成就趋势测评（Trends International Mathematics and Science Study，简称 TIMSS）。为区分调查实施的具体年份，在 TIMSS 后面附加年份，如 TIMSS1995、TIMSS2011。

IEA 作为联合国教科文组织的指定合作机构，由 68 个国家和地区的教育机构组成，每个国家指定一个机构加入其中。IEA 总部在波士顿学院设立国际研究中心，各成员国成立调查委员会负责与研究中心协作开展和实施 TIMSS 测评。日本于 1961 年加入 IEA，日本国内的代表机构是国立教育政策研究所。因此，日本参与的历次 TIMSS 测评，都是由国立教育政策研究所组织实施的。该调查以国际统一测量标准评测小学生和初中生的数学、科学的教育成就，研究各参加国和地区的教育制度、教育课程、指导方法、师资水平、学生学习环境、学习条件等各项因素对教育成就的影响。

一、日本 TIMSS2011 实施概要

国际数学、科学教育趋势调查的目的，是以国际统一尺度测量基础教育阶段学生的数学以及理科教育成就（educational achievement），根据参加测试的国家和地区的学生学习环境条件等各种因素，进行系统的、有组织的研究（表 8-4）。

最近一次的 TIMSS 测评是 2011 年实施的,称为 TIMSS2011。2011 年共有 50 个国家和地区的大约 26 万名小学四年级学生参加了此项测评,同时有 42 个国家和地区的大约 24 万名初中二年级学生参加测评。日本有 149 所小学的大约 4 400 名小学四年级学生和 138 所初中的大约 4 400 名初中二年级学生参加了 TIMSS 2011 测评。

表 8-4 TIMSS2011 调查形式〔1〕

学校	学年	学生		教师	学校
		算数数学理科	问卷		
小学	四年级	从 14 种问题册中给每名学生指定一种让其回答。(时间 72 分钟)	小学生问卷 30 分	教师问卷	学校问卷
初中	二年级	从 14 种问题册中给每名学生指定一种让其回答。(时间 90 分钟)	初中生问卷 30 分	教师问卷(数学) 教师问卷(科学)	学校问卷

作为数学以及科学教育成就的国际趋势测评,TIMSS 2011 的实施项目还包括:其一,小学四年级,把 2011 年的调查结果同 1995 年、2003 年、2007 年进行比较;其二,初中二年级,进行 1995 年、2003 年、2007 年、2011 年同年级测评结果的比较;其三,2007 年参加过小学四年级测评的学生,4 年后要参加 2011 年初中二年级的测评,可以了解和掌握同一学生群体的变化情况。如,了解这一年级在得分和学习态度方面有怎样的变化;其四,对参加 2011 年的小学四年级、初中二年级学生的学业成就,进行参加国和地区之间的横向比较。

TIMSS 2011 测评对象的抽取,按照 IEA 的定义“以正规学校教育第四学年在籍学生为对象,并且测评时学生的平均年龄在 9.5 岁以上”的“母集团 1”与“正规学校教育第 8 学年的在籍学生,并且调查实施时,学生的平均年龄在 13.5 岁以上”的“母集团 2”组成。日本按照规定将“母集团 1”设定为小学四年级学生,“母集团 2”设定为初中二年级学生。

〔1〕 日本国立教育政策研究所,国际数学科学教育动向调查 2011 年调查结果报告(TIMSS2011)概要. http://www.nier.go.jp/timss/2011/T11_gaiyou.pdf.

为此，日本在样本选取上遵照国际惯例，以各地区儿童基本情况抽样分散采集。第一步，将日本全国的中小学按照城市、村镇等地区类型分出层级，然后从各层级按学生人数比例随机抽取学校；第二步，从抽取的学校中抽出指定年级的一个班学生参加测试调查。对于测评对象的选取和样本的采集，全部经过国际采样裁判的监督和审查并获得认可。

2011 年有 63 个国家和地区参加了 TIMSS 测评，其中有 52 个国家和地区参加了小学四年级测评，由 45 个国家和地区参加了初中二年级测评。小学各科得分情况具备国际可比性的国家和地区有 50 个，初中 42 个(表 8-5)。博茨瓦纳、洪都拉斯、南非的调查年级与要求不符，故所得数据不具有国际可比性。

表 8-5　参加 TIMSS2011 调查情况统计〔1〕

学段	国家/地区数	学校数/所	学生数/人
小学四年级	50	9 [illegible]98	261 339
初中二年级	42	7 840	239 960

注：此表为调查结果得分等具有可比性的国家和地区的参加情况。

TIMSS2011 原则上应该在 2010 年度学期末实施，日本根据本国具体情况，选在 2011 年 3 月新学年开始之前调查。此次参加调查的学校和学生数量和抽样方法，完全合乎 IEA 的实施要求(表 8-6)。

表 8-6　日本参加 TIMSS2011 调查情况〔2〕

	学校数/所	学生数/人	教师数/人	
小学	149	4 411	265	
初中	138	4 414	数学	科学
			181	151

注：教师人数超过学校总数，表明有些学校一个班级设 1 名以上班主任老师。

日本共有来自与全国各地 287 所中小学的 8 825 名学生参加 TIMSS2011

〔1〕日本国立教育政策研究所，国际数学理科教育动向调查 2011 年调查结果报告(TIMSS2011)概要. http://www.nier.go.jp/timss/2011/T11_gaiyou.pdf.

〔2〕日本国立教育政策研究所，国际数学理科教育动向调查 2011 年调查结果报告(TIMSS2011)概要. http://www.nier.go.jp/timss/2011/T11_gaiyou.pdf.

测评。测评结果显示,日本中小学生在数学、科学方面的教育成就,一直保持世界较高水平。而2011年度的各科成绩均比前一次调查(TIMSS2007)有所提高。

文部科学省根据调查结果,在2013年度增加了数学理科教育的设施、设备,提高观察实验指导力的专项预算,以推进新学习指导要领的实施,保持基础教育质量处于世界领先水平。

二、日本在TIMSS2011中的"数学"表现

日本学生在TIMSS2011测评中取得了良好的成绩。小学的各学科平均分数与上一次相比都出现了有意义的提高,低分数段的学生数量逐渐减少,高分数段的学生比例有所增加。初中生在此次调查中的各科平均得分情况与前一次基本相同,但值得注意的是高分数段的学生比例有所增加。但是,同处于顶级水平的国家和地区相比,各学科高分数段的学生比例较低(顶尖学生数量少);对学习兴趣和学习热情的调查结果表明,虽然选择肯定性回答的学生数量有所增加,但仍然低于所有参加国(地区)的平均值,学习热情不足成为日本参加各种国际性学力调查的主要失分点。这是日本基础教育发展需要面对的一个主要课题。

TIMSS2011的分值设定原则,是将50个国家和地区的小学四年级数学平均分设定为500分,以标准偏差值100分设定成绩分布模型。其中,新加坡小学数学平均分为606分,位列第一;韩国以1分之差的605分,屈居第二;中国香港以603分位列第三;中国台湾以591分为列第四;日本以585分列第五名。日本的小学数学平均得分排除统计误差,低于新加坡、韩国、中国香港、中国台湾,高于北爱尔兰地区、比利时(法语区)、芬兰、英格兰地区、俄罗斯等所有参加国和地区。

TIMSS2011的一个主要目的,是将当年的结果与1995年以后的同年级历次结果进行比较。如果将日本在TIMSS2011小学四年级数学测评的结果,与TIMSS1995开始以来的各次测评结果进行比较,可以看出日本小学四年级数学的平均分(585分)比TIMSS2007提高17分,比TIMSS2003提高21分,比TIMSS1995提高18分。与历次调查结果相比,呈现出有意义的上升趋势,表明

日本小学生数学学力正在逐渐提高。

TIMSS的得分统计一般划分为625分、550分、475分、400分四个水平等级，400分为较低水平，475分为中等水平，550分为高水平，625分为更高水平。

在TIMSS2011小学数学调查中，排名前五位的国家和地区的得分分布情况如表8-7所示。日本小学四年级数学达到625分以上的学生比例为30%，达到400分以上的学生比例为99%。

表8-7 小学4年级数学前五位国家地区成绩分布[1]

国家/地区	位次	400分以下	400分以上	475分以上	550分以上	625分以上
新加坡	第1位	1%	5%	16%	35%	43%
韩国	第2位	0%	3%	17%	41%	39%
中国香港	第3位	1%	3%	16%	43%	37%
中国台湾	第4位	1%	6%	19%	40%	34%
日本	第5位	1%	6%	23%	40%	30%

从日本小学四年级数学的内容领域得分情况来看，“数的概念”平均得分584分，“图形与测量”平均得分589分，“资料的呈现”平均得分590分。这些分值在参加国和地区中，都处于较高水平。从认知领域得分情况来看，“知识”平均得分590分，“应用”平均得分579分，“推论”平均得分592分，在所有参加国和地区中处于较高位次。

TIMSS2011测评中，初中二年级学生的数学平均分的推算方法，同小学四年级。本次调查中，日本初中二年级学生的数学平均得分为570分。在参加本次测评的42个国家和地区当中，韩国以613分名列第一，新加坡以611分位居第二，中国台湾以609分排第三位，中国香港以586分名列第四位，高出第五位日本(570分)16分(表8-8)。排除统计误差后，日本的平均分数低于韩国、新加坡、中国台湾和中国香港，高于俄罗斯、以色列、芬兰、美国、英格兰等国家和地区。

---

〔1〕日本国立教育政策研究所，国际数学理科教育动向调查2011年调查结果报告(TIMSS2011)概要. http://www.nier.go.jp/timss/2011/T11_gaiyou.pdf.

表 8-8 初中二年级数学前五位国家地区成绩分布〔1〕

国家/地区	位次	400 分以下	400 分以上	475 分以上	550 分以上	625 分以上
韩国	第 1 位	1	6	16	30	47
新加坡	第 2 位	1	7	14	30	48
中国香港	第 3 位	4	8	15	24	49
中国台湾	第 4 位	3	8	18	37	34
日本	第 5 位	3	10	26	34	27

日本初中二年级数学在 TIMSS2011 的表现,同 TIMSS1995 以来的各次测评结果比较,可见在 TIMSS2011 数学测评中的平均分数(570 分)与 TIMSS2003 和 TIMSS2007 持平,但此成绩与 TIMSS1999 相比下降 9 分,与 TIMSS1995 相比下降 11 分,呈现出有意义的下降趋势。

从 TIMSS2011 数学调查来看,达到 625 分以上的日本学生比例为 27%,400 分以上学生比例为 97%。TIMSS2011 初中二年级数学测评得分前五名国家和地区比较而言,日本学生 625 分以上高分数段学生人数,明显低于其他四个国家和地区。

从 TIMSS2011 数学测评中各领域得分情况来看,日本基本处于参加国(地区)的第一方阵。"数的概念"平均得分 557 分,"代数"平均得分 570 分,"图形"平均得分 586 分,"资料与准确程度"平均分 579 分,内容领域各项平均得分在 42 个国家和地区中处于较高水平。从认知领域来看,"知识"558 分,"应用"574 分,"推论"579 分,该领域的平均得分在参加国(地区)当中处于较高位次。

三、日本在 TIMSS2011 中的"科学"表现

日本在 TIMSS2011 的小学科学学科测评中,同所有参加国(地区)一样,从给出的 14 套问题中,指定一套让学生回答。以 500 分为平均值,以标准偏差值 100 分为分布模型计算各国家和地区得分情况。

从主要参加国和地区的得分情况来看,韩国以 578 分位列第一,新加坡以

〔1〕 日本国立教育政策研究所,国际数学理科教育动向调查 2011 年调查结果报告(TIMSS2011)概要. http://www.nier.go.jp/timss/2011/T11_gaiyou.pdf.

582分位列第二，芬兰以570分位列第三，日本以559分位列第四，俄罗斯以552分位列第五。日本小学科学调查结果表明，此次调查中日本低于韩国、新加坡和芬兰，与俄罗斯基本持平，高于中国台湾地区、美国、捷克、中国香港地区及其他各国(地区)(图8-1)。

		1995	1999	2003	2007	2011
小学四年级	数学	576分 第3位/26国	未实施调查	568分 第3位/25国	568分 第4位/36国	585分 第5位/50国
	理科	581分 第2位/26国	未实施调查	543分 第3位/25国	548分 第4位/36国	559分 第4位/50国
初中二年级	数学	581分 第3位/41国	579分 第5位/38国	570分 第5位/46国	570分 第5位/49国	570分 第5位/42国
	理科	554分 第3位/41国	550分 第4位/38国	552分 第6位/46国	554分 第3位/49国	558分 第4位/42国

图8-1 日本在"TIMSS1995—2011"的数学科学表现比较[1]

日本在结果统计中，将TIMSS2011测评的小学四年级科学的平均得分，与TIMSS1995以来的各次调查结果进行比较，可以发现TIMSS2011日本小学四年级科学的平均分(559分)比TIMSS2007提高了11分，比TIMSS2003提高了15分，比TIMSS1995提高了5分。与过去历次测评结果相比，呈现出有意义的上升趋势，表明日本小学生科学的综合学力正在逐渐提高。

小学四年级科学测评的成绩分为625分、550分、475分、400分四个水平等级，400分为较低水平，475分为中等水平，550分为高水平，625分为更高水平。四个分数等级分别具有以下特点，400分(较低水平)程度的学生，掌握生物(生命科学)、物理化学以及地学(地理)等学科的一些基础知识。475分(中等水平)程度的学生对于科学的实际场景具有一定基础知识和基本理解。550分(高等

〔1〕国际数学·科学教育趋势测评(TIMSS2011)结果统计. http://www.mext.go.jp/component/a_menu/education/detail/__icsFiles/afieldfile/2012/12/13/1230782_01.pdf.

水平)程度的学生能够运用科学知识说明和解释现实生活中的现象和原理。625分(更高水平)程度的学生对于科学的程序,以及相关知识具有一定程度的理解和使用能力,掌握一定的科学探索途径。

日本学生达到625分以上的学生比例为14%,更高分数段学生比例排在新加坡、韩国、芬兰、俄罗斯、台湾地区、美国之后,位列第七,虽然日本小学生科学的平均成绩位列第四,但是高分学生比例低于第一方阵其他各国;400分以上学生比例为99%,及格率达到很高水平(表8-9)。

表8-9 小学4年级科学前五位国家和地区分值分布〔1〕

国家/地区	位次	400分以下	400分以上	475分以上	550分以上	625分以上
韩国	第1位	1%	4%	22%	44%	29%
新加坡	第2位	3%	8%	21%	35%	33%
芬兰	第3位	1%	7%	27%	45%	20%
日本	第4位	1%	9%	32%	44%	14%
俄罗斯	第5位	2%	12%	34%	36%	16%

从日本小学四年级学生在TIMSS2011科学测评中各领域得分情况来看,虽然略低于小学数学的各领域分值,但仍处于所有参加国较高水平。在内容领域,"物理化学"589分,"生物(生命科学)"540分,"地学(地理)"551分,每一项的平均分值都很高。从认知领域来看,"知识"538分,"应用"562分,"推论"591分,每一项的平均得分在所有参加测评的国家和地区中都处于较高水平。和历次调查结果比较可见,日本初中二年级学生在TIMSS2011中科学平均分值为558分,比TIMSS2007高出7分,比TIMSS2003高出6分,比TIMSS1995高出3分,如果考虑到统计过程会出现一定的误差,基本没有有意义的差别。

与TIMSS2007相比,550分以下的学生比例有所减少,而550分以上的学生比例有所增加,呈现出向高位均衡发展的趋势。

日本初中二年级学生在TIMSS2011科学学科内容领域(物理、化学、生物、

〔1〕 国际数学科学教育趋势调查2011年调查结果报告(TIMSS2011)概要,日本国立教育政策研究所. http://www.nier.go.jp/timss/2011/T11_gaiyou.pdf.

地学)，以及认知领域(知识、应用、推论)各项目的平均分值相差无几。其中“物理”558 分，“化学”560 分，“生物”561 分，“地学”548 分，在内容领域的所有项目中都达到了 50 个参加国和地区的较高水平，其中“地学”得分相对低一些。

初中二年级学生的科学分值分布和小学一样，分成四个等级。四个分数等级分别具有以下特点，400 分(较低水平)程度的学生基本掌握生物(生命科学)以及物理化学等学科的相关基础知识。475 分(中等水平)程度的学生能够在各种情境中认识和应用基础科学知识。550 分(高等水平)程度的学生能够根据个人的理解对科学的循环，系统及原理等概念加以论证。625 分(更高水平)程度的学生能够理解和传达关于生物(生命科学)、物理化学以及地学(地理)等的抽象、复杂的概念。

日本在 TIMSS2011 初中二年级科学调查中，625 分以上学生比例为 18%，继新加坡、中国台湾、韩国之后，位列第四，达到 400 分以上的学生比例为 97%，在所有参加测评的国家和地区中处于较高水平。在平均分前五名的国家和地区中，日本 625 分以上学生比例较低，2003 年以后 550 分以下学生比例下降，而 550 分以上学生比例略有增加(表 8-10)。

表 8-10 初中 2 年级科学前五位国家和地区分值分布〔1〕

国家/地区	位次	400 分以下	400 分以上	475 分以上	550 分以上	625 分以上
新加坡	第 1 位	4%	9%	18%	29%	40%
中国台湾	第 2 位	4%	11%	25%	36%	24%
韩国	第 3 位	3%	11%	29%	37%	20%
日本	第 4 位	3%	11%	29%	39%	18%
芬兰	第 5 位	1%	11%	35%	40%	13%

在参加 IEA 组织的 TIMSS 的同时，日本从 2000 年开始连续参加世界经济合作开发组织(OECD)协调组织的国际中学生学业成就评价项目(PISA)，以结束义务教育的 15 岁学生(日本为高中一年级)为对象，考察和评价学生掌握的知

〔1〕 日本国立教育政策研究所，国际数学理科教育动向调查 2011 年调查结果报告(TIMSS2011)概要. http://www.nier.go.jp/timss/2011/T11_gaiyou.pdf.

识技能在现实生活中各种场面的应用能力和问题解决能力。

根据历年测评结果表明，日本总体上处于世界第一阵营，但是与排名前五位的国家和地区相比，日本的突出问题是低分数段比例较大。为此，日本文部科学省2011年全面实施重新修订的学习指导要领，深化课程改革，重视知识技能的掌握与思考力、判断力、表现力的均衡发展，增加授课时数，推进数学科学教育。

第三节　学业成就评价成果的导向作用

为了应对全球化、信息化背景下的知识经济发展和世界竞争，日本提出基础教育要以培养具有世界顶级学力和规范意识为目标，以高度的使命感和责任感进一步加强和充实教育活动。为此，日本文部科学省为了确保教育质量公平和教育水平的持续提高，在全国范围内开展中小学生学力调查和教育课程实施状况调查，连续参加国际教育评价协会(IEA)实施的TIMSS调查和世界经济合作与开发组织(OECD)实施的PISA调查，从全国和国际层面全面检证教育成就，分析教育现状，诊断现存问题，为教育课程改革和教育方针的调整提供可靠的依据。

根据连续多年实施的全国学力调查和教育课程实施情况调查的结果，日本文部科学省组织修订了从幼儿园到高中阶段的《学习指导要领》，确定了以培养学生“知德体”全面发展的“生存能力”为目标，在提出学习和掌握知识技能的同时，要更加重视培养学生的思考力、判断力、表现力的学力观，新学习指导要领增加了授课时数以进一步充实教育内容。同时，进一步明确了教科书作为学校教育主要教材对学生学习的重要影响以及重要作用，根据学习指导要领的教育课程调整，进行教科书检定。

根据日本学生在TIMSS和PISA调查中的表现和评价结果，日本文部科学省提出拓展爱好科学的学生群体、发现和培养学生更多的个性才能，提高全体国民的科学素养，培养科学技术后备人才。为此，采取综合推进措施，促进中小学科技教育、数学科学教育和外语教育活动。国际学力和学业成就评价的结果对日本基础教育发展和改革有很大影响，尤其是2003年以来的学习指导要领的修订以及培养扎实学力的课程目标的调整，同日本参加PISA、TIMSS测评的成绩排名下降有直接关系。

一、以全国学力调查落实"扎实学力"观

日本文部科学省自2007年开始每年4月在全国小学六年级、初中三年级学生进行学力情况和学习状况的全国调查，2011年由于受到东日本大地震影响而暂停一年。实施全国学力调查，在确保教育机会均等的同时，还要保证教育质量的公平；加强学生指导和改善学习状况；建立健全改善学校教育和教育成果检定的循环改善机制。

2001年以来，国际学力调查结果显示，日本学生的学力和学习积极性等方面有下降的趋势，曾引发日本社会的一片哗然。一些人很难接受日本已经不是世界第一的现实，并引发学力问题大讨论。

文部科学省认为，有必要对学校教育的现状和学生学习现状，以及基础教育面临的问题，进行全国调查，以调查数据回答社会对教育的质疑。同时，学力调查也将作为保证义务教育质量和均衡的有效机制。

日本提出要培养学生"扎实的学力"，并把利用知识技能解决问题必备的思考力、判断力、表现力，学习的热情，积极态度作为扎实学力的三要素[1]。文部科学省希望，通过全国学力和学习状况调查，了解、掌握和分析学生的学力和学习状况，对新增课时和内容的教育成果，进行验证和检测，这是促进各学校进一步落实扎实学力观的重要措施。

新学力观倡导的培养扎实的学力，并不是非"宽松"即"灌输"，而是要扎实掌握基础和基本的知识技能，还要培养运用知识技能解决问题的能力。为此，新学

〔1〕《平成24年度文部科学白書》"第3章　促进初等中等教育发展培养世界顶级学力和规范意识"。

习指导要领不仅增加课时，同时还改善教育课程内容。这些政策调整的实际效果，要依靠全国学力和学习状况调查加以检证。

文部科学省要求各都道府县和市町村教育委员会要有效利用全国学力、学习状况调查的结果，认真总结教育的成果，认真查找本地区、本学校改善教育提高学力面临的主要问题，将调查结果真正用于改善教育政策。同时还要加强教育指导，构建循环改进的有效机制。各级教育委员会通过主动、公开全国学力、学习状况调查结果，争取社会各界对教育的支持和理解，切实改进教育政策提高指导水平。

以 2012 年学力调查为例，在原有的调查科目(国语、数学)的基础上增加了科学调查。增设的原因是培养科学技术人才，加强数学科学教育的需求越来越强烈，科学的思考力、表现力、关注科学发展的学习态度越来越受重视，并为学生"偏离理科"的实际状况，找出解决问题的方法和途径。另一方面，国际学力调查和学业成就评价也将"科学"和"科学素养"作为调查内容。调查内容包括要求学生"整理分析观察、实验的结果，写出自己的解释、思考和说明"。

统计结果表明，在小学阶段学生对科学兴趣很高，到了中学阶段却大幅度降低了。这一调查结果证明学生对观察、实验的主动意识和积极性的变化与学校的指导方法有关。而国语科的调查结果显示，学生对回答"准确使用图表中的信息，用口头或书面表述""倾听对方发言并具体写出自己的观点"之类的问题普遍感到困难。数学科调查结果显示，对"用文字或数字形式表述结题的方法和理由，全面叙述解题必要条件"等方面的能力仍显不足。文部科学省认为上述两个学科要加强以问题表达为重点的学习指导〔1〕。文部科学省和大学等专业机构合作，对每年的调查结果进行深入分析，不断改进全国学力调查的方法与内容，同时与国立教育政策研究所联合，以教育委员会和学校为对象提供教育指导改进的支援和帮助，真正使全国学力、学习状况调查成为落实扎实的学力观、促进学校教育改善的有效措施。

〔1〕 从小学到中学的低学历层变化因素与研究. http://www.mext.go.jp/a_menu/shotou/gakuryoku-chousa/1324793.htm.

二、以PISA调查为教育课程改革的风向标

对日本基础教育改革影响较大的国际学力评价项目,是世界经济合作与发展组织(OECD)统筹实施的国际学生能力评估项目PISA。PISA是以结束义务教育阶段的15岁学生为对象(日本根据本国情况设定为高中一年级学生参加此项调查),从知识技能的掌握程度、在现实生活的各个场景运用所掌握的知识技能处理问题的能力等方面,对学生的学业成就进行评价,从2000年开始每隔三年进行一次调查。

众所周知,上海市中学生在2010年PISA测试中取得了世界第一的好成绩,引起了世界各国的广泛关注,一些日本的学者也就此撰文论及日本的学力问题,反思日本失掉第一位的原因。与此相对,中国人虽对此感到高兴,中国媒体也有报道,但从教育部到上海市教委,均未对此大肆宣传,保持低调。究其原因,是缘于政府和国民对这一成绩的取得有着清醒的认识。一是,这一成绩反映了上海教育的成果和课程改革的成效,是值得肯定的。二是,上海是中国最发达的地区,教育质量原本就比较高,从1990年代后期就实施了课程改革,经过十多年的不断改进,教学质量不断提升,获得这样的好成绩是理所当然的。三是,上海数千名学生的成绩优秀,并不代表中国1亿多学生都优秀,也无法简单推定基础教育整体的高质量。四是,上海学生虽在分数上名列前茅,但学业负担比较重,学生在学习时间上却是耗费最多的几个国家之一,反映了效率较低,也表明成绩是以时间为代价取得的。五是,虽然各科平均分数最高,但其中也有缺陷,比如非连续文本的阅读能力不强,缺乏自我调控的学习策略,学习态度和兴趣等欠佳,面向实际生活的能力不足等。

应该说,上海是中国的缩影,PISA测试既肯定了中国基础教育的优势,也揭示出基础教育发展和改革中普遍存在的问题,值得反思。笔者认为,中国现阶段基础教育所面临的问题和20世纪七八十年代日本教育有着许多相似性。

回顾20世纪70年代,日本教育界曾以"考试地狱""死记硬背""灌输教育"等词语形容当时应试教育的状况,并从1980年起提出注重学生个性发展、培养学生"生存能力"(生きる力)等主张。从1990年到今天,基础教育走过了一条从倡导"宽松教育"到强调"扎实学力"的路,并在学校指导要领中采取从削减课时、

课程内容到增加学科课时和恢复课程内容的措施。这一过程既反映日本十分希望培养学生的创造性、个性和能力,也反映出日本十分重视教育质量,在今天,日本对“学力”和“学力测试”仍是关注的焦点。

自2000年以来,日本参加了每一次PISA调查,尤其是第一次PISA调查实施的前一年,1999年3月26日,日本《周刊朝日》刊登了一篇题为“东大、京大学生的‘学力崩溃’”的文章,引发了日本关于学力问题的大讨论。在这一背景下,日本对2000年参加第一次PISA调查格外重视,寄希望于国际学业成就评价对日本的基础教育的成果进行客观准确的检验和评价。PISA调查中所采用的、表示灵活应用能力的“素养”(literacy)概念引起了人们关注。

特别是第二次PISA调查(2003年)的结果备受关注,虽然结果显示日本在科学和数学方面的成绩仍处于世界一流水平,但阅读能力(reading literacy)的成绩并不理想,再加上当时的学力下降争论,致使日本的教育政策变得更加注重阅读能力[1]。也就是说,有关这次学力问题的展开过程,最初的出发点是所谓读写算基础学力下降,随后受到PISA调查的“素养”概念的影响,现在又朝着关注灵活应用能力的方向发展。文部科学省于2003年修订了学习指导要领的部分内容,强调培养“扎实的学力”“根据学习成绩分类教学”及“发展性学习”。PISA调查助推了由“宽松教育”向“扎实学力”的课程理念的转变。

2004年底公布了2003年PISA调查结果,日本在此次调查中的表现,总体来看仍然处于世界排名靠前的第一阵营,但阅读理解能力出现了下降的趋势。学生的学习积极性和生活习惯等方面的调查显示,与参加调查的其他国家相比,日本“认为学习很快乐的学生比例”很低,同时日本学生“写作业时间”很短。根据这些问题,2005年日本文部科学省首先以小学为对象,进行了一次全国性的学力和教育课程实施情况调查,发现在国语的表述形式等方面存在问题。为此,2007年6月,日本在“经济财政运营与体制改革2005”的内阁决议中,提到了为提高扎实的学力实施全国学力调查。同年10月,日本中央教育审议会发表了“创造新时代的义务教育”的咨询报告,揭开了21世纪日本基础教育改革的新篇

〔1〕 文部科学省制定“提高阅读能力的计划”以及“提高阅读能力的指导资料”,2005年12月。作者注。

章。提出为了检验教育成果，实施全国学力、学习状况调查，并确定了PDCA（Plan—确立目标，Do—实施计划，Check—评价检查，Action—改进行动）循环改进方针。始于2007年4月的全国学力、学习情况调查。

2011年的PISA调查即如果表明，在参加数字阅读调查的19个国家和地区中，日本学生的数字阅读理解的平均分排名第4位，从学生的掌握程度来看，处于较低熟练度的学生比例较少（所有参加国当中排第2位），但是处于最高熟练程度的学生比例也很低。为此，文部科学省于2011年4月制定了“教育信息化发展规划”，要求进一步加强新学习指导要领的实施，充实教育信息化指导内容，创造21世纪的学习和21世纪的学校，继续推进教育信息化。

日本从历次参加PISA调查的排名和结果变化中认识到，虽然日本的基础教育质量水平仍处于世界第一阵营，但是与其他国家相比，日本低分数段的学生数量较多，这是一个不容忽视的重要信号。为此，文部科学省决定从2011年开始全面实施新学习指导要领，重视知识技能的掌握和思考力、判断力、表现力的全面提高，增加授课时数、加强语言活动、数学科学活动，实现35人以下小班教学，按学生掌握程度个别指导或小组指导，改善学力和学习状况调查检定机制。全国学力调查以考察基础知识的A卷和考察灵活运用知识能力的B卷来设计试题，本身就是对重视基础学力和学力的应用能力观点的最有力的印证。日本参加PISA调查的成绩排名和学生表现已成为教育课程改革和学力评价改善的风向标。

三、以TIMSS调查促进数学科学课程改革

国际教育评价协会（IEA）组织实施的国际数学科学教育成就与趋势（TIMSS）测评，侧重于小学和初中教育阶段学生数学和科学学科教育成就的评价。因为是评价学校教育课程中的基本和基础知识技能的掌握程度，对教育课程内容的调整更具参考价值。

2012年12月公布的TIMSS2011的测评结果表明，日本中小学生在这次调查中都有上好的表现，各学段、各学科的平均成绩都有明显提高，有理由相信日本基础教育学力这个在换不提升。根据TIMSS2011测评结果统计，日本小学和

初中数学、科学的全部保持了世界先进水平，所有学科的平均成绩与前一次测评相比，呈现出有意义的上升趋势。熟练度较低（成绩较差）的学生比例明显减少，熟练度较高（成绩较好）的学生比例有所增加。

初中学生在此次测评中各科得分情况与上一次调查（TIMSS2007）基本持平，但熟练程度高（成绩好）的学生比例有所增加。尽管如此，与其他同属于第一阵营的国家和地区相比，各学段、各学科的熟练程度较高（成绩较好）的学生比例仍然很低，表明日本中小学生中数学科学的顶级拔尖学生数量较少。同时，日本学生对学习兴趣调查的回答也令人担忧，对是否喜欢数学科学、将来是否从事数学、科学相关的工作的肯定回答人数有所增加，但是与世界平均水平相比差距依然很大。

文部科学省根据历次参加 PISA 和 TIMSS 调查结果，日本加大了数学和科学的课时比例和指导力度。2008 年重新修订的学习指导要领课程方案中，小学总课时数比 1998 年增加了 278 节，其中数学和科学的课时数增加的幅度最大，分别为 142 节和 55 节。中学总课时数比 1998 年增加了 327.5 节，其中数学增加 70 节，科学增加了 95 节。此外，新学习指导要领还对学科内容做了调整，增加了学习的内容和难度，如把上一年级的学习内容下调等，其中调整幅度较大的是数学和科学。

TIMSS2011 测评结果公布之后，文部科学省根据调查结果，强调进一步推进新学习指导要领的实施，并出台相应的支持政策，从 2013 年开始，在年度预算中设立改善数学科学设施装备、配备实验观察助教（PASEO）、举办提高观察实验指导能力研究协议会专项经费，以促进中小学数学、科学等相关学科教育指导能力的提高。文部科学省要求，根据学习指导要领，持续反复检验教育课程实施状况，以改善教育课程标准为目的，通过全国学力调查的形式掌握全国教育课程实施状况。

同时，国立教育政策研究所教育课程研究中心要进行学习指导要领实施情况调查，对研究实验基地校、基础学力调查研究协力校、学习指导实践研究协力校等实验学校情况进行调查，还要对特定课题展开调查，全面、综合掌握学生的学力状况。以各学科的修订方针为检验标准，对学习指导要领的新增设事项、涉及知识内容在各学年间衔接事项、此前检查中发现问题的事项为主要目标，2012年度以小学为对象进行调查，2013年度以初中为对象展开调查，全面检查新学习指导要领的实施情况，促进基础教育的循环改善和质量提高。

日本正试图由"学历社会"走向"学力社会"，学生的生存能力和学业成就受到前所未有的重视。自2001年起，包括OECD的PISA调查、IEA的TIMSS测评，以及日本文部科学省的学力调查，无不反映了日本社会对学力水平的关注，而这些评价的实施，又再一次强化了人们对学力问题的关注意识。2005年以来对追求高质量的义务教育的倡导，2008年新的课程方案和学习指导要领中对课时和课程内容的重新调整，无不标示着这一点，同时也使人们看到这些改革措施，既是对"宽松"课程改革的省思，也反映了日本在实现平等的基础上对高质量基础教育的进一步追求。

第九章

日本基础教育教学案例——小学社会课

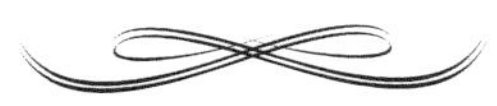

日本小学的社会课在3—6年级开设，按照课程计划每周为3课时。这里呈现的四个案例是我们从3—6年级各年级的案例中节选出来的。它们分别表现了各年级的学习主题和标准。

日本文部省从1990年代初开始，主张教育要着眼于发展学生的新学力，即自己学习的欲望、思考能力、判断能力、运用和表现资料的能力。

在设计上，每个案例的标题都是“新学力观”的具体化，第一部分为单元设计的初衷，其中包括儿童的背景、学习活动和期待达到的目标。第二、三部分为单元总目标和分类目标。从中可以很清楚地看到，各种学力目标在某一学习主题内容中的具体化。第四部分为教学设计方案。各方案均采用了表格的表现方式，按照课时将学习活动、儿童的认识(疑问、兴趣、感想)、教师的指导和评价分列其中。这也是日本社会课教学设计最常见的方式。限于篇幅，同时考虑本书“设计教学”风格，我们略去了教案实施的过程和教学反思部分。

2008年日本再一次修订了《学习指导要领》，新《学习指导要领》进一步强调培养扎实的学力，在文部科学省公开发布的《学习指导要领》解说的课程案例部分还加入了道德时间的课程案例。然而笔者认为社会科的教学案例是日本基础教育中最具特点的一门课程，最能表现教师的教学组织和指导能力，希望上述课程案例能够给特定读者层以有益的启迪和借鉴。

第一节　重视与社区的联系，引入体验活动的教学案例

——小学三年级《我们的公民馆》

一、培养学生与社区人们积极交流

1. 与生活课的衔接与发展

本单元的教学目标，先要使学生注意到社区中的人们通过共同利用的公民

馆，互相配合，努力提高生活水平。同时，还要让学生意识到自己也是社区的一员，也要很好地利用公民馆。

现在，学生与社区的联系越来越少了，不少学生从来没有利用过社区的公共设施。为了达到从生活科向社会科的过渡与发展，使学生的视野扩展到整个社区，在本单元里，要了解与社区人们联系的重要性，开展带有亲身体验内容的学习活动。调动学生的所有感官，全身心地去学习，通过体验性活动去思考，感受身边的社区、社区的人们与自己的联系，达到培养学生逐渐形成"我应该这样做"的态度和行动习惯的目的。

2. 重视体验性活动

首先，为了让那些没有去过公民馆的学生也能够高高兴兴地参加学习，组织他们先去参观公民馆。通过共同的体验，使每一个学生对于公民馆的作用，以及利用公民馆的人们产生兴趣、产生疑问，进而提高学生想要就此进行调查的热情与愿望。在此基础上，再组织去公民馆调查，直接与社区的人们交往，在相互接触的过程中，引导学生对"哪些人、在哪里、如何利用(公共设施)""利用公民馆的人们有哪些想法和规矩""公民馆工作人员的愿望、工作目的是什么"等问题进行思考。同时，通过在各自的"公民馆探秘图"上标明人们的具体表情和状态，强化各自的调查结果。

然后，让学生将学到的东西通过绘画或文字等自己喜欢的形式表现出来，通过这种活动加深对社区与自己、社区与个人生活之间的联系，从而培养学生由衷地产生"我也要好好利用公民馆""我也要试试其他公共设施"的愿望。

"社会科能接触社区里各种各样的人，太有趣了，不知道下一次还能遇见什么样的人"，通过本单元的学习，重点培养学生对社会科的这种学习兴趣和意识。

二、单元教学目标

通过观察与调查社区人们利用公民馆的情况，使学生感受到社区的人们为了提高生活水平，互相协作，努力工作的氛围，同时让学生认识到自己也是社区的一员，也要好好利用公民馆。

三、评价标准

评价标准见表 9-1。

表 9-1　评价标准

评价角度	评价标准
对于社会性事务的关心、兴趣、态度	主动去调查社区人们利用公民馆的情况，自己也要好好利用公民馆
社会性的思考与判断	认识到公民馆是大家可以利用的设施，对提高社区民众的生活水平发挥着作用
观察能力、素材使用技能及表现能力	通过观察、询问调查，以宣传手册等资料，调查公民馆的设施以及利用情况，用文字、图画等自己的方法表现出来
关于社会性常识的知识与理解	认识到社区的人们一直都在利用公民馆，相互合作，努力提高生活水平

注意：对本单元四个角度的评价标准，为了实现指导与评价的一体化，要进行具体定位。在评价的时候，为了突出评价与学生学习活动的关联性，设立了评价项目。

通过评价手册的灵活有效运用，能够持续地了解学生的活动情况、内容形式等。同时，采用学生自我评价相结合的方法，使评价结果对下一次学习的指导发挥积极的作用。

四、教学方案(8 课时)

教学方案见表 9-2。

表 9-2　教学方案

<table>
<tr><th></th><th>1</th><th>2</th><th>3</th><th>4</th></tr>
<tr><td>学习活动
○
核心体验活动</td><td colspan="2">活动一(2 课时)
大家一起去参观公民馆，寻找“名人”，发表利用公民馆的经验。
①发表利用中央公民馆的经验。
介绍自己的作品(风筝、托球等)
跟名人学艺
②把一起去中央公民馆参观发现的名人和其他的情况、问题等写在“参观卡”上。
③以“参观卡”上的内容为主进行发表</td><td colspan="2">活动二(2 课时)
为了进一步详细调查，去“中央公民馆探秘”吧！
①讨论调查内容、调查方法。
②一边去中央公民馆“探秘”，一边观察使用者和工作人员的情况，并且对他们进行一些询问调查。
把自己感受到的、学到的东西用图画和文字做成“探秘卡”</td></tr>
</table>

续表

与社区人们的联系	(关于名人) 我发现了一个太极拳的名人,在全神贯注地打拳,我也认真地模仿了他。 (其他发现) 遇见外国人啦! 发现盲文的书啦!		(使用者和工作人员的情况) 用黏土做了盘子和花瓶。做得非常认真,据说每周五大家在这里集中一次。 一个叔叔在打扫卫生。他不停地擦着汗,看起来这项工作很累	
教师的指导	①为了让没去过中央公民馆的孩子也能愉快地参加学习,组织一次共同的参观体验活动。 ②为了让学生首先注意到人,设计“寻找名人”活动,但同时对每个学生的其他感受、疑问等发现的问题也要十分重视		为了使学生能够在调查中与社区的人们进行交流,体验共同利用公民馆的感受,教师要事先与公民馆以及使用者打好招呼,争取充分的理解与支持	
重点评价项目	[关心] 通过参观学习,关心公民馆举办活动。 (发言、参观卡、观察)		[技能]观察人们在公民馆里的样子,进行询问调查。(探秘卡、观察) [知识]发现社区人们相互协作、共同利用公民馆。(发言、探秘卡)	
	5	6	7	8
学习活动○核心体验活动	活动三(2 课时) 动手制作中央公民馆探秘图! ① 利用“探秘卡”,将自己看到的、听到的、做过的事情在全班轮流发表。 ②互相交流收获和心得,做成图文并茂的挂图贴在教室里,制作“探秘地图”		活动四(2 课时) 制作并发表自己的作品! ① 回顾学习和体验活动,将自己在公民馆能做的事情、想做的事情动手制作成作品发表,例如:感谢信、宣传海报等。 ② 发表会结束后,将各自的作品张贴或寄出	
与社区人们的联系	(使用者和工作人员的愿望) ① 正在学汉语,所以将来有机会想去中国,一同学习的人越多越好。(使用者) ② 听说市里还有其他的公民馆、交流中心和儿童馆等等,希望更多的人们广泛利用。(馆长)		(给各位同学) ① 我给公民馆寄了一封感谢信,结果收到了回信,太高兴了! ② 我把公民馆的宣传手册送给附近的一位老奶奶,老奶奶说“下次我也去看看!”	
教师的指导	为学生提供互相交流的机会,指导和帮助每一个学生加深思考。为此,要实现仔细阅读掌握每一张“探秘卡”的内容。 将中央公民馆的简略图用模板纸画出来,引发学生制作“公民馆探秘图”的兴趣		促使每个学生把自己的想法用自己的形式表现出来。 发展学习 还要到中央公民馆来,也要去其他的公共设施(图书室、儿童教室)。(儿童馆 图书馆)	
重点评价项目	[思考] 公民馆在改善社区人们生活中的作用是什么? (发言、探秘地图)		[技能] 自己的想法用自己的方式表现出来。(作品) [关心] 要好好利用公民馆等设施。(发言、作品制作)	

第二节　尊重自主意识，培养社会观察方法和思维的教学案例

——小学四年级《警察的工作》

一、培养学生主动调查和思考

1. 在观察、调查的基础上进行思考

本单元在理解方面，要学生能够了解警察，以及有关单位的组织机构和工作是为了保护人们免受灾害、事故，了解警察和有关工作人员对人们的关心以及付出的努力。尽管学生平时经常看见派出所和巡逻的警官，但是并不见得对警察的工作十分了解。更何况对于有关应急对策的组织机构、相互配合以及工作机制等，几乎没有人去关心。

因此，让学生以身边发生的交通事故为案例，对刚刚发生的交通事故、安全设施进行具体细致的观察，通过资料和实地调查对事故的经过、事故发生的原因等进行考察，让学生发表或写出每个人对防止交通事故发生的想法和考虑。通过观察、调查、发表等一系列活动，引导学生进一步思考警察工作的社会意义、作用。

2. "消灭交通事故"活动

为了引起学生对交通事故的注意，从各种报道中整理、剪辑与交通事故有关的新闻，将事故发生的时间、地点、受害情况、原因等摘抄并张贴在教室里，使学生加强对交通事故可怕性、严重性的印象，产生一种自己坚决不能发生交通事故的自我保护意识，同时进一步培养消灭交通事故的意识。为此，通过录像观看交通事故可怕的现场，阅读交通事故受害孤儿的作文，以及学生对交通事故的见

闻、经历的发表等形式,以起到刺激感官,震撼心灵的作用。

带着如何消灭交通事故的问题意识,为了着手解决问题而准备必要的材料,给学生适当的鼓励和具体的指导。并且,为了使学生能够充分发表自己的看法,要为学生留出充足的发表时间。

通过本单元的学习,对于交通事故这一社会现象,从原因、现象、对策等角度多方面给与关注,力争使学生意识到交通事故与自身的紧密联系,培养学生们从社会的角度去观察、考虑问题的能力和习惯。

二、单元教学目标

通过参观、调查,了解为了保护人们免遭交通事故,警察和有关单位组成的紧急对策体制、各单位的作用、功能,以及工作人员为此做出的贡献和付出的努力。

三、评价标准

评价标准见表 9-3。

表 9-3 评价标准

评价角度	评价标准
对社会现象的关心、热情、态度	关注交通事故以及 110 报警系统,主动调查并了解警察处理交通事故的方法、为防止事故发生所作的努力,加强防止交通事故的自觉性
社会性的思考与判断	思考警察以及相关部门在交通事故发生时能够迅速出动的应急体制,以及为了防止事故发生所作的各种努力
观察能力、资料使用的技能和表现	以查阅资料、参观学习为主,调查了解为防止交通事故的发生,制作简明易懂的《消灭交通事故报》
对于社会现象的理解与认识	深入理解警察以及有关部门,为了保护人们的安全所采取的紧急情况应对机制、各部门的功能以及工作人员付出的辛勤努力

注意:灵活运用多角度的评价标准,并对学生每一节课的学习活动设定具体的评价项目,观察学生课堂上的发言、表情、态度等情况,课后尽量详细地记入座位表(学生座位名单),评价项目以外的情况也要如实记录。从学生的笔记、参观

中发现优点和成绩，积极鼓励并写出具体评语。

四、教学方案

教学方案见表 9-4。

表 9-4　教学方案

	导入（1 课时）	调查（5 课时）	
学习活动	①观看交通事故录像片、阅读交通事故受害孤儿作文，发表感想，交流交通事故的相关知识，设想警察如何处理交通事等问题	②调查了解交通事故发生时的紧急出动体制和 110 报警系统。 ③向警察了解紧急联络办法、现场工作程序以及其他工作情况	④讨论参观神奈川县警察本部的计划。 ⑤参观通讯指挥室、交通管理中心，了解管理结构以及为防止事故做出的努力
学生的认识	• 交通事故很可怕。 • 怎样消除交通事故呢？ • 为什么会发生事故？ • 一旦事故发生了该怎么办？	• 110 连着交通指挥中心！ • 警察是通过对讲机知道事故发生的。 • 警察为了保卫我们的安全在日夜工作着。 • 我想参观交通指挥中心	• 因为有了电脑，警察在接到报警 5 分钟内就能赶到现场。 • 从大显示屏上可以看到哪条道路拥堵。 • 为了防止事故发生，要随时检修设备。 • 警察这么努力地工作，为什么交通事故仍不减少？
教师的支持指导	• 交通事故录象。 • 事故孤儿作文。 • 在学区附近地图上标出事故多发地点。 • 展示事先制作的交通事故简报	• 出示图片、照片　加深思考。 • 表扬能灵活运用知识的发言和有根据的判断意见。 • 事先与警官协商课堂讨论话题	• 准备好参观卡片。 • 提醒学生认真参观，清楚地记录听到、看到的事情
评价项目	[关心] 注意身边和新闻报道中的交通事故，积极调查并主动思考防止交通事故的措施、方法	[思考] 联系已学内容知识，对警察迅速出动的原理、依据进行思考。 [知识] 了解紧急对策系统的机制	[技能] 将预防交通事故的想法做成参观卡片。 [知识] 了解警察防止事故的做法和付出的努力

续表

	调查(5 课时)	总结(2 课时)
学习活动	⑥ 通过资料和交通事故实例调查,讨论虽然采取了预防措施,交通事故却不减少的原因	⑦ 回顾总结学习内容,发表印象最深的预防交通事故的措施与方法。 ⑧ 以笔记、教科书、参观卡片和资料为基础,制作"消灭交通事故报"
学生的认识	• 神奈川县的死亡人数全国第 4 位。 • 星期六发生事故多。 • 下午 4 点—6 点事故多。 • 最多的原因是开车时注 • 意力不集中。 • 想问问司机在想什么?	• 想写写交通事故的危险。 • 想写写骑自行车时的注意事项。 • 想画一张 110 系统的示意图。 • 写一篇关于警察工作的访谈录。 • 想在地图上标出自己家附近的危险地点。 • 想写写我能做的事情。 • 想介绍一下交通管制中心。 • 还想写写道路上的监控摄像机
教师的支持指导	• 统计资料(摘自《神奈川交通事故》)。 • 提醒学生找出资料显示最多的事故原因。 • 站在驾驶者的角度会怎么想?	• 写出自己的想法。 • 运用学过的知识。 • 写出警察局的机构,以及警察为防止事故发生做出的贡献和努力。 • 没有交通事故该多好! • 进一步了解道路标示,用图画的形式加以说明。 • 写出妈妈开车时最担心、最注意的事情。 • 分别写出行人、开车人必须注意的事项
评价项目	[技能] 能够读懂资料、图表上显示的交通事故情况、原因等	[关心] 积极认真地制作交通报,有安全意识主动防止交通事故。 [技能] 能在"消灭交通事故报"上,清楚地表达自己的想法

第三节　通过体验加深认识，培养行动积极性的教学案例

——小学五年级《守护森林的人们》

一、理解森林资源的作用，培养爱护森林资源的学生

1. 利用各种感官去感受森林的益处

自然生态环境正在逐渐消失，接触自然的机会越来越少，所以不少学生不太了解自然环境的益处。对于坐落在城市里的学校来说，森林离学生的生活很遥远。

因此，本单元导入部分安排学生到附近的公园与树木接触（对树木的声音、气味等的感官体验）活动。对平时没注意到的树木益处，通过各种感官产生切实的感受，引起学生对日本森林资源重要性的认识以及足够的重视。

2. 加深对造林护林者的理解

森林是保护环境的重要资源。林业工人和林业局的人们精心培育和守护着森林。了解这些为森林而工作的人们的工作和生活，倾听他们的心声，一起感受造林、护林人员的想法和愿望，同时增强学生对养育和守护森林这项工作的重要意义的认识。

本单元可将林业局的人请到学校来，接触野外工作的工具，看一看、摸一摸，使用电锯锯一段原木，并且直接听取林业局的叔叔伯伯们对森林的情感和愿望。通过这些活动，对造林、护林者的工作和付出的努力产生强烈的认同感，从而深刻认识到造林、护林工作的重要意义。

3. 培养积极的环保意识

全球范围的环境被不断破坏，因此，现在特别需要理解环境和环境问题，对

环境保护采取积极行动。森林资源不仅仅是生产木材，同时对于防止山洪暴发、山体滑坡等自然灾害，保护国土、防止水资源流失，净化空气、防止噪声污染等生活环境的保护等，发挥着不可替代的重要作用。守护和养育森林资源的人们，从事着植树、保护林木的管理、开办森林教室等各种工作。通过本单元的学习，让学生认识到，为了保护森林资源，需要每一个国民的通力协作，思考我能为保护森林资源做些什么，培养积极行动的态度。

二、单元教学目标

引导学生积极主动地去调查森林的作用、保护和养育森林的人们的工作情况，让学生理解森林在防止水土流失、保持水土、保护生活环境等方面的重要作用，以及为了环境保护需要每一个人的努力和协作。

三、评价标准

评价标准见表 9-5。

表 9-5 评价标准

评价角度	评价标准
对社会现象的关心、热情、态度	关注森林，积极主动地调查森林资源的作用、从事造林、护林工作的人们的工作和努力，萌发为环保做贡献的想法
社会性的思考与判断	思考森林资源的重要性和日本的林业问题，为建成适宜居住的生活环境，如何进行环境保护，并找出自己能做的事情
观察能力、资料使用的技能和表现	灵活运用资料，调查森林资源的重要作用以及为护林、造林而工作的人们的生活工作情况，汇总调查结果
对于社会现象的理解与认识	深入理解造林、护林人员的辛勤工作和付出的艰苦努力，同时了解森林资源在防止水土流失、保护土壤水资源等方面的重要作用

注意：以上述评价标准为依据，确定每节课的具体评分点。根据多样化的评价方法，观察每个人不同的学习状况，尽量连续记录。

同时，最好根据前一次课的具体掌握情况，确定和选择下一课时的指导方法和方针。

四、教学方案

教学方案见表 9-6。

表 9-6 教学方案

需要学生掌握的观点和想法	课时	主要学习活动和内容	● 教师的指导 ○ 角度 ● 评价内容 『』方法
※有树木真好啊! ※我想要进一步了解森林的作用!	1、2	参照国土资源卫星照片,讨论国土森林资源分布情况。 参照森林照片,谈论森林的益处。 到公园里观察树木缝隙之间和外面的差别。气温、声音、气味等。 将学到的、理解的东西用图画和文字形式表现出来	为了让学生能够在公园感受到树木的优点,帮助和提醒学生要侧耳倾听、吸吮气息、触摸树木等。 ○ 关心、热情、态度 ● 在公园积极主动地观察树木生长状况,体验树木的优点。 『观察、作品』
↓			
※森林对于人类和其他生命发挥着这么重要的作用啊!	3	以自己的观察为基础,设想森林的各种功能。 查阅有关森林作用的资料做成笔记。 保持土壤水资源, 防止山体滑坡, 供应木材, 提供休憩的场所, 生物的栖息地,等等	引导学生仔细观察树木的各个部分是如何分发挥着作用的。 ○ 知识与理解 ● 能理解森林的作用。 『笔记』 ○ 技能与表现 ● 能够将森林的作用和功能归纳成笔记。 『笔记』
↓			
※对于我们的生活这么重要的森林,是怎样被养育和守护的呢?	4	参照有关林业工作者的工作照和养护林的照片,想象工人们在如何守护和养育着森林。 在想象的基础上确定自己的调查题目。 制定调查计划,向林业局的人了解什么、如何调查,制定调查计划	指导和帮助每一个学生紧密围绕本单元教学目标设计调查问题。 ○ 思考与判断 ● 能够想象出护林、造林人们的样子,思考自己需要调查的问题。 『调查计划』

续表

↓

※一棵树长大需要几十年的时间呢! ※为了育林、造林,砍伐树木也是很必要的。 ※林业工作者们在为我们营造和护理着森林,我们自己也要更加重视和保护森林资源啊!	5、6	接触野外工作的工具。 锯原木,闻木头的气味,察看树木的年轮。 通过看录像、请教林业局的人、查阅资料等进行调查,归纳学习笔记。 养护森林的林业工作者 养护森林的林业局的人们 绿色少年队的活动,等等。 听取林业局的人们守护和养育森林的愿望与感受	鼓励、帮助学生解决自己的问题。 关照学生安全使用机器工具。 ○ 关心、热情、态度 ○ 技能与表现 ● 有效地使用资料,积极主动地调查守护森林的人们的工作情况。 『自我评价、观察、笔记』 ○ 知识与理解 ● 能够理解守护森林的工人们的工作和付出的努力。 『笔记』

↓

※林业从业人员的减少,世界森林植被的破坏,是一个非常严峻的问题。一定要想办法阻止! ※认真思考为了防止水土流失我们每个人应该做什么、能做什么,每个人采取适当的行动才是最重要的。		参照日本林业人员的减少以及木材进口量增长图表,讨论日本林业问题。 观看世界森林资源破坏(沙漠化、酸雨等)的录像教材,发表各自的感想。 为了保卫绿色的家园和绿色的地球,我们应该怎么做,把自己的想法写在作文里	引导学生关注世界森林资源的破坏问题开展讨论。 指导学生思考自己能为环保做些什么,找出依据,写成作文。 ○ 思考与判断 ● 能够独立思考日本和世界森林资源现存的问题。 『发言』 ● 能够充分思考环境保护的重要性和自己应该做些什么。 『发言 、作文』

第四节 引入集体指导，加深国际理解教育的教学案例

——小学六年级《中国人的生活》

一、了解中国人的生活状况，加深正确理解

1. 从与自身生活的联系看中国人的生活

在这里我们选定与日本在经济、文化等方面有着密切联系的中华人民共和国(以下简称中国)，通过具体调查居住在那里的人们的生活状况，能够正确理解中国人的生活方式和思维方法。并且，使学生认识到日本为了谋求与别国的协调发展，每一个日本人加深国际理解的必要性和重要性。

对于日本来说，中国不仅是同在亚洲的邻国，同时，通过向隋朝、唐朝派遣特使的交流活动，从中国引入了汉字、佛教，因此，中国也是在文化等方面给予日本以巨大影响的国家。在本单元的学习中，首先回顾一、二年级学过的历史知识，了解与中国交往的悠久历史，再通过与生活紧密联系的汉字、食品等，关注中国人的生活。在制定教学方案时，可以让学生通过与学校附近的中国留学生进行接触、调查，加深彼此之间的交流。此外，不仅让学生找出中国与日本在生活习惯等方面的差异，找出相同的部分，互相尊重，进一步发展友好关系也是十分重要的。

2. 培养个性的小组学习指导

学生往往从衣食住行、游戏、校园生活等多方面获取对人们生活的认识。调查生活的角度也是多种多样的。为了能满足学生各自的愿望要求，要考虑引导学生分主题探讨，并在这种探讨过程中，采取由 2 名教师进行小组学习指导的形式。通过这种指导，能够更准确地掌握每个学生的问题意识和学习方法，进行更

切合学生个性特点的具体指导。

在制定本单元的教学方案时，特别要考虑到每个学生的自选学习问题，在分组探讨问题和调查结果汇总的过程中，要有 2 名以上教师进行全班范围内的小组学习指导。

二、单元教学目标

指导学生了解和调查与日本有着悠久交往历史的中国，在深入理解中国人的生活习俗的同时，使学生意识到为了与其他国家保持和谐的关系，需要每一个人拥有正确的国际理解观。

三、评价标准

评价标准见表 9-7。

表 9-7 评价标准

评价角度	评价标准
对社会现象的关心、热情、态度	关注中国人的生活状况，积极主动地从衣食住行、游戏、校园生活等方面进行调查，认识到建立正确的国际理解的重要性
社会性的思考与判断	对照自己的生活，深入思考中国人的生活以及中国的文化。认识到进一步促进中日友好的重要性
观察能力、资料使用的技能和表现	根据每个问题去查找资料、进行采访调查的同时，还能够将调查的结果简明易懂地表达出来
对于社会现象的理解与认识	理解中国人按照自己固有的文化和风俗习惯生活着，理解为了建立日本与其他国家的和谐友好关系，需要每个日本人建立起正确的国际理解观

注意：要通过学生的学习状态、教师的观察、作品分析，以及回顾卡片上的学生自我评价等素材，从不同角度多方面去理解和评价学生的学习活动。要特别注意每一节课选定不同的评价项目，运用评价手册有计划地进行评价。

每节课后，2 名教师要交换每个学生的学习情况，协商下一节课的教学方案，同时，对小组学习指导的方法、教师的分工等要达成共识，深入理解。

四、教学方案

教学方案见表 9-8。

表 9-8 教学方案

<table>
<tr><th></th><th>主要学习活动</th><th>教师的支持</th><th>评价</th></tr>
<tr><td rowspan="3">1
课
时</td><td>○宣读中国留学生 R 给全班同学的信，畅谈感想
＊同一个汉字在中国和日本有不同的意思，很有趣
＊菜肴也是从中国传来的
＊中国人长的和我们很相像。
○通过历史年表，进一步了解与中国的交往
＊汉字与佛教的传入
＊向隋朝和唐朝派遣特使
＊日本带给中国灾难的战争</td><td>◇以猜谜的形式介绍衣食住行等中国的生活方式。介绍 R 的照片
◇准备一些关于衣食住行的照片，引起学生对中国人的生活的关注
◇准备世界地图，认识中国国土的面积以及与日本的地理位置</td><td rowspan="3">[关心]
是否关注与中国的关系，是否主动调查。
[技能、想法]
是否能通过年表考虑和中国的往来。
[知识]
是否能理解日本与中国在历史与文化等方面有着千丝万缕的联系</td></tr>
<tr><td colspan="2">＜学习问题＞
调查 R 居住的城市——北京的人民生活</td></tr>
<tr><td>○讨论观察生活的视角。
＊儿童的游戏与校园生活 ＊住房与食物＊服装等</td><td>◇提醒学生关注衣食住行和校园生活</td></tr>
<tr><td rowspan="3">1
课
时</td><td>○对调查的内容提出设想。
＊中国孩子是否也玩电子游戏？
＊中国那么大，是否有很多的家庭？
＊学校可能和日本的差不多</td><td>◇讨论各自要调查的问题以及个人预案，明确每一个调查问题</td><td rowspan="3">[关心]
是否关注中国人的生活、积极主动地去调查
[技能]
是否掌握自己的调查问题和研究目标</td></tr>
<tr><td colspan="2">制定关于中国人生活情况的调查计划</td></tr>
<tr><td>○使用表格进行调查
＊有效利用学习室
＊采访
＊到市役所（市政府）去查询</td><td>◇讨论调查方法，例如去采访留学生等，让每个学生了解掌握研究的目标</td></tr>
</table>

续表

<table>
<tr><td rowspan="2">小组学习1课时</td><td colspan="2">自己设计题目调查中国人的生活情况</td><td rowspan="2">[关心、技能]
是否关注中国人的生活，是否能积极利用图书资料主动开展调查</td></tr>
<tr><td>○根据学习室的资料和教科书内容，考证自己的设想，解决自己设定的问题
○将资料上无法解决的问题整理出来，明确需要向留学生询问的问题
＊衣食住行、游戏、学校生活等</td><td>◇2名教师分别在学习室和教室指导，形成帮助每一个学生解决问题的指导机制
◇事先将需要向留学生了解的有关于衣食住行、游戏、学校生活等事项，以图表的形式整理好</td></tr>
<tr><td rowspan="2">调查活动1课时</td><td colspan="2">请R讲述中国人的生活</td><td rowspan="2">[关心、知识]
是否具体了解了中国人的生活
[思考]
能否真正了解和掌握中日两国人民在生活上的区别和共同之处？</td></tr>
<tr><td>○向中国留学生询问他们在国内的生活。＜采访例＞
＊家里是什么样的格局？
＊平时玩什么游戏？
＊中国的主食也是以大米为主吗？
＊最受欢迎的运动项目是什么？
○按自己的方式作调查总结</td><td>◇邀请R及其他3名留学生，分别讲解衣食住行、游戏、学校生活。
◇教师在班级里以小组学习的形式同时指导两个组。
◇让学生将查阅、采访的事情记入表格。</td></tr>
<tr><td rowspan="2">2课时</td><td colspan="2">发表关于中国人生活情况的调查报告</td><td rowspan="2">[技能]
是否能将调查内容清楚地表达出来
[思考]
是否对加深友谊的方法途径，有自己独立的思考</td></tr>
<tr><td>○在调查内容的基础上，考虑发表的内容和表达的方式
＊用纸人剧表现学校生活
＊用绘画的形式表现服装
＊制作简单的菜肴供品尝
○讨论如何与中国进一步发展友好关系</td><td>◇让相同选题的学生一同发表
◇发放表格，帮助学生理解和归纳相各自的想法和发表内容
◇启发帮助学生独立思考加深友好的手段与方法</td></tr>
</table>

第十章

日本基础教育经验借鉴

前面用了九章的篇幅，从制度法规、体制改革、课程教材、师资水平到学校评价和学业成就评价，全面介绍和分析了日本的基础教育改革历程、发展前景和课程案例，力图全面反映日本基础教育改革的全貌，为教育管理者、中小学教师和教育研究人员提供直观的、可借鉴的政策分析与案例分享。中国和日本同属东亚国家，有着相近的传统和文化，同样重视教育，而且在教育上的很多观念和制度、做法都十分相似。

第二次世界大战结束后，日本开始实施九年制义务教育，并用了 20 年左右的时间普及高中教育。算下来，日本完成基础教育的普及大体用了 100 年的时间。完整的制度设计和法律体系为基础教育的发展奠定了良好的基础，战后日本经济的高速增长又为之提供了切实保障。半个多世纪以来，尽管历经数次重要的改革，在日本国内，对教育的批评之声也不绝于耳，但总体上，日本坚持教育立国的思想没有变，基础教育一直处于有序的、稳步的发展过程之中。

长期以来，战后日本教育改革与发展的经验，尤其是战后初期以高质量的全民教育支撑和带动经济的快速发展的成功案例，为发展中国家提供了可参照的成功经验。保持全国统一的教育水平的同时，确保教育机会均等，通过严格的教育质量保障体系，实现教育过程公平与结果公平。

近年来，日本基础教育阶段的学生学业成就在历次 PISA、TIMSS 等国际学业成就评测项目中，都表现出较好的数学、科学和阅读理解的能力素养。战后日本基础教育的发展，一直以学生的成长为中心的政策措施，对学生的全面发展起到了很好的保护和促进作用。较早实行的学校配餐制在儿童成长和生活习惯的建立等方面起到了积极的作用；基于学生就学需求的撤并校和学校合理布局的政策措施，使得“离岛小学”“小规模学校”和复式教学得以保留，成为呵护学生身心健康成长，保障每一个孩子受教育权利的人性化有效措施；尤其是坚持不懈的学校防灾减灾教育，更为地震多发的日本中小学生奠定危机意识和自我保护能力，是学校成为本地居民的避难所和防灾减灾教育中心。

这些看似与基础教育课程教学并无直接关系的规定和做法，却是提高学校教育质量，培养生存能力，保障教育权利，促进教育公平的有效措施，也是值得借鉴的成功经验。

第一节　以学校配餐实施“饮食教育”

学校的一切教育活动都是为了实现教育目标，日本的学校给食也不例外。通过颁布学校给食法，促进各学校营养摄取增进学生身心健康发展；通过学校配餐的实施，加深学生对日常生活中饮食的正确理解并养成健康的饮食生活习惯；将学校配餐作为一项教育活动丰富学校生活，构建温馨和谐的社交关系以及合作精神。目前，日本的学校配餐已经被作为对学生进行饮食教育的主要渠道。

进入21世纪，日本认为，要培养少年儿童丰富的心灵和健康的体魄以适应未来国际竞争，同时将保证国民终生健康生活作为国家和社会发展的重要目标。2005年，日本颁布了《食育基本法》[1]，将“食育”与德育、智育、体育共同定位于培养学生生存能力的基础。因此，21世纪的日本学校配餐的功能，已经从提供餐饮救助、饮食保障上升为进行“饮食教育”的重要内容。

一、日本学校配餐的发展历程

日本最早的学校配餐出现在1889年的山形县鹤冈町（现在的鹤市）的私立忠爱小学。修建这所学校的和尚为生活贫困家庭没有条件自带午饭的学生提供免费的饭团子、烤鱼、咸菜等作为午餐。目前这所学校前面竖起了一块“供餐创始学校”的纪念碑。当时忠爱小学提供学校配餐的佳话迅速传遍日本全国，作为一项善举得到充分肯定，而学校配餐对于学生身心成长的促进和保障作用也得到了充分认识，使得学校配餐迅速传遍了日本全国。第二次世界大战期间，战

〔1〕《食育基本法》，平成17年6月17日法律第36号，最终修改：2009年6月5日法律第49号. http://law.e-gov.go.jp/htmldata/H17/H17HO063.html.

争灾难造成日本粮食短缺，学校配餐因无力维持而一度中断。直到1944年一些大城市的学校才恢复供餐，受惠小学生大约在200万人左右(图10-1)。

图10-1 1945年的学校配餐[1]

战后日本发生了粮食危机，鉴于从经济穷困、粮食短缺的双重困境中解救儿童的实际需求，日本接受了美国以及联合国儿童基金会捐助的脱脂奶粉和小麦粉，并于1946年再度开启学校配餐。1946年日本文部省、厚生省、农林省联合发布的《关于普及和实施学校配餐的奖励条例》中指出，“为了提高学童体质和开展营养教育，学校提供适当的营养配餐值得提倡”，配餐对象从贫困家庭儿童和身体虚弱儿童扩大到全体在学儿童，以实现促进儿童身心健康成长的目的。1947年日本利用美国无偿援助的奶粉、小麦等物资，向300万名小学生提供免费学校配餐，日本中小学实施学校配餐的比例达到了69%[2]。1951年由于旧金山条约的签署，美国停止向日本提供作为学校配餐财源的伽利略基金(被占领地区美国政府救助基金)，日本政府无钱购买美国进口小麦，学校配餐在失去政府补贴之后只能提价，转由家庭全额负担，不仅越来越多的学校停止配餐，而且不缴纳配餐饭费的人数也越来越多，学校配餐陷入即将终止的状况。

鉴于当时情况，日本于1954年颁布了《学校给食法(学校配餐法)》，明确规定学校配餐有助于儿童身体健康发展，有助于改善国民饮食生活。义务教育学校为了实现学校教育目标，应将学校配餐作为教育活动的重要一环。藉此对学

---

〔1〕 日本学校给食网.[2014-06-03]. http://www.juk2.sakura.ne.jp/index.html.

〔2〕 文部科学省，国際教育協力懇談会我国的教育经验资料19，学校保健・学校配餐. http://www.mext.go.jp/b_menu/shingi/chousa/kokusai/002/shiryou/020801ei.htm#top.

生进行饮食文化教育，建立对食品、饮食的正确认识，养成良好生活的习惯，丰富学校生活，培养积极向上的社交能力和勇于承担的责任意识。该法律规定义务教育学校要努力实施学校配餐，国家和各级地方行政机构要促进学校配餐的普及和健康发展，对于开设学校配餐所需设备、设施的安装费、无力支付餐费的贫困儿童要给予财政补贴，该项规定至今仍有效(图 10-2)。

图 10-2 1950 年的日本学校配餐[1]

1971 年文部省体育局发布“关于学校配餐食品成分的规定”的通知，提出学校配餐的标准食品结构。值得一提的是，日本在 2000 年以前，学校配餐用的面粉、大米和牛奶等食材都由政府统一调配或指定，一般不允许市场自购，以便于政府补贴和管理。

鉴于 1993 年日本水稻大面积减产导致学校配餐用大米供不应求，因此 1994 年，作为特例允许学校配餐使用市场流通的大米。直到 2001 年，日本才全面放开配餐大米的统一调配，允许学校和配餐公司自行采购市场流通的大米(图 10-3)。

图 10-3 2000 年的日本学校配餐[2]

日本的学校配餐营养搭配合理，食品安全卫生，分量不大，以

---

〔1〕〔2〕日本学校给食网.[2014-06-03]. http://www.juk2.sakura.ne.jp/index.html.

套餐为主,既保证了营养均衡,又不浪费。学生值班发放午餐,有助于培养中小学生感恩、节俭、协作、互助的品质。

二、由学校配餐向“饮食教育”的转变

学校配餐的意义和作用,因时代的变化而逐渐改变,从最开始的促进儿童身心健康,增强体质,养成良好的饮食习惯,逐渐演变为通过学校配餐为师生搭建起心灵交流的平台,让学生体验集体生活,培养协作、互助的优秀品质。日本将义务教育阶段学校供餐作为保障儿童身心发展的重要措施,同时也是学生在校期间实施饮食教育的主要时间段。

随着社会状况的变化,儿童饮食无规律、对健康产生不良影响的现象,比比皆是。因此,学校和幼儿园、托儿所等教育机构,作为推进儿童饮食教育的主渠道承担着重要职责。学校和保教机构的有关人员,要利用一切机会和一切场合,积极推进儿童饮食教育。通过学校配餐,一方面对孩子进行饮食教育,另一方面积极引导家庭的饮食生活和饮食教育。因此,加强学校与家庭、学校与社区、学校与保教机构之间的饮食教育合作具有重要意义。

进入21世纪,随着社会经济发展水平的不断提高,人们在繁忙中度过每一天,往往忘掉吃饭的时间。在国民的饮食生活中,营养不均衡、饮食不规律、肥胖等生活习惯性疾病增加,过分瘦身引发的各种健康问题,以及食品原料过分依赖进口等,形成了日本新的“饮食安全问题”;大量关于饮食的信息在社会上流传,为了饮食改善与饮食安全,需要人们掌握正确的饮食习惯;同时,受惠于青山绿水、具有浓厚自然和地域特色的日本饮食文化,正面临着消亡的危机。为此,2005年6月,日本颁布了《食育基本法》,将学校教育中的“食育”的重要性提高到与德育、智育、体育同等地位。

同时,在“饮食环境”不断变化的过程中,培养国民对饮食文化的思考,实现健康饮食的生活目标,促进城市与农村的对流与共生,构建食品生产者与消费者之间的相互信赖关系。以此来达到振兴区域经济,继承和发展日本丰富的饮食文化,促进环境友好型食品类产业链的发展,促进合理消费,提高日本粮食供应的国产比例等目标通过“食育”进一步提高人们对“饮食”的认识,感恩自然,感谢

为自己提供饮食的所有产业和所有人，掌握根据可靠信息准确进行饮食判断的基本能力，保障身心健康的同时，践行健康饮食生活和健康人生。

《食育基本法》的颁布，进一步提升了学校配餐的意义，并使之成为学校饮食教育的主要渠道。通过《食育基本法》的贯彻实施，将饮食教育作为一项全民运动，以家庭、学校、幼儿园和社区为中心全面推进。《食育基本法》确立了饮食教育的基本理念，明确了国家和地方行政机构的责任分担，通过制定饮食教育的相关政策和基本原则，有计划地全面推进饮食教育，以保障人们现在和将来身心健康，饮食生活丰富、优质、有文化，增进社会活力。

在以中小学生为对象的饮食教育过程中，家长和学校教师责任重大，积极承担“食育”职责，通过学校课程实施和学校配餐等教育活动，积极推进饮食教育，日本中小学迎来了由“学校配餐”向“饮食教育”职能转变。

三、推进“超级食育学校”计划

为了进一步加强中小学校的饮食教育，发挥学校配餐的主渠道作用，综合推进德育、智育、体育和“食育”，日本文部科学省从2014年开始推进一项“超级食育学校”计划。这是一个由文部科学省与有关机构、团体联合实施的“饮食教育”实践活动试点校推介项目。该项计划是根据“今后学校饮食教育发展方向有识者会议”于2013年12月提交的“最终报告”建议，由文部科学省遴选指定并向全国推介以饮食为桥梁开展学校与社区联合活动。该活动明确“饮食与体育运动”“饮食与健康”“饮食与学力”的“食育”主题，积极开展全新理念下的饮食教育实践的“超级食育学校”。

“超级食育学校”一般与大学、餐饮企业、生产者、相关机构联合协作，通过学校供餐实施“食育”，提高学力，增进健康，促进地产地消，促进饮食文化理解等。通过科学的数据分析，证明“食育”的全方位多层次的功效。

“超级食育学校”的指定期限为一年，指定对象为国公、私立的小学、初中、高中以及六年制中等教育学校。2014年度日本文部科学省从全国47个都道府县上报的51项实验申请、65所超级食育学校申请中筛选33个项目，指定“超级食育学校”42所。其中小学26所，中学8所、高中5所，六年制中等教育学校3

所。从学校办学性质来看,国立学校 1 所,公立学校 37 所,私立学校 4 所。

文部科学省的食育项目和超级食育学校采取公开申请的形式,由各学校自行确定具有校本特色的食育研究和实验主题,并向本地区教育主管部门提交申请,由各都道府县教育委员会汇总本地区的申报情况,提交给文部科学省,文部科学省组织专家和外部评价机构对所有申请材料进行评估,选取有价值、有意义的主题,在指定的试点学校实施"食育"实验项目。

在传统的营养领域,一直强调儿童的营养不良的饮食指导和饮食补充,然而随着人们饮食生活习惯的不断变化,儿童营养过剩已成为当今饮食生活的主要问题,而传统的学校饮食指导缺乏应对措施与方案。

"超级食育学校"计划中也包括对于现代饮食生活的正确指导和实践探索,从预防生活习惯性疾病的立场出发,关注和确保营养均衡,促进学生身心健康成长。《食育基本法》第 16 条规定,制定"促进食育基本计划"以全面综合推进饮食教育。文部科学省推出的"超级食育学校"计划,作为落实该项规定的具体措施,旨在以学校教育为平台,通过教师、家长和当地居民的密切协作,全民推进"饮食教育",实现《食育基本法》的各项基本目标。引导学生对日本的传统文化、物产资源、地域风情,以及饮食生活的生产消费各个环节加深理解,对食品安全、粮食安全等国际社会共同关注的问题引起足够的重视。

2008 年颁布的最新学习指导要领的总则部分,增加了"推进学校食育""加强饮食教育指导"的相关规定,将饮食教育列入学校教育课程标准,表明"食育"已成为日本学校教育的重要一环。

日本政府通过"学校配餐"全面实施"食育"的战略转变值得关注。

第二节 以小规模学校和复式教学保障教育公平

“高龄少子化”(人口老龄化与低出生率)是日本在全球化、信息化背景下需要面对的严峻社会问题。尤其是进入21世纪后,日本的“高龄少子化”问题日益严峻,导致学龄儿童数量减少。首先,表现在日本小学阶段的新生入学人数和在校生总数连年下降;其次,边远农村和偏僻地区长期面临出生率下降和劳动人口外流的双重危机,导致“人口过疏化”,造成原本规模较小的农村中小学校生源逐年减少,甚至有些学校生源枯竭成为“废校”。

出生率下降与人口流出的双重因素导致日本偏僻山区和边远“离岛”的中小学校撤校、并校情况不断发生。宫崎、鹿儿岛、北海道以及其他都道府县的偏远地区出现“人口过疏化”现象的同时,中心城市也出现“空洞化”现象,学校规模逐渐缩小,以至于撤并校成为在所难免的趋势。在这一背景下,日本文部科学省通过制定切实可行的中小学校合理布局的基本原则,根据实际情况对撤校、并校做出灵活宽松的政策规定,并提供有效的制度保障,促进教育资源分配和学校布局更加公平合理。

一、调整学校合理布局的基本趋势

伴随着出生率持续下降,日本中小学校规模不断缩小已在预料之中。在这种情况下,为了保障学校教育能够培养学生的生存能力,日本文部科学省委托中央教育审议会再一次研究调查学校合理布局的策略与方案。1956年日本中央教育审议会进行第一次中小学校合理布局的审议,文部省据此出台撤并校基本原则。当时,正值战后第一次“出生高峰儿”集中到了入学年龄,调整学校合理布局的压力,主要来自边远偏僻地区的“人口过疏化”,而学龄儿童总数呈上升趋势,又带来了基础教育规模扩大的需求。此后,虽然经历了短暂的第二次出生高峰,却又迅速转变成低出生率的“少子化”。

从20世纪50年代到21世纪的今天,日本的社会情况发生了很大变化,不仅交通环境有很大改善,市町村进一步合并,同时随着人口向城市集中带来的人口动态的区域差别越来越大。与此同时城市中心地区的“空洞化”、高速经济增长期建造的城市新区出现严重的“少子高龄化”,从而导致城市学龄儿童减少的危机。

如果说1956年的学校合理布局,主要面对小规模学校,即偏僻地区教育资源配置的问题,而现的主要课题是如何应对城市中的小规模学校的问题。不仅分校和复式教学班逐年减少,普通小学的撤并校情况也时有发生。根据日本2013年度文部科学省学校基本调查统计结果,日本共有小学校21 132所,其中“本校”(达到法定办学规模的独立编制小学)20 918所,“分校”(不足6个学年的小规模学校,以及未达到法定办学规模的非独立编制教学点)214所(表10-1)。全国小学校总数比2012年底减少328所,“本校”减少310所,小规模“分校”减少18所。根据该统计结果,日本平均每三天就有两所小学消失,而这种状况至少持续了10年以上。

表10-1 2003—2013日本全国小学校数量变化[1] 单位:所

年份	学校数	国立小学	公立小学	公立分校	私立小学
2003	23 633	73	23 381	464	179
2008	22 476	73	22 197	305	206
2009	22 258	74	21 974	288	210
2010	22 000	74	21 713	270	213
2011	21 721	74	21 431	251	216
2012	21 460	74	21 166	232	220
2013	21 132	74	20 837	214	221

从学校分布情况来看,目前日本在一些离岛和人口过疏化的偏僻地区撤并

[1] 日本文部科学省平成25年度学校基本调查结果—初等中等教育.[2014-02-26].http://www.mext.go.jp/component/b_menu/other/__icsFiles/afieldfile/2013/12/20/1342607_2.pdf.

校情况更加突出，但为了保证学生的就学机会、方便上学以及学校在偏僻地区的教育文化中心的作用，日本目前仍保留一些小规模的教学点（分校）和复式教学。

这里所说的“分校”，其实是一个独立的办学机构，并不隶属于某一所中小学，只不过由于年级、班级数量和每班学生人数（班型）等学校规模，没有达到“学校设置法实施规则”所要求的6个以上学年和12个以上教学班级，以及每班35名学生等规模标准，所以在学校分类上称为“分校”。

分校一般是设立在人口稀少的偏僻地区和离岛的小规模学校。从表10-1的数据变化中可以看出，2013年日本小学中仍然保留极小规模的“分校”214所，而2000年这一数字是533所，10年之内“分校”数量减少了319所。

从教学班级数量变化来看，2012年日本小学阶段教学班级总数275 058个班，比2011年减少1 358个班。其中单式教学班级236 845个班，同比减少2418个班；复式教学班（两个以上年级的学生在一间教室同时上课的班级，与此相对应的是“单式教学班”）5 440个班，同比减少206个班。从2000年到2012年的12年间，复式教学班的数量由2000年的7145个班，减少到2012年的5 440个班，12年间减少1 705个班。其中即有因生源枯竭而撤校、并校的情况，也有学校规模小而被撤并的因素。

二、制定合理可行的撤并校基本原则

20世纪50年代日本进行了战后大规模的农村地区市町村合并，由此引发了第一次农村公立中小学校合并和布局调整，并为此制定了“关于公立中小学小统和措施”（中央教育审议会1956年11月15日）等学校合并的方针、标准和扶持政策。该举措旨在提高日本教育经费使用效率。

当时，日本文部省在公布此项措施以鼓励撤并校的同时，发出通知指出，不应以保证学校教育规模为理由一味进行学校的撤并，避免因撤并校与当地居民产生纠纷，避免因撤并校给学生上学带来明显不便。同时也要充分考虑小规模学校具有师生之间的相互接触、有利于个别指导等有利因素。综合判断后或许会发现，保留和扩充小规模学校会有更好的教育效果。

日本出台调整学校合理布局的政策措施，在保障儿童受教育权和身心健康成长的前提下,提出撤并校的基本原则。文部省在通告中指出,要充分考虑到撤并校后,通学距离与通学时间对学生身心健康、人身安全,以及教育活动实施可能带来的影响,不要勉强并校。

在制定撤并校规划时,要充分考虑学校在区域中的作用和意义,要努力取得当地居民的理解和支持。对合并后新校规模太大,或对目前规模达标的学校进行统合等情况,要慎重考虑合并后学校的运营管理等问题,以及对学生教育成果的影响。

进入21世纪,随着日本农村偏僻地区和边远离岛的"人口过疏化"问题日益突出,文部科学省再次出台政策以调整中小学校合理布局,保障学龄儿童的受教育权和身心健康成长。

2009年3月16日,在中央教育审议会中小学校设置与管理布局工作委员会第一次工作会议上,针对日本"少子化"导致学校规模不断缩小的发展趋势进行专题研讨。探讨在培养儿童"生存能力"的教育目标前提下,适当调整学校布局的必要性和未来设想,并提出调整学校布局的基本方针。

该报告指出,在调整学校布局的过程中,要充分注意交通环境、市町村撤并情况、区域人口重大变化,以及设施的老朽化程度等相关情况,要充分认识目前社会背景和学校教育环境的重大变化,在推进中小学校布局调整过程中应重点注意以下几个方面。

第一,学校的撤并和合并,首先要以改善和提高儿童教育条件为前提,确保合并后的学校教育环境得到很好的改善。

第二,在推进调整学校合理布局过程中,国家要提出基本思路、基本注意事项、基本要素等相关要求,根据基本要求对市町村级行政机构的学校教育布局调整给予相关的补贴。

第三,不同地区的都道府县教育委员会,出于在某种程度上保护本地区特色的考虑,可通过一定程度的支持、援助等手段,使市町村的学校布局调整能够顺利推进。

第四,预计"少子化"将在今后一段时间迅速发展,因此全国小规模学校将不断涌现。出于义务教育机会均等以及不断提高教育水平的需要,必须保障学校教育培养儿童的生存能力，因此要慎重考虑学校合并和调整布局的必要性和可行性。

第五，国家和地方政府原则上对学校合并给予奖励。但是不能仅限于合并的形式，要顾及教育效果，根据当地实际情况具体实施。学校合并要充分考虑未来学龄儿童数量的增减情况有计划地实施。要极其慎重地实施学校合并，要让当地居民充分认识和理解学校合并的意义和带来的发展机会。

第六，合并小规模学校时，基本上以12～18个教学班为基准，学生的通学距离通常以小学4公里、中学6公里为上限，各地方教育委员会可根据本地区体形地貌和交通情况，以及通学距离对学生身心成长的影响，进一步根据实际情况确定通学标准距离。

第七，国家对学校合并带来的必要设施建筑经费给予充足的、有计划的补贴。国家在基于各种振兴法案分配补助经费时，要对合并校特殊考虑。并校后，国家为了方便学生通学，对新增必要的校车、渡船等交通设施给予资助。

据悉，此次班级规模和学校布局调整的适用法律依据仍然是《学校教育法施行规则》(2007年10月30日文省令34号)第41条：小学的标准班级数量为12个班以上，18个班以下。但是，根据本地区实际状况和其他特殊原因，可灵活执行。

中央教育审议会在审议报告中特别提到由于各地区情况不同，国家和都道府县教育委员会应该提出基本的参考意见，每个市町村可根据本地区具体条件和实际情况，认真研究合理布局的相关问题。市町村行政机构在研究处理学校合理布局过程中，要从具体解决教育问题的视角，来考虑和推进合理布局问题。

三、保留“小规模学校”和复式教学班

2012年4月10日，中央教育审议会下设的“中小学校设置与管理布局工作委员会[1]”召开第11次“公立义务教育学校班级规模以及教师配置调整”讨论会，讨论应对由农村人口“过疏化”造成的偏僻地区和离岛学校规模逐渐缩小的

---

〔1〕 http://www.mext.go.jp/b_menu/shingi/chukyo/chukyo3/038/siryo/attach/1286194.htm.

策略，以及小规模学校的合理配置与布局基本方案。重点研究缩小班级规模，增加教师编制等相关问题，为放宽义务教育学校设置标准探索最佳方案，为保障学生学习权利、保障教育质量公平等相关政策法规的出台寻求理论依据。

此次会议提交的咨询报告成为调整公立中小学校班级规模与合理布局的最新政策动向。日本偏远地区中小学校合并与整合的态势，还将随着学龄儿童的逐渐减少而继续实施。但是，文部科学省并没有做出撤并校的强制性规定，而是要求各地方政府和教育主管部门根据本地区具体情况，以培养学生生存能力、提高教育质量为宗旨，灵活制定本地区具体标准和实施规则。

从学校形式来看，目前日本在离岛和人口过疏地区，仍保留一些小规模的教学点(分校)和复式教学班的形式。

在条件允许的情况下，如何保证中小学校的合理布局，保证儿童的受教育权和教育质量的均等，不仅是发展中国家需要面对的教育公平的紧要课题，也是日本等经济发达国家需要解决的现实问题。而日本的一个解决途径是至今仍然保留一批小规模学校和复式教学班，在边缘的离岛甚至保留了只有一个学生的学校(图 10-4)。

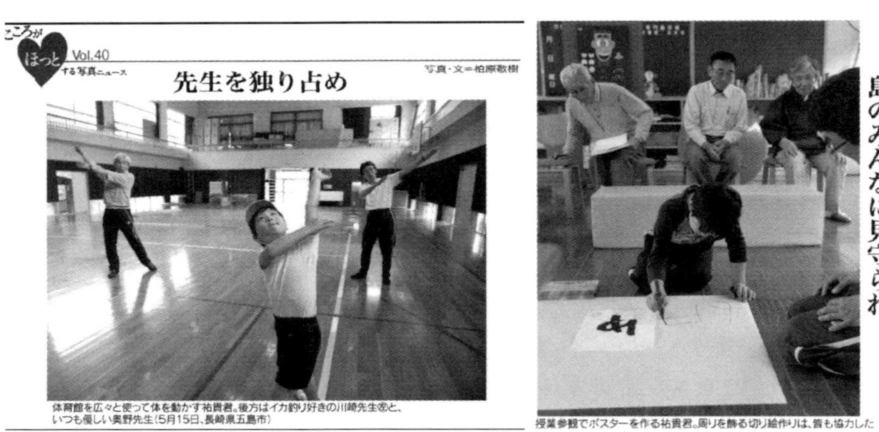

图 10-4 只有一名学生的离岛小学

日本山口县山阳小野田市立津布田小学是一所开展复式教学的小规模学校。根据《学校概览 2012》记载，全校共有 57 名学生分布在 6 个学年，有 13 名教职工。

根据小规模学校的特点，该校制定了推进个性化教育，培养丰富的人性，开放学校管理的办学方针，并在特色定位的基础上确定以下几个重点年度目标：

(1) 奠定扎实的学力基础——引导学生自主学习的课程教学改善，重视合作学习，让每个学生都听懂；

(2) 推进阳光教育——实现挑战目标，充实自然体验与实践活动；

(3) 执行新学习指导要领——落实教育课程计划(充实语言活动教学)；

(4) 推进丰富心灵的活动教学——提倡用行为和语言表达关心关爱；

(5) 开放式学校管理——充分利用志愿者和本地区人才资源，促进学校教育活动的顺利开展。

由于学校坐落于濑户内海的小镇上，校区覆盖的500户居民基本以水产加工和批发业为主。家长和当地居民关心教育，对学校的各项工作给予积极支持，尤其是当地居民协助学校开展多种多样的教育教学和体验活动，形成家校联合的良好氛围，而这所小学也成为当地文化教育的中心，是振兴当地经济文化不可或缺的组成部分。

经济的不断发展改善了人们的物质生活条件的同时，也改变了儿童成长的社会环境，“核家庭”(仅有父母和孩子组成的小家庭)成为日本家庭的基本结构，孩子缺少和家长、老师之外的其他人(本地居民、年龄相仿的小伙伴)一起交流的机会和场所，这种封闭式的生活环境不利于儿童良好生活习惯的养成，尤其缺少接触自然的体验性活动等儿童健康成长的必要条件。

在这种情况下，通过保留小规模学校和在普通学校设立复式教学班，增加学生接触社会扩大交往范围，成为日本一些地理条件相对复杂地区的大胆坚持和积极探索。尤其是在日本的鹿儿岛、宫崎等一些县市，随着青年人口的外流，学龄儿童逐年减少，在一些地区设有复式教学班级的小学小数量有所增加(图10-5)。

日本设有复式教学班的学校具有一些共同的特点。

其一，不仅学校规模小，而且班额小，多采用小班教学形式。不要看到复式教学消极、不利的一面，在许多方面它能够达到单班教学无法实现的良好教育效果。根据地方特点和学校实际情况，加强灵活有效的学习指导是提高复式教学效果的关键。在“人口过疏化”地区，通过亲密的人际关系建立起凝聚力、连带感

图 10-5 山口县山阳小野田市立津布田小学的复式教学场景

和亲近自然的得天独厚条件在区域文化和经济建设中发挥着积极作用。

其二,在开展复式教学的过程中,充分利用交流学习、集体学习、共同学习等多种有效学习方式和教学设备,通过信息化途径,努力改进复式教学的指导方法,充分发挥小班教学的优势加强学习指导。

其三,与偏僻地区教育研究机构合作进行教师培训,为初次担任复式教学的教师开展专题培训讲座,进行联合指导和合作研究,提高教师复式教学的指导能力。

复式教学的班级管理和课堂教学组织有别于单班教学。日本《学校教育法》中"关于义务教育学校的班级编制以及教职工数标准"的法律规定,义务教育阶段的独立班级学生人数为 40 名,而小学阶段由 2 个学年组成的复式班级学生人数为 16 名(其中一个年级的学生不少于 8 名)。由于复式教学班学生数较少,为有效组织课堂教学实现学校教育目标,就要做些调整。首先,要将复式班转变成有利学习的跨年级学习组合,有任课教师进行有计划、有目的的教学管理。要充分理解复式教学的特点和特殊性,才能有效组织教学。其次,在学校教育目标的基本框架下，确定班级教学目标，同时要设定同一班级不同学年的具体教学目标。

改进复式教学的学习指导方法，对提高课堂教学有效性具有决定性意义。日本中央教育审议会“中小学设置、运营管理工作委员会”指出，各学校要以实现学习指导要领的课程目标，使每一学生的长处和可能性得到充分的培养和发挥为基本出发点，重视培养学生主动思考、独立判断、准确表达、积极行动的基本资质能力，有效组织和实施学习指导。复式教学要发挥小班教学的优势，实现细致的个性化指导，组织有吸引力的课堂教学，改善教育活动，努力培养学生的思考力、表现力、社会性。

日本《学校教育法施行规则》(2007 年 10 月 30 日文省令 34 号)第 41 条规定，对因人口减少，生源不足的“一村一小，一町一中”地区，可以考虑让学生到其他市町村管辖区内的学校学习，可委托农协等团体承担部分事务性工作，以解决交通困难。此外，还可以考虑由小学部和中学部的纵向合并，以确保学生在校学习期间，拥有集体性和社会性体验机会。

中央教育审议会在审议报告中指出，由于各地区情况不同，国家和都道府县教育委员会应该提出基本的参考意见，每一个市町村可根据本地区具体条件和实际情况，认真研究合理布局的相关问题。日本偏远地区中小学校合并与整合的态势，还将随着学龄儿童的逐渐减少而继续实施。但是，国家并不会做出强制性规定，而是要求各地方政府和教育主管部门根据本地区具体情况，以培养学生生存能力、提高教育质量为宗旨，灵活制定本地区具体标准和实施规则。

日本在调整中小学校合理布局的同时，根据需要适当保留小规模学校和复式教学的有效方式，保障学生身心健康成长，培养生存能力，增进区域经济文化活力的做法值得借鉴。

第三节 以常态化防灾教育提高危机应对力

日本是世界上第五大地震、海啸等自然灾害多发国。自2000年以来,占全球20.5%的里氏6.0级以上地震,发生在仅占全球面积0.25%的日本国土上[1]。根据联合国大学2011年发布的世界危机报告的统计结果,日本遭受自然灾害的可能性为39.57%,灾害破坏性为28.13%,灾害风险性为11.13%。而中国受灾可能性为12.9%,灾害破坏性为49.3%,灾害风险性为6.4%[2]。

频发的地质自然灾害,促使日本较早出台防灾减灾相关法律,建立完整的危机管理体系和应急反应机制。一次次的灾害经历,反复强化着日本国民防灾减灾意识,常态化的防灾训练,使人们在地震灾害发生时,能够及时采取准确有序的紧急避难和自救措施,有效减少地震灾害损失。

一、中小学常态化的防灾教育机制

为了在地震海啸等自然灾害发生时,能有效保护学生生命和人身安全,减少教育设施的损失,联合救助受灾人群,确保尽快恢复教育活动,日本文部科学省制定了“防灾实施计划”。对学校等教育机构的作用、职责和具体任务做出了明确规定,成为各级各类学校和地方教育委员会制定灾害紧急对策的指导性文件。

1. 制定防灾紧急对策方案

学校要根据主管教育委员会的灾害紧急对策方针,制定出本校防灾紧急对策方案。并建立健全学校防灾和安全保障机制,真正做到确保学生生命安全及

---

〔1〕 日本内阁府2011年度“日本的灾害对策”报告. http://www.bousai.go.jp/kyoiku/pdf/saigaipanf_.

〔2〕 日本社会实情统计图录. http://www2.ttcn.ne.jp/honkawa/4372.html.

人身安全,维持学校教育活动的顺利开展。校长负责提前做好学校防灾和灾害应急对策,制定出避难预案并纳入教学计划,以便灾害发生时校长可根据灾害发生的规模和等级,下达相应级别的紧急防灾指令。同时,制定防灾紧急对策方案,必须预先考虑到全体或者部分学生无法回家等特殊情况,制定出全面、合理的避难和防灾计划。

为了指导教师在地震灾害发生时,采取准确行动带领学生迅速撤离到安全地带,每所学校都会根据主管教育委员会关于学校防灾与紧急对策行动指南,制定出本校防灾减灾手册。内容大体包括:以确保学生安全为基本原则、明确教师的分工、建立信息联络机制、重要文件处理方式,以及学校作为指定避难所的管理与运作模式等。

2. 教师的紧急集结与参与机制

校长要根据灾害发生的程度等级,制定教师的集结与参与机制、联络方式、责任分担等应急计划方案,通知全体教职员工并上报教育委员会。灾害发生时校长根据该计划,指挥教职工为确保学生安全、顺利复课各司其职做好工作。夜间和节假日等非工作时间发生里氏 6.0 级以上地震时,为确认校舍损毁和学生人身安全等情况,教职员可在确认自家住宅和家人安全的前提下,自愿到校集合参与救灾和复课准备活动。

3. 学校设施如何抗震防震

为了确保学生人身安全,要提高校舍的安全性。确保校舍能够抵御强烈地震。教育委员会规定新建校舍必须严格遵守建筑基准法以及抗震结构设计。按照 1981 年以前的抗震标准建造的校舍,要实行全面的抗震检查和抗震加固维修,或直接改建,为学校在危机情况下从容疏散学生赢得足够的时间。

4. 防灾减灾训练常态化

日本中小学校的防灾训练和应急措施要纳入学校教学计划(图 10-6)。学校在制定紧急避难方案时,设定各种场景,标明正确的疏散途径和避难措施。如,设定放学途中的地震场景,训练学生按照负责人的哨音指示,离开建筑物、墙壁,用书包等护住头部,低下身体,迅速向指定的开阔和和高处疏散,让学生记住途中的紧急避难场所。

图 10-6 学校防灾教育宣传画

如设定在校上课、扫除、活动时的地震场景，训练学生快速集合到校园，然后有教师带领学生疏散到指定的避难所场所；疏散时，要让高年级学生先走，低年级学生随后，保证以最快速度离开危险区域(图 10-7)。

图 10-7 东京都八王子小学请消防队员来校进行防灾教育[1]

制作防灾手册，明确标记本地区紧急避难场所，发放给每个学生家庭，并以家庭为单位制定“我家紧急避难地图”并有效利用。

二、中小学制度化的灾害应对机制

学校原本是教育场所，遇自然灾害和紧急情况时，学校的根本任务就是确保学生安全，尽早恢复教育活动。学校的防灾紧急对策方案，通常将学生在校活动分为各种场景，并根据各学校的具体情况列出避难措施和避难场所，当灾害来临时，日本的学校会按照平时训练的程序，迅速组织学生撤离险境(图 10-8)。

---

〔1〕 减灾网。

图 10-8 东京都八王子市立片仓台小学校的避难训练[1]

1. 上课时间如何组织学生避难

如果地震等灾害发生在学生上课时间，在校长判断可确保学生安全之前，必须将学生保护在校园内，直到危险解除或确认将学生转交到监护人手中一起回家。为了将学生安全转交给监护人，必须使每一个学生的监护人都知道学校避难实施方案规定的紧急联络机制和联系方法。如无法将学生转交给监护人，校长要负责将学生保护在校内，教师要根据分工各负其责，确保学生的人身安全。

2. 上学和放学途中的避难措施

校长要事先考虑到学生上学和放学途中，发生灾害的情况下，如何有效组织学生避难，并和监护人共同确认，掌握通学路途的安全性，以及附近可以用于避难的公园和公共设施。为了在紧急情况下可采取有效行动，设计和规定紧急情况下的联络机制、联系方法等避难方案，并一定要让学生和家长知晓。

3. 非工作日发生灾害时应对措施

夜间和假日发生自然灾害时，学生的安全保障由监护人负责。如果学生在校参加课外小组活动，或者由学校负责寄宿制学生的情况下，由校长和教师负责

〔1〕 减灾网. http://www.bosaijoho.jp/bosaisi/item 5178.html.

学生的安全保障。同时,校长要保证学生在学校管理时,要建立完善的联络机制,并预先通知每个学生及其监护人。

4. 学生无法回家时的生活保障

以东京都为例,在制定防灾预案时,考虑到学生分布范围广,通学路途长,地震发生后由于交通中断、建筑物倒塌等情况可能导致学生无法回家,必须在学校接受保护,为保证学生能够在学校生活数日,东京都教育委员会储备一定数量的食品、毛毯等物资,并储存在仓库中。

5. 发挥学校的避难所职能

日本的校园和校舍,经常作为所在行政区域的指定避难所,即便是非指定避难所,也会根据受灾情况被作为临时避难所(图 10-9,图 10-10)。当学校成为避难所时,由校长领导和指挥避难所的管理与运作,由学校教师负责避难所的物资发放以及灾民登记等相关工作。

图 10-9 避难所生活训练会场

因此,日本各中小学校都会制定当学校成为避难所的危机管理预案,确定教职员应急分工和岗位职责,划分可用于接待灾民的开放区域,建立接受和分发救灾物资，以及与当地救灾指挥中心的联系机制。但教师担任避难所管理运作相关工作，只限于灾害发生初期的紧急关头。由于灾后教师要负责学生的安全确认，以及为早日复课做准备，避难所的管理等日常工作要由当地行政部门及早接管。

图 10-10　东京都葛饰区立北野小学避难训练现场[1]

6．做好灾后复课准备

校长要根据灾害情况与教育委员会保持密切联系，制定应急教育方案，为尽快复课做好准备。校长和教师首先要仔细进行校舍安全检查，确认学生人身安全、通学路途情况、教科书文具教具的损毁情况，并处理好学生转出转入相关事宜，最后由校长将检查情况汇报给教育委员会。复课时，教育委员会首先要建立校舍整修、教材及学习用品补给机制，并对学校复课方式、学校管理等提出具体指导，并将复课决定通知校长。

7．进行灾后心理干预

教育委员会在地震等灾害过后，及时针对中小学心理教师（养护教谕），及其他教职员，进行灾后心理干预与心理调适对策与方法培训，并以一线教师为骨

〔1〕 减灾网．http://www.city.katsushika.lg.ip/dbps data/material/files/.

干，为学生提供精神、心理方面的辅导与咨询。

三、中小学防灾减灾的突出效果

2011 年 3 月 11 日里氏 10 级的东日本大地震是日本有记录以来最强烈的一次，地震引起的海啸给生命财产造成重大损失，其中也包括在校学生的伤亡和校舍等学校资产损失。然而，据日本 2011 年度防灾白皮书统计，在总遇难人数超过 18 580 人的地震海啸灾害中，10—19 岁学龄人口的遇难人数（女生 171 人，男生 165 人）是全部遇难人口年龄段中人数最少的[1]。这让日本人进一步认识防灾减灾教育的重要性，更多的学校自发地开展各类防灾减灾教育、训练和挑战。

在地震发生时，位于重灾区的岩手县大船渡市立绫里小学的所有学生即将结束一天的课程，正准备放学回家，面对突如其来的大地震，全体教师迅速集合所有学生，在校长的果断决策和指挥下，按照日常防灾演习的线路迅速撤离到高处避难。当教师带领学生按照常规训练转移到离学校较近的大船渡车站站前广场，校长和教师根据此次地震的震感的强烈程度和所在区域的地势，果断做出继续向山上转移的紧急决定。途中有家长希望接走自己的孩子，被校长断然拒绝，将全校所有师生带到地势较高的山坡上。当海啸过后，小学的校舍和车站的建筑物被翻滚的浊浪吞噬掉，几乎被夷为平地，而全校师生却安然无恙。这得益于该学校坚持不懈的防灾训练，得益于日本中小学校健全的危机管理机制和常态化的防灾减灾教育。

绫里小学的案例并不是偶然的。这所处在岩手县大船渡码头附近的小学，长期坚持防灾教育。学校组织学生、家长和当地居民共同绘制本地区、本街道、本社区以及各个家庭的防灾地图，制定灾难发生时的避难线路和紧急联络规则，建立应急机制，定期演练，做到让每一个学生和家长对紧急防灾减灾的应急对策心中有数，临阵不慌，有条不紊地撤离到安全地带。根据当地历史上曾多次发生过强海啸的自然情况，绫里小学 2004 至 2007 年的防灾教育计划一直以“疯狂的

---

〔1〕 日本内阁府 2011 年度防灾白皮书. http://www2.ttcn.ne.jp/honkawa/4363f.html.

大海”为主题。学校开展这项活动的目标,是为了引起教师和学生对地震和海啸的关注。在灾难到来时,能够协调有序、迅速有效地撤离危险境地,保证生命安全。

这项防灾教育计划,包括避难训练、灾难对策研讨会、设立海啸防灾展板,以学生家庭和本地区居民为对象,发放本地曾经发生的历次海啸带来的危害和危险性,以及海啸避难指导手册,演出自编的情景剧和歌曲,引起人们对海啸的危害性以及防灾重要性的认识。通过自编情景剧的排演,使学生加深对海啸的可怕性和摧毁人们生活的危害性的理解,建立自己的生命自己保卫的主动意识,掌握自救方法和要领。

学校的防灾教育起到了显著的效果。通过学校反复训练和宣传,增强学生、家长以及当地居民防灾减灾的自觉意识,形成学校协调有序的灾难紧急应对机制,得到了本地居民的理解与支持,提高了学生防灾自救的能力。学生通过训练,不仅掌握了海啸发生时,如何到高处避难的自救方法、向家长和本地区居民发出海啸警报的方法,同时增强了对生命的理解与热爱。

学生家长和当地居民通过观看学生自编自演的节目、宣传展板、海啸资料等发放的材料,那些早已风干了的对海啸的记忆再一次被唤醒,增强了防灾意识。通过训练,学生对危险警报能够迅速做出反应,立即采取行动,居民对海啸的防范意识增强了。绫里小学的防灾训练得到当地媒体,以及日本 NHK 电视台的联合报道,媒体的宣传产生了更大的影响,使学校防灾教育得到日本社会越来越多的关注。

将防灾减灾和危机对策预案写入学校教学计划,坚持防灾教育和防灾训练常态化,以真实情景训练学生和家长有效避难,将灾害损失控制在最小范围,最大限度保护学生人身安全并尽快恢复教育活动,是日本中小学校防灾减灾应对灾害危机的根本方针和主要经验。

第二次世界大战后,日本以行政手段推进教育公平,以教育立法保障教育发展的成功经验,恰恰是值得国际借鉴的“他山之石”。自 19 世纪下半叶建立现代学校制度开始,日本就以教育立法为先导,设计了完整的学校制度和管理体制。

二战后又借鉴了美国的教育制度和法规，在宪法的指导下，从 1947 年到 1952 年短短的 5 年之间，先后颁布了《教育基本法》《学校教育法》《义务教育费国库负担法》《教育公务员特例法》《教育职员资格法》以及《私立学校法》，之后又在 1956 年颁布了《关于地方教育行政组织和运营法》，在上述法律之下，有关学校设置标准、图书馆、体育场馆、卫生保健以及午餐等，都有一整套相关的法律、法规。由此，使教育在法制轨道上运行。

半个多世纪以来，尽管由于多党执政，政府换届频繁，不同执政党也曾在不同时期提出了各自的改革方针，但基础教育始终都是在稳步、有序地发展，没有受到政治变动的过多影响，也没有教育缺失的现象。

基础教育本身不仅仅是目的，它是终身学习和人类发展的基础，承载着提高国民素质的重要使命，是促进社会经济发展的内在动力。从日本发布的《21 世纪教育新生计划》《教育振兴基本计划》等规划蓝图式的文件中，可以看到，处于后工业社会的日本，更关注的是顶尖人才的培养，以及如何通过人才培养成为全球化时代，科学、技术方面的世界先导。

在这个“变革的时代，动荡的时代，国际竞争的时代”，日本基础教育改革在取得成功经验的同时，也面临着严峻挑战。全球化的今天，日本的改革实践将给世界提供极具价值的参考与借鉴。

附 录

一、日本学制图

1. 战前日本学制(1921年)(附图-1)

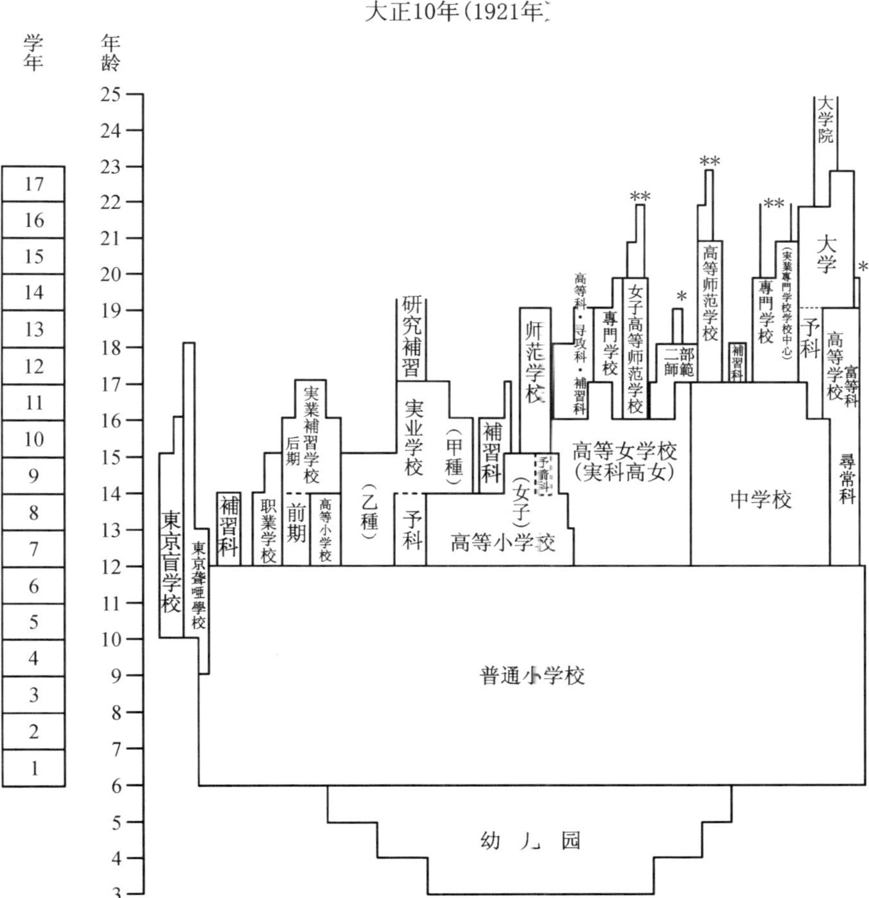

附图-1 战前日本学制示意图 HJ]

2. 战后日本学制(—1950年)(附图-2)

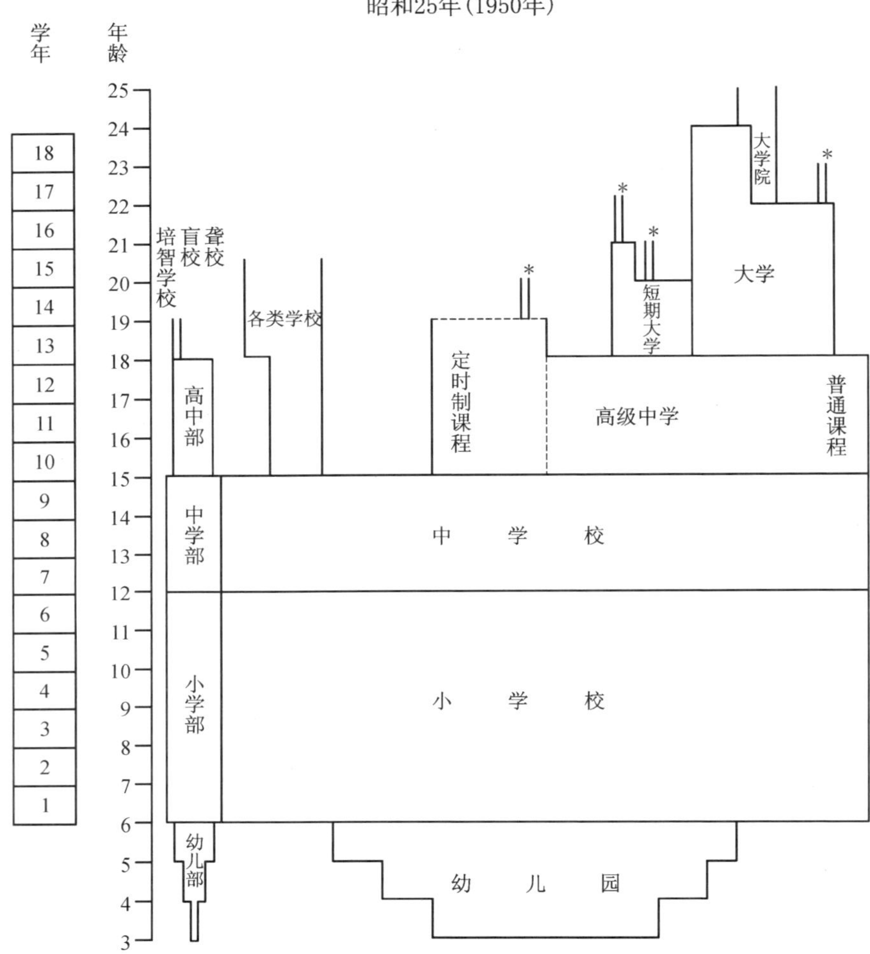

附图-2 战后日本学制示意图

注：*为专攻科。

3. 战后日本学制(—2013 年)(附图-3)

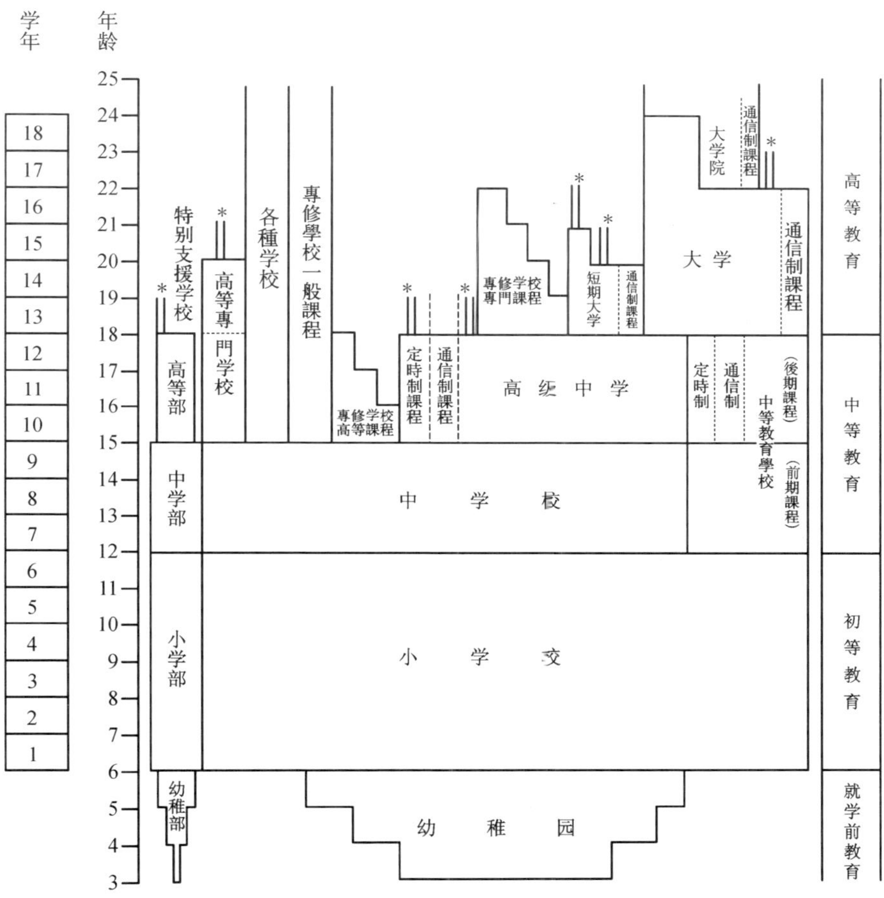

附图-3 日本学制示意图

注：* 为专攻科。

二、日本教育改革进程图

日本教育改革进程见附图-4。

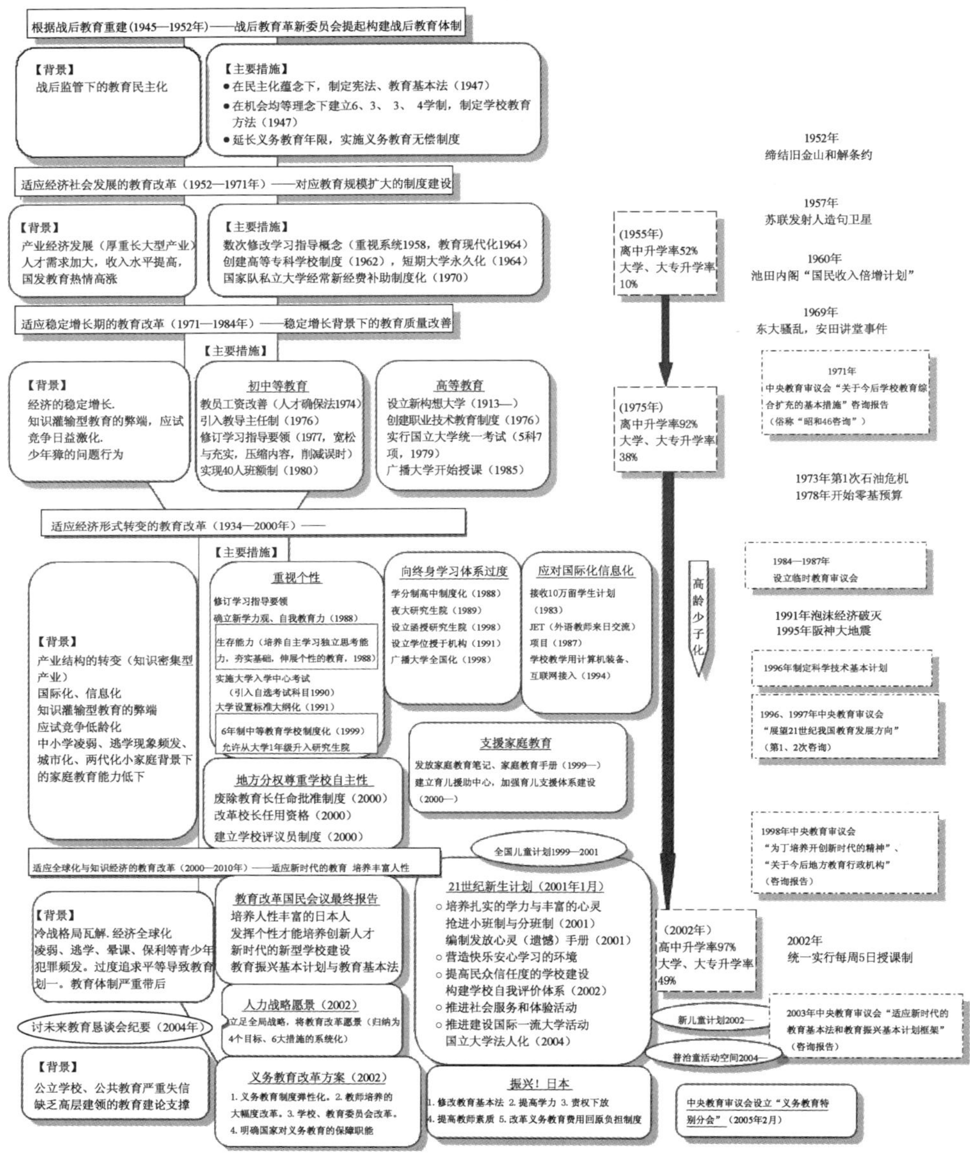

附图-4 日本战后教育改革进程图[1]

---

〔1〕根据文部科学省基本数据资料编制.[2013-01-18]. http://www.mext.go.jp/b_menu/kihon/data.

三、当代日本著名教育学家

1. 大田尧

大田尧(ohdatakashi,附图-5),1918年出生于日本广岛县本乡町,毕业于(旧)东京帝国大学文学部教育学科。作为日本战后具有代表性的著名教育学家,在日本教育学术界享有极高声望,连续四届(16年)被选为日本教育学会会长,曾担任日本学术会议委员、日本保护儿童协会会长、日本宋庆龄基金会副会长等重要学术和社会组织的领导职务。现为东京大学名誉教授、都留文科大学名誉教授和北京大学客座教授[1]。

附图-5 2006年9月7日 大田尧在中央教科所讲学

大田尧先生一贯重视教育理论和教育实践的密切关系,早在日本战后教育改革时期,他就特别强调社会调查在制定教育发展规划中的重要作用;他主张教育学者应到民众中去,到社区中去,要关注普通百姓对教育的要求,要尊重和发展学生的个性和创造性。大田尧先生认为,只有发动民众参与教育改革的事业,只有在教育发展规划中充分地反映民众的希望与要求,教育才能够取得真正的进步。

大田尧先生对华友好,多次来华访问,是中国教育界的老朋友。他曾多次表示,中国文化是日本的恩师,日本的文字就是向中国学来的。他说:“我在日本教育学会会长任期内,要开展对外交流的第一个国家就是中国。”

大田尧先生先后十几次来中国访问。2006年他以88岁高龄来中国讲学时说,虽然已经到了这个年龄,但还是很想来中国一次,想亲自到中央教科所看一看,见一见中国的老朋友(附图-6)。回国后,大田尧先生对中国念念不

[1] 相关资料参照维基百科. http://ja.wikipedia.org/wiki/%E5%A4%A7%E7%94%B0%E5%A0%AF 中国教育科学研究院官网. http://neibu.nies.net.cn/snxx/gjjl/snxx_20060925095050_1081.html.

附图-6 2006年9月7日,大田尧先生(左二)应邀在中央教育科学研究所讲学

忘,2010年3月,他实现了有生之年再一次访问中国的愿望,并特意把92岁的生日(3月22日)放到北京来过。此次访问期间,大田尧先生在清华大学的素质教育论坛上作了题为“每一颗种子都有独特的DNA——教育要尊重儿童的个性发展”的重要演讲。

2011年,以大田尧先生为主人公的纪录电影《朝着微弱的光亮前行》在日本上映后,这位93岁的教育学家再次引起社会的关注。大田尧先生直面日本战后教育改革,主张尊重自然法则,重现并强化生命体之间天然的联系纽带。

大田尧先生主要专著包括:

《我们期待的教育改革——从选拔走向选择》岩波书店 1984

《教育研究的课题与方法》岩波书店 1987

《教育到底为了谁》一桥书房 1988

《寻求让自己充满活力的教育》一桥书房 1989

《何谓教育》岩波新书 1990

《关于教师的生命价值》一桥书房 1991

《地球环境与儿童》岩波书店 1992

《我与家永教科书裁判，再问教育的权力》一桥书房 1994

《生命的羁袢》偕成社 1998

《且行且思考 生命·人·育儿》一桥书房 2000

《朝着微弱的光亮前行 生存与学习 G》一桥书房 2011 等

2. 佐藤学

佐藤学(satoumanabu)，1951 年出生于日本广岛县，毕业于东京大学大学院教育学研究科，教育学博士，是以“学习”的研究和学校改革的实践性探索而闻名的日本当代著名教育学家，是日本课程研究的领军人物。曾担任东京大学教育学部教授、学部长、教育学研究科长，曾受聘担任哈佛大学、纽约大学、柏林自由大学等著名大学和研究机构的客座教授。历任日本学术会议第一副部长、日本教育学会会长以及日本教育方法学会、教师教育学会、课程学会等专业学会理事及学术团体的重要职务。2012 年由东京大学大学院教育学研究科退官，现任东京大学名誉教授、美国国家教育科学院外籍院士，学习院大学文学部教授，2013 年就任学习院大学文学院教育学研究科教授。

佐藤学基于杜威的进步主义教育思想，提出教育的公共性和教育的民主性理论，基于维果斯基的建构主义教育思想提出了社会构成学习论，在 21 世纪初期引发日本教育界的讨论。佐藤学将美国进步主义教育的单元学习首次带入日本的课堂教学，是日本学校教育课程改革、学习论、教师同侪性等相关研究的重要学者。

佐藤学作为教育改革的践行者，坚持 30 年深入中小学校开展课堂教学研究和教师研究，将“学习”的理念引入教育研究与教学实践，作为学校教学改革的超级推手而广受欢迎。佐藤学主张“学习”就是作为学习主体的人与“物体”对话产生的“行动(action)”、与“他人”对话结成的“合作(collaboration)”、与“自己”对话形成的“反思(reflection)”三位一体才得以实现的、周而复始的“意义与关系重新编织(re-contextualization)”过程。佐藤学教授基于“公共哲学”“民主哲学”“卓越性哲学”的理论基础，提出了构建“学习共同体”的学校教育改革基本理念，以课堂教学改革、课堂教学研讨、家长与市民参与作为推进改革基本方法[1]。

作为“付诸行动的研究者”,他遍访日本全国各地学校,深入课堂,与教师一同研究教学,倡导创建“学习共同体”。30年如一日,每周至少两天深入学校,扎根中小学实地观察,是日本学校教育最有影响力的人物之一。2006年佐藤学教授来中央教科所讲学(附图-7)。佐藤学及其学术思想对当代中国基础教育学校改革带来了深远的影响。其代表作包括:

附图-7 2006年佐藤学教授来中央教科所讲学

《课程的评论——走向公共性的重建》世织书房1997年

《教师的困惑——走向反思性实践》世织书房1997年

《学习的快乐——走向说对话》世织书房1999年

《改变教学改变学校——从综合学习走向课程创造》小学馆2000年

《逃避“学习”的孩子们》岩波书店2000年

《拷问学力——走向学习的课程》岩波书店2001年

《身体的对话——佐藤学对话集》太郎次郎社2002年

《教师的挑战——创造教学与学校改进》小学馆2003年

《学校的挑战——构建学习共同体》小学馆2006年

其中,《课程的评论——走向公共性的重建》与《教师的困惑——走向反思性实践》的主要内容已结集成中译本《课程与教师》(钟启泉译,教育科学出版社,2003)出版,《改变教学,学校改变》的中译本为《静悄悄的革命》(李季湄译,长春出版社,2003)出版。

---

[1] 相关资料来源于维基百科,佐藤学,教育学者. http://ja.wikipedia.org/wiki/%E4%BD%90%E8%97%A4%E5%AD%A6_(%E6%95%99%E8%82%B2%E5%AD%A6%E8%80%85).

四、日本特色国立中学

日本的中小学校按不同办学主体分为国立、公立和私立三种，每一种办学体制都不乏富有特色的著名学校。根据日本学校教育法的规定，国立学校是由国家设立的学校，而该法还规定，办学主体的“国家”包括“国立大学法人”和“独立行政法人国立高等专门学校机构”，因此，日本现在不存在国家直接设立的中小学校，而所谓的国立学校一般指国立大学法人设立的附属中小学，即国立大学附属学校。国立大学附属学校与其他公立学校开展同样的教育活动，同时要承担大学教育学部学生实习、新教育理念与方法实验等指定任务，是文部科学省出台新教育政策的实验基地，承担着基础教育改革实践探索的重要使命。国立中小学校的入学选拔一般采取抽签派位和考试相结合的形式，学生素质好，师资水平高，优质教育资源相对集中，形成了与部分私立学校一样的精英教育氛围。

1. 御茶水女子大学附属中学、附属高中

御茶水女子大学附属中学、附属高中的前身是成立于1882年的东京女子师范学校附属高等女学校。目前御茶水大学的附属学校分为幼儿园、小学、中学和高中，附属中学的学生享有直接升入附属高中的优惠机制，同时招收部分外部学生。但因附属中学为男女同校，而附属高中为女子高中，所以初中部毕业后只有女生才可以升入御茶水女子大学附属女子高中学习。自2006年起，该高中实施文部科学省“高大衔接特别教育计划”，通过选修大学先修课程，可以使一定名额的御茶水女子高中毕业生可通过推荐入学方式，直接升入御茶水女子大学本科学习，建有从初中到大学的直通车机制。

2. 筑波大学附属中学、附属高中（附图-8）

附图-8 筑波大学附属中学

筑波大学附属中学、附属高中作为日本具有代表性的历史名校，其前身是成立于1872年的东京师范学校。其140余年的校史可以说是日本师范教育的发展的百年缩影。1896年由高等师范学校分离出附属寻常中学，1899年更名为高等师范学校附属中学，1902年更名为东京高师附属中学，1949年更名为东京教育大学附属中学、附属高中，1978年更名为筑波大学附属中学、附属高中。目前仍是入学竞争最激烈的学校之一。附属中学、附属高中还承担筑波大学的教育实习，教育研究等相关使命。筑波大学附属中学的毕业生，在升入附属高中时，需要和外部学生一样，经过严格的考试选拔。

3. 东京艺术大学附属音乐高中(附图-9)

附图-9 东京艺术大学附属音乐高中的音乐会

东京艺术大学附属音乐高中，创建于1954年，是一所以培养优秀音乐家的早期教育为目的的专业高中。是一所全国招生、具有日本最高水平的音乐高中，也是日本国立学校中唯一的音乐专业高中。校长由东京艺术大学音乐系教授担任，学校曾培养出许多优秀的演奏家，毕业生多升入东京艺术大学音乐学部继续学习，但需要经过和外部学生同样的入学考试选拔。专业的前期音乐教育启蒙，与严格的入学选拔机制，成为众多音乐才子选择东京艺术大学附属音乐高中的主要原因。

4. 东京大学教育学部附属中等教育学校(附图-10)

东京大学教育学部附属中等教育学校的前身是1948年创建的东京大学附属学校，1951年正式更名为东京大学教育学部附属中学、附属高中，2000年转为六年一贯制中等教育学校。学校以原来的初中课程为前期课程，以原来的高

附图-10 东京大学教育学部附属中等教育学校

中课程为后期课程，将原来高一、高二、高三学年分别作为四年级、五年级、六年级。其特点是学期划分与大学同步，每年 4—9 月为上学期，10—3 月为下学期。作为东京大学教育学部的研究基地，开展六年一贯制中等教育学校课程设置研究、综合学习的实践研究等教育课程改革的实践性探索。同时，在中学阶段开展双胞胎(多胞胎)学生学习状况比较研究，每年的入学选拔中专门留出最多 10 组双胞胎(多胞胎)入学名额，进行生物学、心理学等方面的临床教育实践研究，已成为该学校的突出特色。

5. 广岛大学附属中学、附属高中(附图-11)

附图-11 广岛大学附属中学、附属高中

广岛大学附属中学、附属高中是创建于1905年的广岛高等师范学校附属中学。1949年更名为广岛大学广岛高等师范学校附属中学、附属高中，1955年更名为广岛大学教育学部附属中学、附属高中，1978年改为现名。广岛大学附属中学、附属高中以开展先进教育理念和教学方法研究为突出特色。广岛大学附属中学、高中延续了日本最早的师范教育机构——"广岛高师"教师养成的职能，接受以取得中学、高中教师资格证书为目的的教育实习。现在为文部科学省指定的"超级科学高中(SSH)"重点计划项目校，与广岛大学和其他多所大学共同开展合作研究，在基础教育教学改革以及全人教育等方面，进行积极的实践探索。广岛大学附属中学毕业生可直接升入附属高中继续学习，更增添了百年名校的吸引力。

后 记

本书是笔者对日本基础教育和中日比较教育长期关注和研究结果的呈现。本书力求体现大数据时代学术研究的形式特点，采用最权威的数据资料，以翔实的图表和数据呈现日本基础教育的历史进程和发展现状，分析日本基础教育面临的时代危机和紧要课题，以期为读者、教师和教育研究人员系统了解日本基础教育的发展与改革，借鉴日本的成功经验提供参考。

本书得以付梓，首先要感谢中国教育科学研究院为科研人员的基础研究提供了广阔空间和必要条件；感谢同济大学出版社的鼎力支持，为国际教育研究成果的传播开辟路径；感谢责任编辑的辛勤工作，为作者和读者之间的交流构建媒介。因学识与理论水平所限，本书对日本基础教育的理解难免挂一漏万，敬请读者和业内专家学者雅正。

田 辉

2015 年 7 月